铁流激荡

——正太铁路革命斗争史话

刘志宏 ◎ 著

花山文艺出版社

河北·石家庄

图书在版编目（CIP）数据

铁流激荡：正太铁路革命斗争史话 / 刘志宏著. --
石家庄：花山文艺出版社，2024.3
ISBN 978-7-5511-7092-5

Ⅰ.①铁… Ⅱ.①刘… Ⅲ.①铁路－工人运动－历史
－中国－通俗读物 Ⅳ.①K261.3-49

中国国家版本馆CIP数据核字(2024)第014735号

书　　名：**铁流激荡**——正太铁路革命斗争史话
　　　　　TIE LIU JIDANG——ZHENGTAI TIELU GEMING DOUZHENG SHIHUA

著　　者：刘志宏

封面题字：刘维华
封面绘图：马健曾
封底篆刻：陈鸿卫
责任编辑：董　舸
责任校对：李　伟
装帧设计：路晓清
美术编辑：王爱芹
出版发行：花山文艺出版社（邮政编码：050061）
　　　　　（河北省石家庄市友谊北大街330号）
销售热线：0311-88643299/96/17
印　　刷：北京一鑫印务有限责任公司
经　　销：新华书店
开　　本：700毫米×1000毫米　1/16
印　　张：21.5
字　　数：330千字
版　　次：2024年3月第1版
　　　　　2024年3月第1次印刷
书　　号：ISBN 978-7-5511-7092-5
定　　价：59.80元

写在前面的话

人事有代谢，往来成古今。

我有幸生活在一个社会日新月异、民族全面复兴、祖国欣欣向荣的新时代。我更有幸因为工作机缘目睹了大量革命先烈为了社会进步、民族兴亡、国家强盛而英勇斗争、前仆后继的英雄事迹。

由于社会变革动荡等历史原因，铁路领域的许多可歌可泣的英雄人物逐渐被淡化、淹没甚至消失在历史的长河中。作为一名铁路文史工作者，多年来，我把挖掘、整理、传播先烈们的事迹，弘扬革命先驱的精神，作为自己矢志不渝的责任和使命。

为使本书具有更强的思想性、系统性、真实性，在采编过程中，我曾广泛地走访接触了数十位相关的专家学者、革命先辈的亲属后代；先后到有关图书馆、档案馆广泛查阅资料，书海寻珍，拾遗补阙，多方印证，反复甄别；也曾多次前往北京、武汉、郑州等地的革命纪念场馆考察调研。力求通过上下求索，收集考证，使所采用的资料真实可靠，经得起历史的检验。

为了增强本书的可读性，我借鉴诸多文学表现手法，对人物和事件，尽量还原一些生动的情节和场景。语言力求生动活泼，雅俗共赏。

我深切感到，在浩瀚的历史星空中，铁路领域的许多革命英烈，他们短暂似流星，平凡如星火，然而正是有了他们的燃烧和光亮，才形成了一条有温度、有传承，繁星闪烁、流光溢彩的银河。

如今我们记述他们，只为传承他们的光和热，以激励后人，照耀未来，只为祖国更好的明天，助力实现民族伟大复兴的中国梦！

刘志宏

序　一

詹文宏

　　《铁流激荡——正太铁路革命斗争史话》一书，历经作者多年搜集考证、反复打磨、精心编撰，终于与读者见面了，这是一部内容丰富、厚积薄发之作，为铁路革命史领域又增添了一抹新的色彩。

　　该书作为弘扬铁路红色文化的革命历史题材著作，为我们更好地传承红色基因、赓续红色血脉，提供了精神滋养，是一部鲜活生动、雅俗共赏、可读可藏的好作品。

　　正太铁路，就是现在人们所熟知的石太铁路。20世纪初叶，当连接石家庄、太原两地的火车穿越太行山脉，这条铁路的周围便聚集了一批中国早期的产业工人，铁路工厂、铁路工人队伍由此应运而生。

　　中国的工人阶级有着长期光荣的革命历史，百余年前，一批中国先进知识分子来到正太铁路，点燃了马克思主义的革命星火；1920年冬，正太铁路的一些进步工人就和北京共产主义小组有了联系，开始接受五四运动和马克思主义的熏陶。这里成为中国共产党早期组织活动的重要阵地，成为燕赵、三晋大地开展工人运动的发源地，在我国工人阶级和工人运动的发展史上占有重要地位。

　　中国共产党成立以后，在第一次全国罢工高潮及其以后的各个革命时期，正太铁路沿线城市都是我党开展工人运动的重点地区，党的许多重要干部和著名的工运领袖，如邓中夏、张昆弟、贺昌、彭真(傅茂公)等，都在正太铁路进行过革命工作。在他们的组织和领导下，正太铁路工人听党话、跟党走，矢志不渝，百折不挠，进行过无数次英勇无畏的革命斗争，为新中国的成立和民族的解放做出了历史性的贡献，涌现出了高克谦、施恒清、田珍、李永锁等革命烈士和石家庄第一名共产党员孙云鹏、石家庄第一任市委书记陈梅生、石家庄第一名女共产党员朱琏等革命人物。

在北洋军阀混战时期，正太铁路工人敢于发扬斗争精神，团结起来闹革命，发动了正太铁路工人大罢工、正太铁路同情"二七"大罢工，积极投身五卅运动，与外国资本家和国内反动势力进行了艰苦卓绝的斗争。

在抗日战争时期，正太铁路工人组建游击队，奔赴太行山参加八路军；成立抗日工会扒钢轨，破路支援百团大战，密切配合了晋察冀和晋冀鲁豫抗日根据地军民的斗争。

在解放战争时期，正太铁路工人利用秘密交通线，为解放太原提供绝密情报；夜以继日抢修铁路，想方设法保证军运畅通；火车司机舍生忘死驾驶列车，全力保证人民日报社人员安全转移；铁路沿线城市解放前夕护路护厂，修桥铺路支援全国解放，恢复生产庆祝新中国诞生。

本书遵循历史唯物主义的原则，记述的革命斗争史实，可歌可泣、催人奋进，铁路工人的斗争精神将永远彪炳史册、感召后人。让我们缅怀革命先烈，不忘初心使命，坚定理想信念，为实现中华民族伟大复兴而踔厉奋发、勇毅前行。

2023年7月2日

（詹文宏，河北省人民政府参事室原党组书记、主任，河北省文史研究馆名誉馆长，河北省决策咨询文化研究会理事长）

序 二

戴建兵

　　每一条大河都会孕育一座伟大的城市，上海、伦敦、巴黎、纽约莫不如是。石家庄是滹沱河之子。从早年河南岸的东垣、真定，到北魏后河北岸的恒州、镇州、真定。从元明清时期河北岸的"花花真定府"，到近代河南岸的新兴城市石家庄。城市在河两岸"漂移"，而最终铁路是连接她的脐带。

　　石家庄的兴起和两条不同属性的铁路密切相关。正太、京汉两条铁路以此为站而铁轨却互不相通，人为的障碍，反倒促进了城市的勃兴。当1907年正太铁路建成之时，法式正太火车站的对面，大家看到的只不过是京汉铁路上的一座三等小站"枕头站"。

　　而到了20世纪30年代，人们对正太站、场的记载是很让人艳美的。

　　1931年，人们看到：平汉、正太的车站，背面相对，只隔着一条用青石平铺的马路。南面有邮政局高大的洋房，北面是正太饭店红绿色的建筑，还近靠着通行万人的新大石桥，一片优美洋化的正太路局。所以说，这一带地方，街市整洁，洋槐成行，显示出华贵庄严，真使人疑心是外国人的领地。

　　1935年，书中这样描述：正太场区遍地种植白杨，葱翠成林，高达十米，盛夏气温低于市区四度华氏左右。俱乐部前建有溜冰场，十月间即可注水冻结。各项娱乐包括跳舞会、电影戏剧，丰富多彩。

　　抗日战争前，有人评论："正太路设备粗具，房屋完善，而总局布置，尤为幽雅，俨然一大公园，周八里许，辟门十二，中开敞道，横贯长桥；树林密布，花卉杂陈，值兹暮春时节，槐花片片，柳絮团团，因风起舞于屋角蓬前，花鸟争妍于枝头园里，置身此境，恍若天上，其乐何极。更有一事值得我大注意者，标准钟是也。钟声响亮，极壮观瞻，较其他电器设施，费省而致用。"

正太铁路在20世纪30年代初被国民政府收回管理权之前，一直是法国人管理，而她旁边的京汉路却是国人经营的，由此石家庄有了一个类似租界的区域——"洋城"。因为这两条铁路，新兴的小城石家庄从此有了强大的工人阶级队伍，正太、京汉两条铁路的工人开始相互支持、共同斗争。

工人阶级是无产阶级的先锋队，中国共产党是工人阶级的先锋队。新中国成立之前，在中国共产党的领导下，以石家庄铁路工人为骨干的正太铁路进步工人谱写了一页页屡扑屡起、可歌可泣、敢于斗争、敢于胜利的英雄篇章。

由此正太铁路工人也创造了铭刻于历史的时代脚步。

这里是中国最早实行9小时工作制的地方，且是由联合国劳工署确定的。

这里是二七大罢工的工人运动纪念物建立的发起地，建议最终得到了政府的批准。因此，现在武汉、郑州那些大家耳熟能详的二七纪念物，是在石家庄铁路工人的呐喊声中树立起来的。

关于正太铁路的革命斗争历史，代有著作。本书作者长期工作于铁路系统，从事正太铁路革命斗争史研究多年，近年来又不断收集、挖掘、整理新的历史资料，集腋成裘终成此书。全书以回为目，以传记形式，依年代排序，文字通俗易懂，对于人们更好、更深入地了解正太铁路所发生的那段激情燃烧的革命斗争岁月，大有裨益。

2023年6月8日

（戴建兵，中国史学会副会长、河北师范大学党委书记）

4

序 三

何中立

　　我与作者刘志宏同在铁路系统工作过，经常往来，彼此熟悉。志宏同志长期专注于中国铁路工运史和正太铁路革命斗争史领域的研究和编辑工作，深耕细研，颇有建树，曾发表过多篇纪实、学术文章，散见于报刊及网络平台，在企业内部主持编纂过十余万字的工运史专辑《铁血抗争》，他学识功底深厚，具有较高的铁路党史和工运史研究者的基本素养。

　　近几年来，他又利用闲暇时间，把多年来累积、沉淀的有关正太铁路党史和工运史的写作及研究成果结集成了一部三十多万字的《铁流激荡——正太铁路革命斗争史话》书稿，请我作序，基于和他的友请，我爽快地答应了。为完成好作者的请托，我把书稿摆在了案头，无论工作有多忙，一有时间就反复看。渐渐地，一部反映"20世纪初叶，发生在燕赵、三晋大地上，记录地方和铁路党组织创建与发展的苦难辉煌，展现为建立新中国而奋斗的共产党人的革命故事和红色传奇，礼赞党的优秀儿女，凝聚奋进向上的力量"的好作品照亮了我的眼睛。

　　本书作者整理、挖掘、运用了中国铁路工运史和正太铁路革命斗争史的最新研究成果。

　　譬如，作者新近挖掘到了，正太铁路工人曾经和同蒲铁路的工友们一道克服重重困难，完成了八路军战士的紧急军运任务，以及在解放战争时期，正太铁路火车司机虽然身陷重围，仍然坚持斗争，勇敢抗击敌人，为人民日报社人员转移提供了大力支持的英雄壮举等诸多新的史料。

　　书中还较好地运用了纪传文体的表现形式，以历史的真实性为根本遵循，对需要记述的重大历史事件、重要革命人物不惜浓墨重彩，勾勒出了史实的原貌和实景，努力做到了走近历史、贴近时代，为读者深入了解正太铁路的革命史(实际上也包括中国近现代史、中国共产党历史，以及河北、山西两地的地方党史)提供了一本可读、可信、可圈、可点的历史读物。

本书别开新意，借鉴了章回小说的写作形式，将全书分为五十六回，题目采用工整、对仗的形式，凝练、生动地概括了章节的主要内容，并承前启后，相互连贯，使全书浑然一体。作者在书中用形象的语言讲哲理、用章回小说笔法写党史，这样的写法，让读者乐于阅读，引人入胜，容易加深印象和理解。

该书尝试用文学的语言写人、叙事、绘景、状物、抒情，生动鲜活、朴实自然。作者还特别注重细节描述，例如："受尽酷刑折磨，遍体鳞伤，体无完肤，已无法站立的高克谦吃力地用戴着手铐的手掌撑住地，伸直双臂，挺起胸膛，倔强地昂起头，竖起两道剑眉，两眼喷火般冷蔑地瞪着王科长，连睫毛也一动不动……""只见'二尺半'趁人们不注意，偷偷地从地上捡起一枚洋钱，用拇指和食指的指甲掐住中间，对准竖边，用嘴噗地猛吹了一口气，再拿到耳边歪着脑壳一听，果然有清脆的响声，真的是现大洋，就一溜烟跑了回去，向洋主子报信去了……"作者通过寥寥几笔，就将一个反面人物细致地刻画了出来，使读者从字里行间感受到了，妙笔之下，党史与传记有了完美的邂逅，那些通常被认为直白、素描、写实的史志资料，被赋予了文学的生命力，愈发富有张力，显得鲜活、生动、传神，使人耐读。

该书史料丰富，内容细致。作者查阅了大量的档案资料和历史文献，对书中相关革命历史人物后代进行了深入的走访，并对有关史实进行了实地考察。与此同时，书中还提供了许多注释，除了说明引文的出处外，还有对人物、事件的补充说明，特别是对有些说法不一的历史事件都一一加以说明，这体现了作者对历史的尊重和写作的严谨态度。

阅读该书，能够从书中真切感受共产党人的崇高品质，追寻信仰永恒的力量，让革命先辈们所踏出的红色道路，至今依然在人们的心中激荡起热血的涟漪！

在志宏同志新著《铁流激荡——正太铁路革命斗争史话》即将出版之际，愿以此序表示祝贺！

2023年6月2日

(何中立，全国基层党建网党建智库专家委员会委员、石家庄解放纪念馆顾问)

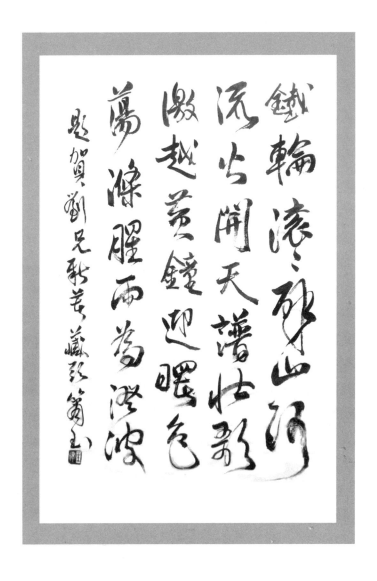

藏头题《铁流激荡》付梓

铁轮滚滚辟山河,流火开天谱壮歌。

激越黄钟迎曙色,荡涤腥雨为澄波。

石家庄市政协常委、河北省中共党史人物研究会副会长、
河北省收藏家协会副会长王律(笔名箫玉)题诗赐墨

目录

第一回 洋务派借款建铁路 拱手相让路权卅年

　　1840年，英吉利的坚船利炮敲开了清王朝闭关锁国的大门，自鸦片战争后，清政府接连割地赔款，国力日渐衰败，古老的中国逐步沦入了半封建、半殖民地的深渊。为了摆脱这种落后局面，以曾国藩、左宗棠、李鸿章、张之洞等为首的洋务派发起了洋务运动，主张"师夷之长以制夷"，引进西方的技术，以期逐步实现富国强民，亦称"自强运动"。洋务派人士认为，只有通过发展铁路交通、工业实体、军事、教育等，才能增强国家经济实力，摆脱国家贫穷落后的困境，而其中修建铁路正是当时中国发展的重要方向。

　　1880年，作为洋务运动的主要领导人之一，李鸿章授意其部属刘铭传奏请清廷筹造铁路，阐述其意旨："中国幅员辽阔，北边绵亘万里，毗连俄界；通商各海口又与各国共之。画疆而守，则防不胜防；驰逐往来，则鞭长莫及。惟铁路一开，则东西南北呼吸相通，视敌所驱，相机策应……无征调仓皇之虑，转输艰难之虞"而且"将来兵权、饷权俱在朝廷，内重外轻，不为疆臣所牵制矣"。洋务派就是这样不辨本末，把铁路这样一项具体的技术措施，说成是"事关军国安危"的"大计"！① 在洋务派的推动下，清廷在1889年作出决断：建筑铁路"毋庸筑室道谋"。

　　此时，世界上一些资本主义国家，对中国的经济侵略，也逐渐由商品输出变为资本输出，外国列强利用清政府想要快速发展，可是心有余而又力不足的窘境，在既无资金，又无技术，工业基础十分落后的契机下，在铁路建设方面，向清政府施压，通过强行擅筑、假借"合办"、贷款控制等手段掠夺中国铁路路权权益和

---

① 宓汝成. 帝国主义与中国铁路（1847—1949）. 上海：上海人民出版社，1980：55.

1

◎ 华俄道胜银行

正太铁路的修建也正是通过贷款的方式实现了控制路权①。

正太铁路东起直隶省正定府柳林堡，经井陉县和山西省的阳泉、寿阳、榆次到达山西的太原府，亦称为柳太铁路。铁路沿线蕴藏煤、铁等矿产，物产资源极为丰富。1896年（光绪二十二年），清政府接受张之洞七年前的建议，决定修建卢（卢沟桥）汉（汉口）铁路，并且以卢汉（京汉）铁路为干线，邻省可修建支线与之衔接。山西巡抚胡聘之推崇张之洞"利用晋铁"的主张，于1896年6月初（光绪二十二年五月）奏请，山西商务局承办矿务时对柳林堡至太原铁路亦同请办；7月8日（光绪二十二年五月二十八日，阴历同月），光绪皇帝批阅："大致尚属周妥"可"妥筹办理"。

俄国攫取中东铁路承办权后，处心积虑地谋求取得正太铁路的建筑权益，为向西展筑铁路直达兰州、伊犁，以与俄路相接做准备②。胡聘之是一名亲俄派，早已与华俄道胜银行董事璞科第相交甚欢。光绪帝兴建柳（正）太铁路的谕旨一颁布，胡聘之就与俄国华俄道胜银行开始合作，俄国派桥梁沟洫工程师伊伏奈到现场勘查线路。伊伏奈经过几个月的勘查，认为可以修建，复由胡聘之据以上奏。

1898年5月21日（光绪二十四年四月初二），山西省商务局曹中裕与华俄道

---

① 正太铁路：1904年开工修建，1906年通车至阳泉，1907年全线通车到太原，是一条窄轨铁路。1938年11月至1939年10月，日军为满足其军事运输和掠夺山西资源的需要，将正太铁路由窄轨拨宽为准轨，并改名为石太铁路。

② 宓汝成. 帝国主义与中国铁路（1847—1949）. 上海：上海人民出版社，1980：108.

胜银行代理璞科第在北京总理各国事务衙门签订了《柳太铁路借款合同》十六条，其中规定，线路由直隶省正定府南柳林堡附近接近卢汉铁路处至山西省太原府洪恩门外，线路约五百里，工期三年，借款2500万法郎，合银680万两，年息六厘，25年本利还清，该合同第四条规定："此段铁路应由何路经过、铁路之宽窄、何处应设车站以及车站何处应大、何处应小、火车客货车辆之多寡各等事，均由银行代为酌核，商明商务局办理。"①另外，合同中还要求修路的各项技术标准由银行代办，借款未还清前，沿线两侧百里之内不准修理各种机械运行之路。

为什么这条铁路的起点定在柳林堡呢？因为柳林堡在正定附近的滹沱河南岸。原来，根据俄国人伊伏奈的初步勘查，他打算将修路需用的所有机器、材料、车头、轨枕、配件等，都从法国用轮船运来，由滹沱河的入海口进入滹沱河，运到柳林堡。但是，又经过弗务林等公司到现场做精细勘查，才发现滹沱河水浅，不能行船，而卢汉铁路又刚刚修至保定。华俄道胜银行又要求清政府将柳太铁路的始发站由柳林堡向东移二百多里，改在武强县的小范镇。清政府没有答应这个要求，认为柳太合同既已签订，不便更改，卢汉铁路现已筑至保定，不久即可修至正定，到那时再利用卢汉铁路进行运输，比水上运输更为便捷。

柳太合同签订不久，胡聘之调离山西。清政府内的一些保守派极力反对修筑铁路，刚上任的山西巡抚何枢于1899年12月20日（光绪二十五年十月十八日）上奏折反对修建铁路。1900年（光绪二十六年），新任山西巡抚毓贤又根据范宗泽等人提出"山西不宜修铁路"的观点，向总理各国事务衙门奏请将铁路作为罢论。同年，全国爆发大规模的义和团运动，随着八国联军侵入北京和慈禧太后、光绪皇帝逃离京师等重大事件接连发生，修路之事暂时被搁置。

1901年底（光绪二十七年），华俄道胜银行向总理各国事务衙门重申前请，催办旧案。1902年6月（光绪二十八年五月），华俄道胜银行代理人璞科第以前约为据致电山西巡抚岑春煊，催促开办铁路事宜，并提出柳太铁路作为卢汉支线，应按卢汉合同加以修改。当月，山西巡抚岑春煊据此奏请清政府，将此事交由外

---

① 石家庄市政协文史资料委员会，石家庄铁路分局路史编辑办公室. 正太铁路史料集（内部发行）. 1992: 232.

◎ 正太铁路借款债券

务部、路矿总局及督办卢汉铁路大臣盛宣怀共同议定办理。9月7日，外务部和路矿大臣奉旨研究后复奏，决定由原来的商借商款变更为官借商款，并请铁路总公司事务大臣盛宣怀按卢汉铁路办法与俄商妥订详细合同。

　　义和团运动被镇压下去后，俄国沙皇政府立即指使华俄道胜银行派代表璞科第在1902年向清朝政府要求，把原柳太合同改行仿照卢汉办理，并通知"已派工程师为晋开筑"。清廷要华俄道胜银行上海分行就近与督办卢汉铁路大臣盛宣怀接洽①。盛宣怀本是李鸿章开展洋务运动的得力助手，他接到这一任务后，立即与华俄道胜银行驻中国总办佛威郎谈判。经磋商，将柳林堡改为正定，双方拟定了《正太铁路借款合同》二十八款和《正太铁路行车合同》十款。1902年10月15日（光绪二十八年九月十四日），由中国督办铁路总公司事务大臣盛宣怀同华俄道胜银行驻中国总办佛威郎在上海签订合同。新合同名曰《一九〇二年中国国家铁路五厘借款》，借款总数4800万法郎，合银1300万两，按九折交付，年息五厘，"凡属于工程并行车之事，华俄银行绝无自行筹付之款。华俄银行应极力设法，期于三年之内全路告竣②"。每年按照所付利息数额的万分之二十五酬谢银行；总工程司③由银行选聘，负责一切工作事宜，中外籍的员工均由其差遣。《正太铁路行车合同》主要规定由银行"代办调度、经理、行车生利"，以三十年为期；每年余利以十分之二酬谢银行，行车余利不得动用至借款还清为止；清

①　宓汝成. 帝国主义与中国铁路（1847—1949）. 上海：上海人民出版社，1980：143.
②　太原铁路分局志编审委员会. 太原铁路分局志. 北京：中国铁道出版社，1999：838.
③　工程司为清末民国时期的技术职称，指司掌工程的人，和工程师意思一样；总工程司等同总工程师.

政府只派遣监督一员，稽查出入款项。

　　《正太铁路合同》签订后，不到两个月，华俄道胜银行驻中国总办佛威郎于1902年12月上旬（光绪二十八年十一月上旬）致函盛宣怀，托词"银行办路，名实不称"①，将正太铁路转让给法国巴黎银行公司承办。起因是，俄国正在抓紧建筑东省铁路和南满支路，无暇兼顾正太铁路。而华俄道胜银行系俄法合资所组成，法国巴黎银行公司与华俄道胜银行"名虽不同，其所有董事仍系银行董事"。盛宣怀与外务部就此事进行会商，认为"合同不动，似无所碍"，奏折呈上后，遂于1903年1月初（光绪二十八年十二月底）得到了光绪皇帝朱批依议。正太铁路债权遂为法国巴黎银行公司所有。

　　1903年2月（光绪二十九年正月）正太铁路准备开工时，清政府才发觉筑路采用的是一米窄轨，当即提出反对。盛宣怀当即向璞科弟提出反对，而璞科弟却以正太路地势险阻，工程艰巨为借口，坚持要采用窄轨，外务部和盛宣怀以正太路为卢汉铁路的支线，要一气衔接，坚持非修标准轨不可，经法国总工程司实地勘测后提出，若修标准轨就需再追借六千万法郎，华俄道胜银行坚持不允许再追加借款。一方据理力争，一方寸步不让，双方相持达一年之久，最后还是清政府作出妥协，被迫同意将正太铁路修建成窄轨铁路，盛宣怀不满地说："五洲无此公理，中国独受此亏！"②

　　法国总工程司挨士巴尼为了进一步压缩建筑费用，要求铁路进入平原之后，线路取直。当时由于资金捉襟见肘，为了压缩支出，避免耗费巨资在滹沱河上建桥，先是决定将东端的起点从正定府城，南移到滹沱河南岸的柳林堡，后又为省去在滹沱河支流（现在的石家庄太平河）上建造铁路桥，决定将铁路的东端起点从正定府柳林堡，南移到石家庄村东的京汉铁路枕头（振头）站。这样不仅避免了通往正定途中建造至少三座铁路桥，而且可以使从获鹿县城到京汉铁路的路线缩短。于是，在京汉铁路振头站西北侧，建起了正太铁路石家庄车站，其址在现在的正太饭店一带。

---

① 宓汝成. 帝国主义与中国铁路（1847—1949）. 上海：上海人民出版社，1980：143.

② 石家庄市政协文史资料委员会，石家庄铁路分局路史编辑办公室. 正太铁路史料集（内部发行），1992：7.

◎　正太铁路石家庄车站

1904年（光绪三十年）春季，法国开始筹划修筑正太铁路，在石家庄成立建筑总管理处。月底，正太铁路石家庄至乏驴岭头段工程开始动工。正太铁路工程历时三年半建设，线路为单线双向，全长243公里。

1906年（光绪三十二年）年初，正太铁路建筑总管理处组织机构基本固定。工程事务由清朝驻京、驻沪铁路督办大臣，督率总工程司和工程总管办理，在石家庄设有总办1人，为督办铁路大臣代表。下设购地委员1人，员司若干人，负责征购修路时所需占用的土地；弹压委员若干人，负责施工警卫。直接办理工程的是工程总管，受总工程司领导。总管下设工务处，处下设6个段，处长、段长、管工、监工均系法国人。

另外，在石家庄还设有建筑总管理处的总办事处和总机厂。总办事处分艺术、事务两处，艺术处负责设计，事务处负责财务、材料工作。总机厂下设若干分厂，负责机车的装配和修理，实权均操控在法国人手里。

1907年（光绪三十三年）春季，正太铁路随着工程的相继完工，陆续改编建筑总管理处，成立了临时行车处，专办一切行车事务。以后，建筑总管理处改为行车总管理处，为正太铁路的最高管理机关。行车总管理处设总工程司1人，掌握营业管理大权。下设4个处：总务处，总管1人，会计员1人，材料员1人，管理秘书、会计（兼管材料）、警务、医务等工作；车务处，总管1人（法国人），副总管1人（中国人），管理行车、运输工作；机务处，总管1人（法国

◎ 石家庄正太铁路机车库

人），副总管1人（中国人），段长二三人，副段长若干人，总稽查、总厂长各1人（法国人），管理机车、车辆、工厂等工作；工务处，有总管1人（法国人），副总管1人（中国人），管理工程线路等工作。正太铁路设有监督局，为清政府在正太铁路对法国人的营业管理行使稽核权的机关，与正太铁路行车总管理处系平行机构，监督局设局长、总翻译、总核算、总收支、材料监理各1人。中方政府代表出任监督局局长一职（从宣统元年起，改总办为局长）先后有贾景仁、潘志俊、汇谦、丁平澜、邹致叔、周培柄、贾景德、屈玉璨、李世仰、王懋功，掌管监督全权。

1907年9月，正太铁路全线竣工通车，设有车站34个，其中石家庄、太原为特等站，获鹿、井陉、娘子关、阳泉、寿阳、榆次为一等站，头泉、上安、岩峰、微水、乱流、白羊墅、测石、芹泉、赵东为二等站，其余17个站为三等站。在石家庄、阳泉、太原等14个车站设蒸汽机车给水设备。正太铁路全线设置3个车辆维修养护的工厂，分别是石家庄总机厂、阳泉工厂、太原府工厂，阳泉及太原府工厂均隶属于机车房，事实上即机车房的工厂。正太铁路通车后，每天开通客车

◎　正太铁路使用的蒸汽机车

◎　正太铁路通车时的情景

4对，平时乘客寥寥可数，逢年过节更是无人乘坐。由于线路弯曲，坡陡洞长，运输能力很低，由石家庄开往太原的车头每列只能牵引七八个车皮（载重20吨），运行起来摇摇摆摆，遇上个下雪天，火车轱辘直往坡下打滑。

第二回　石头城圈踞石家庄
大石桥横跨正太路

　　石家庄直到1903年还是一个很偏僻的农村，村周围草木繁茂、野花盛开。清光绪年间的一份县志如此记载这个村庄：县东南三十五里，街道六，庙宇六，井泉四。至20世纪初，该村的面积还不足0.1平方公里，仅有93户人家，不足600口人，属正定获鹿县振头镇管辖。正太铁路开筑时起，此地开始形成集镇。京汉、正太两路交接于此，石家庄的商业急速发展，工业企业（主要是加工工业）也急剧兴起。1930年代有人口约10万；1940年前后，已经发展成为华北平原一个拥有20万人口的重要经济中心。①

　　正太铁路确定以石家庄作为始发站以后，就在这里设立了修建、管理铁路的大本营。1903年（光绪二十九年）9月，主持修建正太铁路的第一任法国总工程司挨士巴尼来中国后，把办事机构——正太铁路建筑总管理处设在了石家庄。

　　根据《正太铁路借款合同》中"所有营造正太铁路及行车所需用机件材料，皆归华俄道胜银行代为定购"条款的制约，1905年（光绪三十一年）9月，由华俄道胜银行的贷款中支付资金，设在巴黎的"铁路开车法国公司"承建，开始建设正太铁路石家庄总机厂，专为正太铁路修理机客货车，厂址选在紧靠京汉铁路西侧，正太铁路火车站以北石家庄村东的旷野田地处。总机厂和正太铁路一样，亦采取边建设边制造、边修理、不断扩大建厂规模的原则，以利资金周转和增值，获取最大数额的利润。1906年（光绪三十二年）初，总机厂从唐山、天津等地招收技术骨干100多人，其中：锻、铆、翻砂工人多为唐山人，机器匠多为天津人，他们大多数人在唐山修车厂、长辛店机器厂工作过一段时间，有一定的技术能力。

---

① 宓汝成. 帝国主义与中国铁路（1847—1949）. 上海：上海人民出版社，1980：610.

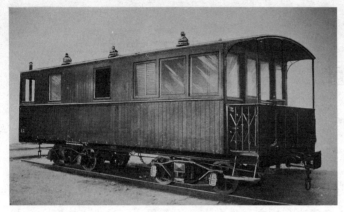

◎ 正太铁路客车

当年10月，在总机厂的南端建起机车房，开始修理机车。①

　　法国资本家规定，厂内的机械设备，甚至办公用的毛笔、墨汁只能从法国购买。法国人不会用毛笔，当然也不生产毛笔，法国商人只不过是从中国廉价收购毛笔，装上轮船，运回法国，贴上法国标签，再卖给中国，从中牟利罢了。因此，当时全厂每年25万元的开支中，光这些物品就花费13万元，而工人工资总额只有12万元。全厂的动力设备，仅有3架蒸汽机、1台发电机，工人劳动强度大，工作效率很低，每月最多能修理客车八九辆，货车二三十辆，修一台机车就要用半年时间。

　　根据1931年交通铁道部交通史编纂委员会编印的《交通史路政编：正太铁路》统计，1907年（光绪三十三年），总机厂在建厂中试造了R货车2辆；1913年，制造了L货车2辆；1914年，开始修理车辆，当年修理机车29辆次，修理客车270辆次，修理货车1251辆次；1922年，制造客车2辆、货车2辆，修理机车21辆次、客车128辆次、货车1190辆次。特别是总机厂建造出4辆冷藏车，成为铁路运营以来的一大创举，为夏季运输鲜货保温提供了冷藏车。

　　随着正太铁路运输营业的发展，到1921年（民国十年），总机厂基本建成，厂房占地约20亩。建厂初期，总机厂分为锻铁厂、锅炉厂、镕铸厂、模厂、装配

———————————

① 石家庄市档案局，周红妮. 石家庄市四十七年史（内部发行）. 2008: 18—19.

◎ 建厂初期的正太铁路石家庄总机厂

厂、合拢厂、锯木细木厂、修车厂、镍厂。正太铁路石家庄总机厂是石家庄市第一座近现代化制造业性质的工厂。

总机厂的四周圈垒起高高的石头围墙，坚固而威严，共有12个厂门，各门设有武装护勇昼夜守卫。正太铁路由南向北从厂区穿过，铁路左侧建有俱乐部、正太铁路办公大楼、总工程司的公馆、法国职员的寓所等法式建筑；右侧建有厂房、机车房、停车场。总机厂厂区遍地种植白杨树，葱翠成林，高达10米，盛夏气温低于市区4度华氏左右。俱乐部前建有溜冰场，10月间即可注水冻结，各项娱乐包括跳舞会、电影、戏剧，丰富多彩。这片区域俨然与市面隔绝成为一个独立王国，中国人不准随便出入，连获鹿县县太爷进厂办事，也得先递帖，后告进。附近的老百姓把这座"石头城"也叫做"洋城"，讽讥此处是法国的"租界地"。

1903年，比利时承包的京汉铁路（现在的京广铁路）通过石家庄。1907年9月，由清政府"借款官办"、由法国"铁路建设和运输公司"设计修筑的正太铁路建成通车后，正太、京汉两条铁路并行，又有振头、石家庄两个火车站并存，把市区分成东西两部分。而过往的车辆、行人甚多，必须穿过铁路，给东西方向的交通带来极大的不便，特别是经常发生火车轧死或撞伤人、畜的事故。铁路员工和各界代表联名上书正太铁路建筑总管理处，要求拨款建桥，法方却一直置之不理，正太铁路工人对此非常气愤，经部分工人倡议，全线华、法（国）员工2500人，每人捐献一日工资，社会民众也纷纷慷慨解囊，筹集了建桥经费。

铁流激荡

◎ 大石桥

　　河北唐山人赵兰承包了建桥工程，1907年春季开始施工，当年秋季便建成了跨越正太铁路的大桥，该桥因采用大块方石砌成，故名大石桥①。桥长150米、高7米、宽10米，有23个石孔。从此，火车从桥下畅通，行人从桥上跨越，方便了过往行人和车辆。当时的市民为铁路工人慷慨无私的精神所感动，编歌谣夸赞道："大石桥，大石桥，工人血汗来建造，一块青石一份情，青石哪有情义高。"

　　当时，京汉铁路和正太铁路都设有石家庄车站，隔着马路东西对峙。马路经吴禄贞烈士纪念碑左转跨越大石桥而入市区，桥南是正太铁路的车站区，火车从车站开出，穿过大桥下面，经总机厂厂区西去太原。

　　1939年11月中旬，正太铁路窄轨(1米宽)改为标准轨(1.435米)②。正太铁路改线后，石家庄两个火车站合并为一个火车站，铁路不再从此桥下穿过。

　　1945年，日本投降后，石家庄光复，国民党军队把这座大桥改作核心工事和指挥部。1947年，解放石家庄时，国民党石家庄警备司令（即第三军三十二师师长）刘英就是在大石桥的桥洞里被人民解放军俘虏的。

　　大石桥经历和见证了许多重大历史事件，是石家庄市一座重要的历史纪念建筑，被列为河北省、石家庄市重点文物保护单位。

---

① 石家庄市国家档案馆. 石门风云：（下卷）. 北京：中国文史出版社，2007：447-448.
② 石家庄铁路分局工会. 石家庄铁路工人运动大事记（1889-1990）. 1991：35.

第三回　洋人统治不可一世
作威作福气焰嚣张

　　正太铁路石家庄总机厂虽然设有厂长，但这座"洋城"里的最高统治者，却是法国资本家在正太铁路的代理人——总工程司，工人们称之"洋总办"。

　　正太铁路的几任法国总工程司生活侈靡，追求享受。他们在建设正太铁路上铺设窄轨、筑路架桥及车厢车皮等工程造价上节省开支，但却在沿线修建宾馆，装设暖气，购置法国高级家具，任意铺张浪费。

　　第一任法国总工程司挨士巴尼，自1903年9月到石家庄，1907年10月建成正太铁路后离去。

　　第二任法国总工程司米来哈，自1907年上任，1912年离去，任职五年。在办公楼北面盖起了自己的公馆。在这个公馆里，建造有假山、草坪、花园、凉亭、人造小溪。此外，还有一个鹿圈，闲来他就驯鹿玩耍。据说这是用来向工人们示威，告诉他们：我鹿即可驯，何况劳工乎！①

　　第三任法国总工程司沙革，他自1911年任职，1923年5月被工人们赶跑，任职十四年。沙革长着一对蓝眼珠，一头黄头发，整天寡言少语，轻易不动声色，是一个十分狡猾的家伙。沙革在娘子关宾馆建有游泳池，专供其避暑之用，他还勾搭了一个临时夫人，经常携同出差；为了远赴平津宁汉各地旅游，特以巨金向巴黎车辆厂购进一辆宽轨的高级包车，有客厅、卧室和卫生间，设备豪华，装饰精致，并有头、二等卧铺和厨房，贮藏间备有全套精美餐具，是全国铁路所未曾见的。为了这辆包车，正太铁路还专门铺设一条宽轨岔道，从车房穿过总机厂厂区通到京汉路车站。

---

① 中共石家庄市委党史征编室. 正太铁路工人斗争史（内部发行）. 1985：5.

沙革爱养狗，爱抽雪茄烟，每天早晨8点在固定的时间走出公馆，在固定的位置点着雪茄烟，沿着固定的路线，领着那只摇头摆尾的狼狗，挂着文明棍到总机厂的各个分厂巡视一圈，在固定的地点扔掉雪茄烟头。最后，他又在固定的时间回到公馆。

沙革既是"洋皇上"，又是"洋和尚"(沙革信奉天主教)。他一到任，就在"洋城"外盖了一座规模很大的天主堂，就连正定城里的天主堂他也管了起来，他的亲信也都是虔诚的天主教徒。"洋和尚"利用天主教也笼络了一部分中国人，他们多是从北京法文学校毕业来正太铁路当员司(员司指中下级人员)的。石家庄西阁外的福音堂，就是这些人经常搞宗教活动的地方。

接替沙革的是拉伯黎。他于1904年就来到正太铁路工作。原来担任过法国国有铁路工务员、土耳其铁路工程司、小亚细亚铁路工程司、龙州老开铁路测量工程司、高丽铁路工程司，以及正太铁路管理当局工务副总管、总管、副总工程司等职。拉伯黎担任正太铁路总工程司时，已经52岁了。他阅历较为丰富，更为奸诈狡猾，对工人软硬兼施，用尽阴谋诡计。此后，接替拉伯黎的是玛尔丹等人。

直接管辖总机厂和火车房的机务处总管是一个名叫亚拉伯然的法国人。他从1911年4月到正太铁路，1925年1月离去，任职十四年。这可是个张牙舞爪，十分野蛮的人物。他在石家庄娶了个叫郑大顺的老婆，亚拉伯然十分宠溺这个中国女人。郑大顺"妇凭夫贵"地自以为是，对总机厂的工人们总是摆着一副趾高气扬、颐指气使的臭架子，就是对自己丈夫手下的那些个法国职员也是说一不二，指手画脚。郑大顺的父亲是一个60多岁的老头子，工人们都戏称他为"洋丈人"。这个"洋丈人"依仗着闺女嫁给了法国资本家，在石家庄一带横行霸道，整天提着个画眉鸟笼子东游西逛，为非作歹，惹是生非。"洋丈人"经常喜欢双手拤腰站在大石桥上，当众夸海口："这石家庄，这'洋城'，都是俺郑家的天下，看谁敢在郑太爷的地盘上乱说乱动！……"

除了"洋皇上"之外，当时，清政府的邮传部和后来北洋政府的交通部，都曾向正太铁路管理当局派出代表，一开始称总办，宣统元年后称局长。清政府派来的第一任总办叫贾景仁，实际并未到任。在正太路统治时间最长的总办是丁平澜，他从1908年(光绪三十四年)被委任为正太铁路总办，到1927年离职，在正太铁路任职时间长达二十年。

丁平澜号澄如，人送绰号"丁不住"，福建闽侯人。青年时，他在福建船政制造学堂上学，后在巴黎桥路学堂肄业。回国后，曾任清朝分省补用道山西抚署法文翻译、四川及两广督署洋务文案、广九铁路提调，邮传部派赴日本调查路政，又任过交通参事上行走等职。

丁平澜是李鸿章的得意门生，照理说他作为清政府的代表，同"洋皇上"应是平起平坐，可这个人一见到法国人就吓酥了骨头，脱帽鞠躬，卑躬屈膝，点头哈腰，唯命是从。他为了扩充自己的势力，左右逢源，玩弄权柄，骑在工人头上作威作福。他一到石家庄，就从老家福建带来了一群亲信，不管有没有技术，都拿最高的薪水，并分别安插到了正太铁路的各处和各厂、站当总管或工头，形成了一个以"丁不住"为首的直接欺压、剥削劳工的福建派。

在这座"洋城"里，除了洋鬼子、"丁不住"和他的福建派以外，还有"两霸"。

一霸是火车房总管陈顺来。陈顺来，号子安，芦台人，从小就学会了开火车，来到正太铁路当司机。这个人由于擅长溜、舔、送、敬，因而官运亨通，很快就当上了火车房总管，光绪皇帝还给他封过"红顶子"。火车房司炉王福庭解放后回忆说：工人们当时都称火车房为"陈家火车房"，之所以这样称呼，是因为陈顺来喜欢安插使用自己的人，当时火车房有1个总管3个副总管，其中有3个是陈家三兄弟，如二总管是他的二弟（名字记不清了），三总管张秀凤和他走得很近乎，四总管陈四是他的三弟。由于，他所管辖的火车房在"洋城"的南部，所以也有人叫他"南霸天"。

再一霸就是铁炉房大总管王纯，他是冀东遵化人，正太铁路开始兴建时，从天津、唐山招了一批技术工人，他就是那时候应招来的，他来到石家庄以后，把他的一些师兄师弟、狐朋狗友招呼来，安插在铁炉房、铆工厂、翻砂厂等北三厂。他不但是铁炉房主管，还代管着北三厂。他和手下人结成了"唐山帮"，在北三厂里说一不二，人称"北霸天"。王纯，上靠"洋皇上"，下倚"唐山帮"，又仗着自己学过些拳脚，横行霸道，为非作歹，对工人张口就骂，伸手就打，说开除谁就开除谁，工人们都敢怒不敢言。

◎ 正太铁路阳泉站

　　王纯家住姚栗村，离工厂不过一二里地，却每日上下工不是骑马，就是坐轿车。他使用的马鞍、马镫，是黄铜材质的，看上去金光闪闪，犹如金子一般。他的轿车，从辕子到轮子，从轴头到辐条，全部用黄铜皮包裹着，看上去就像个"金车"。王纯还专门雇着车夫，为他牵马、赶车，工人们见了，老远就得先喊声老爷，然后再鞠躬。工人们私下里都愤愤地说："王纯是骑'金马'，坐'金车'的人，给他个县太爷都不换。"

　　在正太铁路的阳泉火车站，名声最大、罪恶最多的是公务段段长阿尔隆。他的工资每月为银圆150元，是当时在铁路上出卖苦力的工人工资的15倍。车站因扩充或修房子、道岔，如果是一般民用耕地，他就强迫征用。阿尔隆在阳泉德胜街建筑的房院地基，就是用这种办法霸占的。他对只剥削所管辖的工人还感到不能满足，便出资入股开办位于境内油篓沟的公益矿，仅他一人就入了20股，剥削苦难矿工，掠夺的财产竟达10多万元，号称"十万富翁"。①

① 阳泉市城区工会志编纂委员会. 阳泉市城区工会志. 太原：山西出版传媒集团山西人民出版社，2012：52－55.

第四回　王凤书谋生费周折
　　　　正太路几多辛酸泪

　　1921年前后，从石家庄到太原，正太铁路工人共有2000多人，其中，石家庄总机厂的500多名工人来自全国不同地区，有三分之一是建厂时从天津、唐山等地招来的技术工人，是厂里的技术骨干；三分之一工人招自福建、两广、江浙等地；三分之一工人招自石家庄当地以及河北、山东等地①。这样人员规模的企业，当时国内为数不多。

　　正太铁路的工人绝大多数是来自农村的破产农民和一部分城市贫民、破产的小手工业者。总机厂工人王凤书的进厂经历，在一定程度上反映出了当时生活在最底层的工人进厂做工的愤懑与辛酸。

　　王凤书，号起云。1887年9月3日出身于天津唐中口一个贫苦家庭。唐中口，原叫淌钟口，据老辈人传说这是因为发大水冲来一口古钟，所以叫作淌钟口，后来叫白了，叫成唐中口、唐口子，或是唐家口。②

　　王凤书的父亲王顺从小在一个做银首饰的银楼中学徒，出徒后，找了自己几个师兄弟合伙在村里搞了个加工银器的小作坊，用银楼的料给人家打成半成品，再交给银楼；加上为过年节家户送来的银器件进行清洗，靠这些活计营生维持着全家几口人的生活。③

　　1900年，八国联军入侵中国，首先进驻天津。王凤书一家所在的唐中口被八国联军侵占，划为意大利的租界地。意大利军队在租界里横行霸道、驱赶居民、

---

①　中共石家庄市委党史征编室. 正太铁路工人斗争史（内部发行）. 1985: 6—7.
②　根据1960年6月3日刘一身、王连印在郑州访问郑州铁路局机务处计核科科长、王凤书之子王敏的手稿记录整理。
③　中共石家庄市委党史研究室. 石家庄市党史人物（内部发行）. 1990: 60.

圈地盘，拆民房，建起了高楼大厦、公园等娱乐场所①。王凤书父亲的小作坊被意军强行拆除后，全家七口人被赶出了唐中口，无家可归。面对帝国主义的暴行，家亡业断，王凤书的父亲王顺连气带吓，不久含恨离世。这一切，给王凤书幼小的心灵打上了深深的烙印。

王顺去世后，王顺妻带着王凤书兄弟三人和两个女儿到天津市张贵庄的亲戚家艰难度日。1903年，为了维持生活，多少会点儿铜匠手艺的哥哥王凤仪被人介绍到天津东局子②修船厂干活儿。但单靠哥哥的微薄收入难以使全家糊口，无奈之下，16岁的王凤书只能放弃读了几年的私塾，不得不托人也来到东局子，当起了学徒工。那时，当学徒工实际上是给人家当使唤小子。倒水、拿工具，叫干啥就干啥，手艺只能偷着学。王凤书白天在工厂干各种繁重的活儿，下了班还得到监工、把头家打杂，什么挑水、扫院、种花等。每逢过年过节或红白喜事，工人还得给工头送礼钱。帝国主义的压迫，资本家的剥削，工头的压榨，使王凤书对这不平的黑暗世道深恶痛绝，向往有一天，工人能挺起腰板来做人。

长辛店铁路工厂建立后，里面有许多天津老乡做工。1907年，王凤书又带弟弟背井离乡，来到长辛店铁路工厂做工，先是当小工，后来学刨床。他本想到了长辛店会比东局子好些，谁知天下乌鸦一般黑，这里资本家压迫得更厉害。好在能学到点儿技术，日后也许有出头之日，王凤书耐住性子坚持下去。

1917年，在正太铁路石家庄总机厂做工的孙云鹏回天津探亲时，见到王凤书，劝他到那里去做工，学点儿技术。这样，王凤书在孙云鹏的介绍下来到了石家庄谋生。

机务处总管亚拉伯然的两个大舅哥郑大龙、郑二龙把持着工厂大门，谁想进工厂都必须先给郑家送礼，少则三五十元，多则一百多元。王凤书想进总机厂，照样要给法国老板和工头送礼。孙云鹏好不容易托人借了几十元利钱，但工头根本看不上眼，最后总算答应考工试试。考刨工，本来要刨平面工件，而工头却故意刁难，叫王凤书刨圆辊，并规定刨出的圆辊还得与预先在刨床上旋好的圆孔插

---

① 根据1960年6月3日刘一身、王连印在郑州访问郑州铁路局机务处计核科长、王凤书之子王敏的手稿记录整理。

② 来新夏. 津门杂记：天津事迹纪实闻见录. 天津：天津古籍出版社，1986：66.

在一起，不松动为合格。王凤书决心争这口气，在孙云鹏等工友的帮助下，他集中精力、用心细致地刨完了工件，工头无话可说。这样，王凤书总算是在总机厂里上了班。

在半殖民地半封建时期的中国，正太铁路的工人在政治上毫无权利，人格上受到严重歧视。总机厂里的工人根本不被当人看，经常被随意打骂体罚，被骂作"楞得角""格胜楞得角"（法语音译为混蛋，像猪一样的混蛋)，他们受到的是来自法国资本家和中国工头的双重统治和压迫。

总机厂的12个厂门，都挂着"华人和狗不准走"的牌子，工人上班时，不能走正门，只能走一个三尺宽的"转子门"。这种转子门，像运动器械双杠一样，上边有个十字架，十字架每转90度，就可以走过一个人。在转子门旁边有护勇（厂警）把守，工人进厂先向护勇鞠躬，才能进厂门。过了转子门，便是"打字钟"，工人要将一张纸牌塞进钟内，一按把柄，打上进厂时间。工人迟到3分钟罚款，累计3次迟到开除。当时，一般工人家中买不起表，只好晴天看星星，阴天看香头，有的怕迟到，甚至半夜三更起床提前到厂门口等候进厂。工人把进工厂称作进"鸟笼子"，还编成歌谣：踏进工厂门，自由被剥尽；老板心肠狠，待我像犯人；做工稍不慎，皮鞭抽在身；有病不给治，一脚踢出门。[①]厂方规定：工人见了法国人要行礼，禁止工人在他们面前说笑打闹，否则以不尊重洋人问罪，轻者罚钱，重者开除。有时法国人想拿工人开心，就在竹竿上挂个所谓"奖品"，竿下边是水池，让工人顺竿往上爬，竿子软，人体重，竿子来回摇晃，竿上的人一不小心摔下来，掉进池里，浑身湿透；有时又用芦席卷成几丈长的席筒，让工人从中爬过来钻过去；有时蒙上工人眼睛，强迫工人用锤子敲打盛满臭油（沥青）的罐子，被溅了一身臭油，洋人们看着开心取乐。对工人，洋人资本家不称名字而叫号，王凤书的编号为"381"。每当听到这号声的呼唤，王凤书心里总觉得有一种难忍的屈辱和仇恨。所以，王凤书经常同孙云鹏等工人聚集在一起，商议如何拧成一股绳，对付工头和资本家。每逢有的工友受到工头欺负，他都挺身而

---

① 中共石家庄市委党史研究室. 中国共产党石家庄历史：第1卷，（1921—1949）. 北京：中共党史出版社，2016：21.

◎ 复元堂旧址

出，与工头交涉。工人有难事，也都来找王凤书出主意。一次，工友计根生病了，无依无靠，王凤书到处奔走，帮助寻医找药，终于使计根生从病危中缓了过来。渐渐地，王凤书成了工人兄弟心目中的主心骨。

那个时候，有些工人为了散郁解闷，下工后就到市面上去聚赌、游娼、酗酒、砸戏院，往往喝得酩酊大醉，大哭大笑；有些工人则用"磨洋工"来对付洋人，用偷摸倒卖厂里的东西维持生活。总机厂里有这样一些谚语："磨洋工，磨洋工，去个茅房半点钟""不打勤来不打懒，专打不长眼""做洋工不偷，五谷都不收"。

还有些工人因为看不惯聚赌、游娼、酗酒等行为，下工后就跑到"石头城"九号门外的礼民公所——复元堂(旧址在石家庄市新华路东头路北)去拜菩萨。礼民公所是一种带封建色彩的组织，又称"清礼""佛礼"。"清礼"，是因为创立于清朝初年；"佛礼"，是因为供奉南海大士(南海大士即观世音菩萨)。总机厂里有许多"在礼"的工人，每天下工以后，礼民们来到复元堂公所，点上三炷香，烧张黄表纸，面对菩萨叩个头，指望菩萨保佑，然后盘膝打坐，默诵"灭清扶大明"五字箴言。礼民们一不近女人，二不抽烟，三不喝酒，谁若以烟酒相敬，就拱手答曰："有罪，有罪。"所以，这里也叫"戒烟酒会"。

工人们到正太铁路上做苦工，大多数是单身汉。总机厂里盖了那么多的公馆、洋房，却没有工人们站脚之地。大伙儿没法子，只好三三五五地凑在一起，到附近的村里租间破民房，或者搭个小窝棚，几个人挤在那简陋、潮湿的工棚里，工人们叫作"住窝伙"。白天进厂去做工，晚上回来摊钱买一点儿米面，轮流着做饭，大家把这叫作"吃锅伙"①。

"住窝伙"的施恒清，河北内丘县史村人，1909年离开家乡来到石家庄，进入正太铁路总机厂的电灯房上班，当年他刚刚15岁。有一年过春节，工友们张罗着贴对联、写福字，会写毛笔字的施恒清买来了大红纸，挥笔写下一副对联，贴在小工棚的门上，上联写：中国人法国鬼中法合业；下联写：上工来下工去上下和平。工友们夸奖施恒清对联写得好，他也希望师傅们看到对联，都抱成团和欺压工人的法国资本家进行斗争。

正太铁路山西阳泉车站当养路工的梁永福，家中极为贫穷，他从小就下地干活儿，捡拾柴火，14岁便背井离乡，跟随哥哥到阳泉车站上班。那时，正太铁路在法国资本家的统治下，对工人实行残酷的剥削与压迫，养路工整天扒道砟、挥洋镐，累个臭死，每月除吃饭，只挣2元1角钱的工资，而法国总管每月工资现大洋500元。尽管这样，工人们动不动就挨打受罚，甚至被开除。梁永福为了混口饭吃，只得忍气吞声，小心翼翼地干，心中却对洋人、工头充满着厌恶和仇恨②。

正太铁路在石家庄的工人有近千人，工人们一般每天要干活儿12个小时左右，有时还要延长到十五六个小时。当时在工人中流传着这样的顺口溜："早六点，晚六点，中午抢着吃顿饭。"就这样天天如此。平常，无论是星期天还是其他节日，一律不放假，每年要工作340天至350天左右。尽管工作时间这样长，工资却十分微薄。

当时，山西境内的第一条铁路——也就是法国人修建的正太铁路给每台机车上只配备了一班乘务员，这意味着，机车一开出去，工人们四五天或七八天都不能够休息。机车乘务员尚且如此，各车站的扳闸工（扳道员）的生活更是苦不堪言，名义上他们每月有一天的休息时间，实际上每天都固定在闸房。当时，在这条铁路的扳闸工中流传着这样几句话："当了扳闸工，命里该受穷，成年不休息，老死闸房里。"这些话虽然带有一定宿命论的味道，但却是对当时非人生活的沉

---

① 中共石家庄市委党史征编室. 正太铁路工人斗争史（内部发行）. 1985: 9.
② 中共石家庄市委党史研究室. 石家庄市党史人物（内部发行）. 1990: 67.

◎ 正太铁路上运行的列车

痛控诉①。据《中国劳动年鉴》记载，1925年正太铁路工人日工资表：

工 种	最低工资	最高工资
旋削匠	0.69元	1.52元
铁 匠	0.63元	0.8元
木 匠	0.48元	0.63元
司 机	0.92元	1.63元
司 火	0.55元	0.92元
转辙夫	0.27元	0.33元
旗 夫	0.33元	0.40元
学 徒	0.30元	0.35元

当时，法国总工程司月薪约1000元，中国局长为700～800元；法国人段长月薪300～500元，中国人段长月薪为240～300元；一般员司月薪为40～60元。技术工人薪金最高者匠首为82元，一般机器匠为24元，最低的为15元；普通工人最高者为36元，一般的查票员为26元，最低的为9元。就薪金而言，法国总

① 中国铁路太原局集团有限公司党委宣传部（企业文化部）．山西铁路革命史话．太原：山西人民出版社，2021：20．

工程司月薪高于最低工人9元的110倍；同一级别的洋人月薪高于华人30%～50%；法国职员和高级华员薪金特别高，一般职工和一般工人薪金特别低，甚至不足以维持一家人的最低生活。由此我们可以看到法国资本家从工人劳动中攫取了惊人数额的剩余价值。①

在正太铁路，工头剥削工人的方法也是多种多样，主要形式是以"送礼"为名，对工人敲诈勒索。包括进厂礼、一年三节礼、病愈复工礼、生葬嫁娶礼、增加工资礼、登门祝寿礼等。②

"二七"老工人刘瑞增说："逢年过节我们都得大伙儿拿钱给工头送礼，一个工头一收就是上千块大洋。不送礼，工头就找碴儿开除你。"有些总管（大工头）懂外语，借机敲诈工人。当法国人到现场视察时，总管就趁机欺骗工人说："洋人说了，你们工作不努力，要开除……大家想想办法吧。"这样，工人们就得凑些钱送给他。

根据"二七"老工人宋公玉、陈梅生等人回忆：1920年，宋公玉上班花了30元，邢文才花了65元，有的花到150元。陈梅生说："那时进厂上班要给工头拿钱，上了班每月还要拿钱送礼。每次开工资，工头王纯都站在开工资的办公房的门口等着人们给他送钱。"宋公玉说："上班之后别人还送礼，我就不送，后来王纯让人搬了一大块煤放在院内，硬说是我偷的，要开除我。结果，我还是托人说情送了礼，才没被开除。"③

孙云鹏的妻子高登五1960年6月6日接受访问时回忆说："我出生于1886年，孙云鹏1908年把我从天津接到石家庄住。有一年的八月十五，工人赵永庆从我家借了2块钱，买了月饼、苹果等礼品，到工头王纯家送礼，人家嫌少，连人带东西给撵了出来。王纯家一进门的方桌上，固定摆放着白花花的洋钱，30块、60块、100块的各一摞，工人们送礼去了，王纯的老婆拿过钱来和桌上的洋钱比比高度，不够一摞的，连理都不理。"

①　石家庄市政协文史资料委员会，石家庄铁路分局路史编辑办公室. 正太铁路史料集（内部发行），1992：25.
②　中共石家庄市委党史研究室. 中国共产党石家庄历史：第1卷，（1921—1949）. 北京：中共党史出版社，2016：23.
③　石家庄市总工会工运史研究组. 石家庄工人运动史（1902—1949）. 北京：工人出版社，1985：27.

那时候，正太铁路的劳动条件十分恶劣，大部分都是露天作业，对于工人更谈不上什么劳动保护和工伤保险，伤亡事故经常发生。一天，总机厂铁炉房的工人们正在干活儿，突然传来一阵惊恐的大喊声："关车！快关车！……"工人刘玉珍到天轴上去浇油，由于没有防护装置，衣服被天轴挂住，人被缠在天轴上，活活绞死了。法国工头走过来不问人的死活，先问"机器挤坏了没有"。人死了，厂方不出丧葬费，还是工人们凑了些钱，把刘玉珍埋葬了。当年的老工人回忆起这件事时，都愤愤地说，当年在这座'洋城'里做工，真是鸡叫头遍起，夜半三更眠，病了没人管，死了席子卷。

工人们的苦难生活，正像当时流传的一首歌谣所说："头上乌云遮满天，脚下犹如万丈渊，工人生命如蚂蚁，父母妻儿难团圆。"①

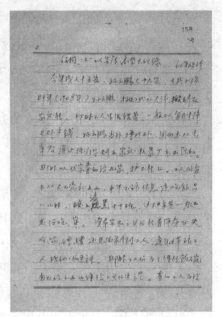

◎ 访问孙云鹏妻子高登五的记录

---

① 中国铁路工会石家庄铁路分局工会．"二七"革命斗争在石家庄分局（内部发行）．1990．5．

第五回　讨薪斗争初露锋芒　张洪志愤怒劈王举

　　20世纪初，古老中国风雨飘摇、内忧外患，正处在灾难的深渊。武昌一声枪响，辛亥革命推翻了中国历史上最后一个封建王朝。1911年，辛亥革命的浪潮，很快波及了石家庄，极大地鼓舞了饥寒交迫的正太铁路石家庄总机厂的工人。翻砂厂工人王秉璋，头一个剪掉发辫，大家都称他是"革命党"，紧跟着，总机厂的工人纷纷剪掉发辫争当革命军。①

　　1911年11月初，同盟会员、清末著名爱国将领吴禄贞在石家庄举行反清起义，随后山西革命军开到娘子关，吓坏了正太铁路的法国资本家，他们唯恐币值浮动，有一个多月没给工人们发薪水。这一下，彻底激怒了生活困难的总机厂工人，他们自发地团结在一起，呼啦啦把个正太铁路行车总管理处办公楼围个水泄不通，强烈要求发薪水，整个正太铁路上的火车也都熄了火。法国资本家见势不妙，这才被迫给工人发了薪水②。这次讨薪斗争是正太铁路工人有史以来最早的一次斗争，但是，由于没有正确的组织领导和正确的政治方向，只能是一时一事的斗争胜利。

　　时隔不久，辛亥革命的胜利果实被袁世凯篡夺了，他想当皇帝，立"洪宪"，"石头城"里的工人们对此怒不可遏。这时，从北京城里来了一位嘴边密匝匝长满髭须的老头。只见他笑呵呵地三天两头找一些工人问话聊天，有时正巧赶上了饭点，还主动到厂子附近的小酒肆里请工人吃饭喝酒……

---

①　中共石家庄市委党史研究室. 中国共产党石家庄历史：第1卷，（1921—1949）. 北京：中共党史出版社，2016：12.

②　石家庄市总工会工运史研究组. 石家庄工人运动史（1902—1949）. 北京：工人出版社，1985：34.

◎ 1912年9月，孙中山视察石家庄正太铁路

接触几次之后，工人们知道了这个老头名叫李安良[1]，他其实只有30多岁，只不过蓄着胡子，看起来像个老头。李安良和同盟会会员吴禄贞、刘樾西是志同道合的好友，他这次来到石家庄，主要是想在铁路工人中间宣传孙中山的革命思想。

在总机厂，李安良利用下班后的时间，教工人们识文断字，学习文化知识，帮助大家了解和认识孙中山先生的三民主义革命思想，引导工人们争人权、争自由、争权益，敢于同法国资本家和工头做斗争。每天早上，在厂门外的杨树林里，李安良还组织了一群爱好武术的工人，热心教授他们习练大洪拳，用来防身自卫、强健体魄。很快，他就在身边团结了一些进步工人，建立了中华民国工党会，成为正太铁路早期的工人群众团体[2]。

但是不久，石家庄当局以非法组织为借口，无端取缔了中华民国工党会。于

---

① 石家庄市总工会工运史研究组. 石家庄工人运动史（1902—1949）. 北京：工人出版社，1985：35.

② 中共石家庄市委党史研究室. 中国共产党石家庄历史：第1卷，(1921—1949). 北京：中共党史出版社，2016：12.

◎　1912年9月17日，孙中山乘坐正太铁路窄轨火车访问太原

是，李安良又带领着总机厂翻砂厂的几个技术精湛的工人辗转到了太原，在那里，他们成立了一家名为金盛利的铁工厂，在加工各种民用铁器的同时，还秘密地制造手榴弹等武器提供给革命军，继续暗中支持孙中山先生的爱国革命运动。

　　1912年4月1日，孙中山正式辞去临时大总统一职后，北上与袁世凯会谈，被袁委以全国铁路督办。1912年9月，孙中山视察了石家庄正太铁路[①]，受到了工人群众的热烈欢迎，极大地鼓舞了正太铁路工人的革命斗志。同年，孙中山还乘坐正太铁路的火车，经娘子关进入山西，来到太原，在此次之行中，孙中山提出了"以平定煤铸太行铁"的伟大构想。[②]

　　在辛亥革命伟大精神的鼓舞和中华民国工党会斗争思想的影响下，1913年冬天，正太铁路石家庄总机厂发生了一个张老头斧劈王举的事件。[③]

　　那时候，每年的端午、中秋、春节等三大节日，以及洋人和工头家里婚、丧、嫁、娶、做满月的时候，工人们都得给他们送礼，谁若不送礼，随便找个碴儿，轻者受罚，重者开除。

①　石家庄市国家档案馆.石门风云：（上卷）.北京：中国文史出版社，2007：15.
②　中国铁路太原局集团有限公司党委宣传部（企业文化部）.山西铁路革命史话.太原：山西人民出版社，2021：56—57.
③　石家庄市总工会工运史研究组.石家庄工人运动史（1902—1949）.北京：工人出版社，1985：35.

　　总机厂的修车厂有个铜匠名叫张洪志，他手艺高，脾气倔，硬是不送礼。修车厂总管王举把他看成眼中钉、肉中刺，处心积虑地找他的毛病。

　　当时工人上下工，因为经常是披星戴月、早出晚归，每人手里都提着一个手提灯。有一天，张洪志把手提灯擦得锃亮，挂在墙上，准备下工时走路照照亮。不料，这时王举走了过来，从墙上顺手摘下手提灯，啥话不说抬脚就走。张洪志惊诧之下追了上去，急忙质问：

　　"王头儿，你拿我的灯做什么？"

　　王举脚下连步也不停，只是扭头瞧了张洪志一眼，冷笑道："你的灯？就你还配有这样的灯？你这是偷的我的灯……"说罢，左手摇动着蒲扇，右手提着照亮的手提灯，大摇大摆地扬长而去。

　　站在原地的张洪志，听了这番话，气得那是脑门青筋暴起、浑身上下发抖、两眼直冒金星，实在气愤不过的张洪志当晚就回家磨了把飞快的斧子，准备收拾王举，以出胸中怒气。

　　第二天天不亮，他躲在芦家胡同拐角处，眼瞅着王举提着手提灯走了过来，说时迟，那时快，张洪志冲了上去，手起斧落，扑通一声，把王举劈倒在地，又对准他的脑壳连劈了十几斧，直劈得白花花的脑子混合着黑红的血浆迸溅了一地，才解了心头之恨……

　　王举被劈死后，他那个当过妓女的小老婆金翠，在机务处总管亚拉伯然面前哭哭啼啼，跪着不起。亚拉伯然指使获鹿县衙逮捕张洪志时却扑了个空，原来，张洪志劈死王举后，连家也没回，就逃离了石家庄。亚拉伯然恼羞成怒，伙同获鹿县衙把张洪志的两个儿子抓进了牢房，将他们判了死刑以替张洪志抵罪。张洪志虽说是为工人们除了一个恶工头，可是他自己却被迫远走他乡，最后落了个家破儿亡的悲惨结局。这件事传开后，只要一见到有的工头为非作歹，工人们就对他们愤愤地说："小心叫你后赶王举！"

　　辛亥革命前后，当时石家庄的最高官署是获鹿县振头镇的驻石家庄警察所。有一次，总机厂的几个工人和警察所发生纠纷，被警察打了一顿。当时，"石头城"里的法国人和警察所也有矛盾。这件事被亚拉伯然的老婆郑大顺知道了，她装作十分关心的样子去找那几个工人，又煽动，又打气，还给他们每人一支盒子枪，让他们去和警察斗。这几个工人手持短枪，夜袭了警察所，打了一场胜仗。这次事件，虽说工人们取得了胜利，但却是替洋人出气，被法国人拿着当枪使了。

1914年8月，北洋军阀政府颁布了《治安警察法》①，其中规定："采用一切力量，来制止一切工人的结合及行动。"②甚至连工人要求增加工资的权利都被视为非法而遭禁止。从此，国内的工人运动趋于低潮。

正太铁路工人虽然为了自身利益进行过多次人身的、经济的、政治的自发反抗和斗争，但是，由于没有无产阶级政党的领导，没有马克思主义的理论作指导，有的斗争虽然取得胜利，也只是暂时的，多数斗争则归于失败。工人们依旧生活在水深火热之中，仍然在黑暗中探索着前进的道路。

---

① 石家庄铁路分局工会. 石家庄铁路工人运动大事记（1889—1990）（内部发行）. 1991: 4.

② 同上。

第六回　**新思想启蒙孙云鹏**
　　　　四进北大兖斋入党

　　1917年，俄国爆发十月社会主义革命，给中国送来马克思列宁主义。经过中国的先进分子的介绍，马克思列宁主义开始在中国无产阶级中传播。马克思主义开始和中国工人运动相结合，中国铁路工人的组织也起了根本的变化。

　　1918年、1919年，毛泽东同志两次到长辛店铁路机车厂，点燃革命火种①。

　　1919年2月23日，在李大钊的指导下，北京大学学生邓中夏、朱务善等组建了平民教育讲演团。在五四运动和1920年前后，邓中夏、朱务善率领平民教育讲演团，不断深入长辛店、石家庄等地工人中了解工人生活，宣传革命道理。据朱务善回忆当年与邓中夏来石家庄的情形时说："我和邓中夏等同志在'二七'以前去过石家庄几次，第一次我记得做过一次讲演，专门是铁路工人，四十来分钟。讲述的主要内容是工人要当主人，工人、农民和党的关系，中国工人阶级的政党就是中国共产党，团结起来向资本家进行斗争，启发工人阶级的阶级觉悟。"②

　　1920年10月，李大钊在北京成立共产党早期组织，当时称"共产党小组"，同年底决定成立共产党北京支部，李大钊任书记。③不久，李大钊正式派邓中夏等到长辛店开展工人运动，决定筹办一所劳动补习学校。1921年1月11日，劳动补习学校在祠堂口1号院开学④。邓中夏是劳动补习学校的主要负责人，也亲自为

①　宓汝成. 帝国主义与中国铁路（1847－1949）. 上海：上海人民出版社，1980：556－557.

②　石家庄市国家档案馆. 石门风云：（上卷）. 北京：中国文史出版社，2007：65.

③　中共中央组织部. 中国共产党组织建设一百年. 北京：党建读物出版社，2021：12.

④　中车北京二七机车有限公司. 大道无疆：纪念中车北京二七机车有限公司120华诞. 北京：中国工人出版社，2017：53.

◎ 邓中夏

工人讲课。他是南方人，口音很重，为了更好地融入工人群众，他就学普通话与工人们交流。为了方便工人们好认好写，他还把自己的本名"邓仲澥"改为"邓中夏"。他与工人们的关系非常融洽，因为讲话直爽、嗓门儿大，工人们管邓中夏叫"邓大炮"，工人们有事都愿意找他聊。

学校开始时没有书，都是教员自编讲义。在教授方法上也与一般的工人夜校不同，不光教授工人文化知识，同时还用深入浅出的方法，宣传马列主义和无产阶级革命斗争理论，使工人在提高文化知识的同时，提高阶级觉悟①。

5月1日，长辛店1000多名工人，在娘娘庙召开庆祝"五一"劳动节大会，天津、保定的工人代表参加了大会。大会介绍了"五一"劳动节的历史，提出"工作八小时""教育一小时""休息八小时"的口号，大会通过了成立工会、邀请工友参加工会和举行示威游行三项决议②。会后散发了《五月一日》《工人的胜利》两本小册子。这次大会还宣布成立京汉铁路长辛店铁路工人会（10月改为工人俱乐部）③。会后举行游行，工人们高呼"劳工万岁""五一节万岁"等口号。

---

① 中车北京二七机车有限公司. 大道无疆：纪念中车北京二七机车有限公司120华诞. 北京：中国工人出版社，2017：53－54.

② 中车北京二七机车有限公司. 大道无疆：纪念中车北京二七机车有限公司120华诞. 北京：中国工人出版社，2017：58.

③ 北京铁路局工会. 北京铁路局工会志稿（内部发行）. 1993：4.

5月2日，长辛店铁路职工讲演团成立。根据中华民国步军统领衙门档案记载，5月3日，时任陆军少将、游缉队统带左翼翼尉富连瑞专门呈报了长辛店铁路职工成立讲演团的情况，原文如下：

> 窃职翼据派在长辛店探访侦缉队小队长保德、探兵连全等报称：于五月二日长辛店铁路职工讲演团成立，讲演大会是日下午七时起至十时，在车站对面西山坡，警务分驻所内讲演。该所门前悬挂大黄布匾一块，横书铁路职工讲演团，院内西面设立木讲台一座，西墙上粘贴黄纸上书开会秩序：一振铃开会；二话匣；三讲演；四幻灯电影；五振铃毕会。入场券分黄、红、绿、紫、粉红等五色。到会者，工人、学生、商、警界约二千七百余人。当有讲演员邹荣声等三名，登台演说，至十时毕会，并无事故。并将讲演各词开列，附上黄色入场券一纸，一并报告前来。理合谨将演说各词缮录于后，并将入场券粘连呈尾。为此呈报
> 堂宪大人台前谨呈
> 计开
> 一、工人保全身体，勿要嗜好。
> 一、精心学习机器，以身力为国出力。
> 一、工人等在厂作工，每日工钱三毛。在厂作工十余年，有知并未学精，仍每日作工，不合格作工资格者，仍用心习学。
>
> 中华民国十年五月三日

从此，长辛店的工人运动就逐渐活跃起来。1921年夏，长辛店的史文彬、王俊等组织工人建立了消夏团。消夏团里高搭席棚，内部有报纸、杂志、小说供大家阅读学习，还有皮球、杠子、沙袋，方便工人们锻炼身体，团费每人一角。过去有些工人聚赌、游娼，现在是提高人格，联络感情，研究工业技巧。

中国共产党成立后，从中央到地方各级组织都以主要精力从事工人运动。为加强对工人运动的统一领导，中央局于1921年8月11日在上海成立中国劳动组合书记部，张国焘、邓中夏先后担任主任。这是党领导工人运动的第一个公开机构。

◎ 孙云鹏

◎ 贺昌

中国劳动组合书记部出版机关刊物《劳动周刊》，在北京、汉口、长沙、广州等地建立分部，在各地开设工人夜校、组织工人俱乐部，对工人运动的发展起了重要作用。①

在正太铁路，较早接触和接受马克思主义的是正太铁路石家庄总机厂工人孙云鹏。孙云鹏，字晴霄，1882年4月4日出生在天津沉庄子一个鞋匠家庭，由于帝国主义资本家在天津倾销洋货，1901年，孙家的鞋底作坊被挤垮。为了维持生活，孙云鹏到长辛店机车厂当学徒工，后又回到天津铁工厂当工匠。1905年，孙云鹏应招到正太铁路石家庄总机厂当了一名刨床工，是最早进入该厂的工人之一。他胆大心细，刚直不阿，脾气倔强，对洋人、工头们的横行霸道十分愤恨，工人们有了难事，他十分关心，跑前跑后，心热腿勤，还写得一笔好字，是正太铁路的"工人书法家"，在工人群众中很有威信。

1921年夏秋之交，社会主义青年团派太原一中学生、团员贺昌到石家庄，找孙云鹏谈话。贺昌是山西人，所以最先被派到正太铁路工作。当贺昌向孙云鹏宣传革命道理时，孙云鹏聆毕问道："小伙计，你们卖的是哪一号膏药？"贺昌不由得着起急来，连忙解释道："我们绝不是哄人的江湖医生，我们是诚心诚意来同你谈造福工人的革命问题……"孙云鹏不待对方答毕，把话岔开说道："这些话我也听得不少了，卖瓜的都是夸自己的瓜甜，究竟怎样，我们工人脑筋简单，

---

① 中共中央组织部. 中国共产党组织建设一百年. 北京：党建读物出版社，2021：19.

实在闹不清楚。"①随后他就提出一连串的疑问，贺昌虽加以讲解，但孙云鹏总是半信半疑，追问得他紧了，他就不说话了。贺昌只好折返太原。

同年下半年，中国共产党劳动组合书记部北方分部的张国焘、朱务善等人到石家庄开展革命活动时，又多次与孙云鹏谈话，与他建立了联系。

不久之后，穿着长衫马褂一身学生打扮的中国劳动组合书记部北方分部主任罗章龙和长辛店工运领导人史文彬来到石家庄。史文彬在正太铁路上熟人很多，在石家庄有一些亲朋好友，还有不少徒弟。罗章龙经史文彬介绍，认识了孙云鹏。

罗章龙在个人回忆录《椿园载记》中记述了与孙云鹏的交往经过：

初次见面后，我对他的印象是朴实无华，但觉悟不高。在我略略说明来意后，他率直表示不愿参加我们的革命工作。他自找理由说："我文化水平低，干不了。"虽然孙云鹏拒绝了我们，我还是决心再做他的工作。因为他在正太铁路上群众基础好，很有威信，对打开局面很有作用。于是，我就留在他家住了两三天。一天，孙云鹏夫妇陪我游览石家庄附近名胜和井陉煤矿。该煤矿是德国侵华军人汉纳根（Hanaken）在远东的一个冒险乐园。在游娘子关时，孙夫人还兴致勃勃地指点雄关，向我口述唐太平公主率娘子军攻城夺寨的传奇故事。在旅游期间，我也乘机向他们讲了俄国十月革命的故事和苏俄产生的变化，以及共产党的性质和中国工人也要走俄国革命的道路，等等。他们也向我提了一些问题，我都给他们逐一解释了。我对孙说："你是铁路上的，到北京很方便，有什么想不通的，可随时跟史文彬一块儿到北大西斋找我。"经过几天的工作，孙云鹏的认识有了转变，并表示愿意做些工运工作。这以后，陆续有书记部工作人员和他联系。一次，他到北大找了我，这次见面，大为不同了，他主动说："共产党是正派人，处处为工人着想，你们大学念书的，出校后就有官做，但你们为工人利益东奔西跑，不求官禄。我们工人自己为什么不关心自己的事呢？"又说，"以前我听人说过共产党不可靠，现在看来，这是造谣，是昏话。"孙云鹏的觉悟提高很快，他出身工人，很容易接受党的教育，一旦觉悟，作用就很大。经过多次交谈，我有意发展他入党，我向区委提出了这个意见，经过党组织讨论，在1921年冬至次

---

① 罗章龙. 椿园载记. 北京. 生活·读书·新知三联书店出版，1984：107.

年春季之间，孙云鹏成为正太铁路第一个工人党员，孙云鹏入党后，接着又发展了一些进步工人入党，其中有施恒清等，后来又建立了党小组。孙云鹏入党后，工作更积极，他们又把工作推进到阳泉、太原以及整个正太铁路。

正如罗章龙回忆所述，孙云鹏亲眼看到了中国劳动组合书记部下来的人，生活很是清苦，节省自己的收入支援工人运动；来往多是搭乘煤车和货车，以节省费用；和工人们谈心交流都是推心置腹，生活上不分彼此，心里很是感动。孙云鹏多次对铁路工人们说："书记部是真心追求民主政治的人，绝对不是在政治上玩猴把戏的，是工人们难逢难遇的。今天如果再有人攻击书记部的话，那他们一定是不识好歹、不辨邪正的人了，我们一定不答应。"①

此后，孙云鹏坚定了人生信仰，决心义无反顾地投身到反帝反封建的革命洪流中去。

那时候，石家庄与长辛店有着密切的联系。一方面，总机厂里不少技术工人是从天津、唐山、长辛店招来的，因而与长辛店的一些工人走得较近；一方面当时的石家庄京汉火车站，还只是个小站，京汉路上开来的火车，都要到正太铁路的"洋城"里去上水。中国劳动组合书记部北方分部和孙云鹏建立联系后，就通过京汉路的火车司机谭师傅，利用上水的机会，时不时地给孙云鹏带来一些《工人周刊》和传单②，谭师傅兴奋地对孙云鹏说："现在长辛店的工人比过去高了三尺啊！"

孙云鹏开始秘密地把这些《工人周刊》和传单分别传送给自己的好友滕邦忠、米振芳、王凤书、李德存等有点儿文化的工人们阅读，并念给一些不识字的工友听。这些进步杂志和传单，孙云鹏等人不知私下里悄悄地翻看了多少遍，字里行间，工人们了解到了不少新事物、新思想，懂得了要推翻旧社会，消灭剥削压迫人的旧制度，就必须投身于革命洪流之中，大家都急切渴望着走长辛店工人的革命道路。这样，马列主义的一些先进理论和革命理念，就逐步在正太铁路工人中传播开来。

---

① 石家庄市国家档案馆. 石门风云：（上卷）. 北京：中国文史出版社，2007：66.
② 中共石家庄市委党史研究室. 石家庄市党史人物（内部发行）. 1990：2.

铁流激荡

　　早在1921年1月，京汉铁路长辛店机车厂工人在北京共产主义小组的领导下，办起了劳动补习学校，不久又建立了早期的工会组织；5月，以长辛店工会名义出版了《工人周刊》；1921年10月20日，为整顿工会组织，长辛店机车厂、修车厂、工务厂的工人代表50余人，召开联席会议，根据工人会员的意见，决定把工头、司事、巡警从工会里清洗出去。并把"京汉铁路长辛店铁路工人会"改名为"京汉铁路长辛店工人俱乐部"。工人们说，工会是与工头共同发起的，现在我们独立组织了，不要那个名称，要用另外一个名称来区别①。孙云鹏作为石家庄工人的代表到长辛店参加了这次会议。长辛店的经验和做法，使孙云鹏受到极大的鼓舞和启发，他回到石家庄后，就与施恒清、王凤书、米振芳、滕邦忠、李德存等积极串联成立工人团体，他们进一步认识到，只靠烧香磕头，指望菩萨保佑是没有出路的，长辛店工人才是应当学习的榜样。

　　从1921年末到1922年初，孙云鹏先后4次到北京大学的马克思学说研究会去找党，学阅革命书籍，汇报个人思想，并请求中国劳动组合书记部北方分部派人到正太铁路领导工人开展革命运动。鉴于孙云鹏的积极表现，1921年9月，北京大学马克思学说研究会吸收他为会员。

　　当时，马克思学说研究会是一个秘密团体，组织形式是比较松散的，除了对马克思主义著作的阅读和译述外，还从事一些工人运动的实践。这个学会的会员到1921年夏，发展为19人，其中一些核心会员已成为北京共产主义组织的成员。学会设有书记两人，由王有德和罗章龙担任②。

　　马克思学说研究会成立后，得到了北京大学校方尤其是蔡元培校长的大力支持，学校拨出西斋学生宿舍中两间宽敞的房子，作为学会的活动场所。这套房子，罗章龙他们都亲切地称它为"亢慕义斋"，其中"亢慕义"是德文译音，全文意思是"共产主义小室"（Das Kammunistsches Zimmer），对内习惯用"亢慕义斋"或"亢斋"。

---

① 中车北京二七机车有限公司. 大道无疆：纪念中车北京二七机车有限公司120华诞. 北京：中国工人出版社，2017：61.

② 罗章龙. 椿园载记. 北京：生活·读书·新知三联书店出版，1984：57.

◎ 亢慕义斋

　　罗章龙在后来的回忆中特别提到,当年对"亢慕义"进行汉语译音时,曾借重古汉语的释义。按:《周易》乾卦,爻辞云:"亢龙有悔",历代注释者自东汉郑玄、唐孔颖达,到南宋朱熹等均释"亢"为"极""穷高""亢阳之至、大而极盛"等义。

　　《周易》文言传云:"亢之为言也,知进而不知退,知存而不知亡。"综言之,"亢"乃"盈、高、穷、极"之义,即吾人理想的最高境界,极高明而致幽远的境界,故称为"亢斋"。"亢斋"室内墙壁正中挂有大幅马克思像,像的两边贴有一副对联:"出研究室入监狱,南方兼有北方强",还有两个口号:"不破不立,不立不破";四壁贴有革命诗歌、箴语、格言等,气氛庄严、热烈。自分得房子后,大家欢腾雀跃,连日聚会。李大钊也和大家一起朗诵诗歌,表示庆祝①。

　　对联"出研究室入监狱,南方兼有北方强",取自陈独秀和李大钊的诗句。上联意指搞科学研究和干革命,革命是准备坐监牢的;下联"南方兼有北方强",意指马克思学说研究会里,有南方人,有北方人,李大钊称南方人为南方之强,罗章龙等人则赞誉李大钊等为北方之强,南方之强又加上北方之强,表示南北同

---

① 罗章龙. 椿园载记. 北京: 生活·读书·新知三联书店出版, 1984: 57. 88.

志团结互助，同心一德。这副对联概括了当时学会生活奋发图强的精神。

"亢慕义斋"，既是图书室又是翻译室，还用做马克思学说研究会的办公室，党支部与青年团和其他一些革命团体常在这里集会活动。"亢斋"的地址在景山东街第二院，地名"马神庙"，又叫"公主府"，同校长办公室相距不远，有校警站岗，闲杂人等不得入内，它在校内是公开的。有一个时期李大钊常常到这里工作。

1921年12月的一天，在北京大学西斋的"亢慕义斋"，面对墙壁上高高悬挂的马克思画像，罗章龙在现场作为入党介绍人，孙云鹏庄严地举起右拳光荣加入了中国共产党，把自己全部交给了党和共产主义。孙云鹏成为正太铁路乃至石家庄的第一名共产党员。

孙云鹏入党后，正太铁路和石家庄地区只有其一名党员，根据1921年7月召开的党的一大在《纲领》中规定："党必须要有严密的组织""应自下而上，即从基层支部直至中央，逐级建立严密的组织"。又规定："有5名党员的地方可建立地方委员会""超过30人者，应组织执行委员会"，由于不具备建立党的组织机构的条件，孙云鹏直接属中共北方区委罗章龙领导。

随着国内铁路工人运动的开展，中共北方区委成员中逐渐增加了产业工人的成分，孙云鹏和张清泰代表正太铁路，先后与京汉铁路的史文彬、津浦铁路的王荷波、京奉铁路的邓培、胶济铁路的郭恒祥等参加了区委的领导工作[1]。《罗章龙与早期铁路工人运动》一书中提到，随着党在北方的主要党报《工人周刊》发行量的增大，读者分布亦愈广阔，运送刊物的工作交由史文彬、孙云鹏、张清泰等负责。他们通过各条铁路机车与各路车务工会负责人进行运送，采用此种方法，迅速可靠，避免反动政府的检查，尚可节约邮资，简化手续。

---

[1] 罗章龙. 椿园载记. 北京：生活·读书·新知三联书店出版，1984：119.

第七回　劳动组合催生工会
陈顺来篡夺领导权

　　1922年初，在中国共产党和中国劳动组合书记部的推动下，劳动组合已成大势所趋。全国各地，不但广大工人迫切要求组合，就连北洋军阀吴佩孚也公开打出了"保护劳工"的旗号，借机笼络工人。中国共产党利用这个条件，组织工人，成立工会，积极进行合法的斗争。

　　这年的1月，长辛店京汉铁路火车房铆工、共产党员康景星受中国劳动组合书记部派遣来京汉铁路正定火车站，串联部分工人，在正定车站外边的茶馆里租了一间房子，办了一个工人俱乐部①。这个俱乐部是石家庄地区第一个工人俱乐部——京汉铁路正定火车站工人俱乐部，康景星任部长，陈化林、李斌、马福来、幺凤九、边庆臣、吴鼎昌等任委员。俱乐部里有弦子、胡琴、大鼓等。工友们经常在这里唱戏聊天，外面人看着他们是在娱乐消遣，暗中却是在传播革命道理，介绍革命经验，筹备成立工会，后来俱乐部逐渐发展到53人。

　　正太铁路石家庄总机厂工人、共产党员孙云鹏也根据中国劳动组合书记部的指示，吸取长辛店、京绥、陇海等铁路的成功经验，带领工人积极分子滕邦忠、施恒清等人，在总机厂工人中积极活动，串联成立工会组织。当时，总机厂工人的成分比较复杂，派系纷争，良莠难分。在孙云鹏等人积极串联组织工会之际，受法国资本家雇用的正太铁路火车房总管陈顺来、总机厂铁锅房总管王纯等工头，也表示"极端赞成，愿血忱帮助此事，使之早日成功"。他们深知，一旦孙云鹏等穷工人组织起工会来，不仅对法国资本家不利，更重要的是对他们造成一种威

---

①　中车北京二七机车有限公司. 大道无疆：纪念中车北京二七机车有限公司120华诞. 北京：中国工人出版社，2017：80.

胁。而劳动组合又是大势所趋，民心所向，不如利用民意，先乘机组织工会。于是，他们摇身一变，由对抗变为顺应，由反对变为"赞成"，打着工会的旗号，用以迷惑人心，达到控制工会的目的。本来，孙云鹏等工人和王纯、陈顺来等工头的矛盾比较深，常常为工人的利益相对抗，但在成立工会一事上，工头们却一反常态，表现异常的积极。孙云鹏等人深知他们赞成是假，企图控制即将成立的工会是真。但出于斗争策略的考虑，想借这些工头身份，尽早成立起工会，取得合法地位后再从长计议。就这样，抱着不同目的，出于不同动机的一个工人团体诞生了。

1922年2月12日出版的《工人周刊》第29号，发表消息：《正太工人联合会又快成立了》。原文如下：

<blockquote>

正太工人联合会又快成立了

顷接石家庄公函，言正太路工人联合会进行异常迅速，已定于阴历正月十五开茶话会，讨论大会布置事宜。十六日开全体大会通过章程，选举正副会长及各干事人员。闻该路旧日章程，颇不合用，拟采取陇海、京绥各处新式章程，以为他日各路联合之地步。又闻该路工人异常踊跃，万众一心。其火车房总管陈子安君，和大厂铁炉房王纯君，亦极端赞成愿血忱帮助此事，使之早日成功云。

（原载1922年2月12日《工人周刊》第29期3版）

</blockquote>

这个团体，开始叫正太工人联合会，后改为正太工界联合会，向官方立案时，更名为正太工业研究会。其公开发起人有：苏穆、苏进才、阎玉（义）成、赵永和、周德顺、赵恩普、姚富祥、李长泰、王纯、白玉荣、陈顺来、孙头子、窦显明、李广志、华祝三、石头子、陈茂椿、赵明山、阎占维、赵永太、郑长福、董元魁、赵金亭、窦显荣、冉献臣、张铭良等，这些人多是正太铁路各厂的工头。

正月十五日，这个团体召开茶话会，布置大会事宜。正月十六日，正太工业研究会在石家庄同乐戏院召开成立大会，由陈顺来任会长，王纯任副会长，孙云鹏担任交际员，负责与劳动组合书记部及其他铁路工会联络。

2月19日，《工人周刊》第30号全文刊载了《正太工界联合会草章》，共分十条，原文如下：

（一）本会诸同人完全于正太路沿线工作，故定名曰正太工界联合会。

（二）本会会址暂寓石家庄戒烟酒会公所，一俟将来发达时，或扩充，或更换会址，若租若筑，临时再议。

（三）本会开正式选举大会时，当选出正副会长各1名，干事、书记、交际各2名，文牍1名，会计1名，庶务4名，评议员8名。诸君皆系义务，惟雇夫役2名。

（四）本会无论有何等事件，均由会长按顺序通知大家，一致行动，共保我同人等应有之权利，协力巩固团体，以御外侮为宗旨。

（五）本会同人等不论资格阶级，必须彼此恭敬，而且以互相亲慕为目的。或前有意见不和者，迅速打消所怀之不良，复莫视以为仇敌，而重亲善。

（六）凡外埠工界代表或会长来石，有无事故，本会一律招待。尚有寓会一事，以10日为限，并禁止外人撞入本会会所。本会会员介绍，也应遵守定章，尤不得借宿，等等，以维秩序。

（七）本会会务统由正会长主持，如有事故而缺席时，以副会长代理其职。而各干事员以及会员等，不得耽误推诿，轻视会务，尤不得败坏本会名义，有碍进行。

（八）本会不拘大小事件，尽由会长出席宣布，征得大家同意，复经评议部核定，全体通过后方能实行。惟不得以少数私见而专主，若评议员因事不能到会，其最少数不下5名，方可取决案件，否则作为无效。

（九）本会现当此次开双支之际，实行普遍筹款。工匠等捐助银洋一元，长工及小工等每位一律大洋5角。此乃成立筹备捐，倘有经常费一事，俟本会选定职员后，再为定夺。倘有不可思议之重要事件时，所筹之款仍不敷用，临时讨论特别捐。尚希我同人慷慨资助，以表热忱。但会中一切经费出入，一一载明，以杜群疑。将来本会除经常费外，尚余若干款项，或缓交应纳之月捐，或储于某殷实银行，或设立学校，以培植工界子弟，不收学费。惟用途不可浪费，万不许置放个人舍下，恐其临时应用，措手不及，庶免意外之虑。

（十）凡会员于工作时间，不得任意怠惰，以及窃取等事。或有在外假本会名义，招惹是非者，及早痛改诸前非，以尽工界之人格。倘或仍踏故辙，一经察觉，或被其他人员窥视，报告本会，从重科罚，以警将来。记过三次，即行取消会员名目，否则以相当对待，决不宽容。如有在厂内竟借本会之势力，而故为非者，被洋员审获时，任其处置，本会决不袒护，特为予先声明。

发起人：

苏　木　苏进才　阎玉成　赵永和　周德顺　赵恩普

姚富祥　李长泰　王　纯　白玉荣　陈顺来　孙头子

窦显明　李广志　华祝三　石头子　陈茂椿　赵明山

阎占维　赵永太　郑长福　董元魁　赵金亭　窦显荣

舟献臣　张铭良

赞成人：全体工人

同时，《工人周刊》还发表了《编者按》，文中指出："未来国内工人感受世界潮流，仿佛如大梦初醒，于是把自己的地位看得高起来了，团结力也坚固起来了。正太路工友们从前毫无声息，外界颇以为疑，以为一定不如别处工友，谁知他们竟自动地组成这么一个完善的全路联合会呢，这不能不令人佩服！令人欢喜呀！"

1922年4月，孙云鹏到长辛店参加了长辛店工人俱乐部成立大会，学习了长辛店工人运动的经验。5月1日，他又在广州参加了第一次全国劳动大会，开阔了眼界，进一步明确了政治方向[2]。

正太工业研究会本来是孙云鹏等工人串联成立的，但是，却被工头王纯、陈顺来等在"极端赞成""热忱""帮助"的幌子下，篡夺了领导权，并在《正太

---

① 邓中夏. 中国职工运动简史（1919—1926）. 北京：人民出版社，1953：60.

② 中共石家庄市委党史征编室. 正太铁路工人斗争史（内部发行）. 1985：16.

工界联合会草章》第七条明文写上了"本会会务统由正会长主持，如有事故而缺席时，以副会长代理其职，而各干事员以及会员等，不得耽误推诿，轻视会务"这就使会长独揽大权合法化了。《草章》第十条还明确规定，本会会员"如有在厂内竟借本会之势力，而故为非者，被洋员审获时，任其处置，本会决不袒护，特为预先声明"。至此，孙云鹏等彻底看清了工头们"热忱"组合的目的，就是为了通过控制工会，效忠洋资本家，为个人谋取私利。正太工业研究会变成了沙革、丁平澜羽翼下的御用"洋工会"。

正太工业研究会成立后，名义上将会所设在戒烟酒会，实际上却在大桥街路南明盛园饭店外院租赁了一所四合院，东西两厢房搭了几张藤子床，床上铺着花床单、软缎被，专供驻会"老爷"们歇息享用。三间上房里，乌木家具闪闪发光，桌上摆着座钟、留声机，地上铺着花毛毯，花草摆饰，一应俱全①。工头、员司老爷们认为只要把工人蒙骗入会，网进圈套，就算万事大吉，平安无事了。他们整天在会里打麻将、吹烟泡、花天酒地，工人们有个什么事想来商量商量，他们有时不搭理，有时还斜楞着眼珠训斥一通，净跟法国资本家一个鼻孔出气。

总机厂工人大多是从山南海北来到石家庄的，人死了，连块坟地也没有。工业研究会一成立，就包了"洋城"里的炉灰、大粪，并由王纯在姚栗村西买了几亩地，后又在柏林庄村南买了20亩地，作为工人义地，还在义地里盖了几间土坯房。工业研究会把"洋城"里的炉灰、大粪运到义地加工，每年可收入1000多块大洋，作为工会的活动费用。

王纯、陈顺来这些工头，想从炉灰、大粪上大捞一把，可又分赃不均，只要一开会就为炉灰、大粪这些事争吵不休。工头们除了争吵分赃之外，就在明盛园饭店喝茶闲坐，让工人每人每月交一日工资作为会费，供工头们挥霍，并不为工人谋一点儿利益，工业研究会彻底沦为了法国资本家的傀儡组织。工人们越来越看清了王纯等人"赞成"劳动组合，只不过是投机钻营，其目的是控制工人，效忠洋人，谋取私利的险恶用心，因而也就更加恨透了王纯、陈顺来等人，正太工业研究会也就很快趋于分化了。

---

① 政协石家庄市委员会. 石家庄文史资料全书: 石家庄市卷. 北京: 中国文史出版社, 2019: 16.

第八回

"记者"茶馆促膝谈心
张昆弟正太播火种

　　1922年7月初的一天傍晚时分，一位头戴黑色宽檐礼帽，身穿灰色大衣，手提黄色柳条包，高高个子，不胖不瘦，白净脸庞的青年人走进了石家庄南花园的米家茶馆。

　　这个20多岁的年轻人，正襟危坐在茶馆里的木板凳上，眼窝深处的黑眸炯炯有神，透出一股英气。不大一会儿工夫，自称是报馆"记者"的他，就用带着浓重湖南口音的普通话与身旁四五个工人装束的茶客搭上了话头。他们时而低声细语，时而面色凝重，时而低头沉思，渴了就随手端起桌上的豆青瓷碗，抿上几口茶水。不知不觉中，邻桌的几个茶客也自发地聚拢了过来，围坐在一旁仔细聆听，偶尔还插上几句话也加入了讨论。

　　这个米家茶馆，老板是正太铁路石家庄总机厂的工人米振芳。当初，在驻扎石家庄的直系军队里，有几个军官在石家庄村南买了一片土地，开辟了一个花园。他们雇了几个人，专门养花卖花。因为花园建在石家庄村南，所以人称"南花园"。随着花园开放，游人增多，有些说书的，卖艺的，变戏法的，卖小吃的，都在这里摆起了摊子，打开了场子。米振芳一来出于生活所迫，二来愿意和工友们联络，就开了这个小茶馆。米振芳定了一条规矩，只要是厂里的工人来喝茶，不管带不带茶叶，一律不收水钱，因此，工人们都乐意到茶馆里坐一坐，喝喝茶，聊聊天。

　　米振芳注意到这个年轻人是茶馆里的常客，来了主动和人们打招呼，性格热情豪爽，谈吐稳重大方，相处起来平易近人，于是自己也愿意多和他拉呱儿拉呱儿，扯扯闲篇。他们隔不了几天，就要凑到一起，沏上一壶浓茶，边喝边聊。米振芳也知道了这个"记者"的名字是张昆弟。

◎ 张昆弟

一天，米振芳等工人忍不住向张昆弟诉说了"石头城"里工人们生活的不易，以及王纯、陈顺来等人把持工业研究会，出卖工人利益，效忠洋人的卑劣伎俩。张昆弟听后凝眉沉吟了片刻，若有所思地问道：

"你们知道工人为什么受穷？ 工人的生活为什么最苦最穷？"

一个满脸络腮胡子的老工人有些无奈地说："算命先生说了咱命穷，八字不好呗。"

张昆弟喝了口茶，清了清嗓子，眉头一扬，眼睛注视着大家，掷地有声地说："命穷？ 不对！ 工人穷，并不是八字不好，更不是命中注定。工人创造的东西最多，其实工人最伟大！"

旁边有的工人有些不解，带着质疑的语气，反问："我怎么不觉得伟大。做工的伟大，为什么还这么穷？"

张昆弟用明亮的目光扫了工人们一眼，继续发问：

"正太路是谁修的？"

众人齐声道："我们工人修的。"

张昆弟又问："咱们总机厂是谁盖的？"

众人紧接着回答："我们工人盖的。"

张昆弟加重了语气："正太路每年收入的几百上千万现大洋，是谁挣的？"

在场的几个工人争先恐后地连声说："还不是咱们穷哥们一把血、一把汗换来的！……"

"对呀！对呀！大家想想，大家要是不做工，那帮洋人工头喝凉水恐怕也没有。工人穷，其实是洋人、军阀、厂主、工头把我们剥削穷的。他们吃香的、喝辣的，哪一样不是工人的血汗换来的。工人创造的劳动果实，都被他们吃了喝了，工人怎么不受穷？我们拼命养活他们，他们却骑在工人头上作威作福，这合理吗？"张昆弟听后猛然一点头，情绪激动地高声说道。

…………

这一次茶馆聊天之后，张昆弟给米振芳留下了自己所住旅店的地址，并告诉他约上几个要好的工友，只要是晚上有时间，都可以随时去找他继续深入地谈心谈话。

此时的米振芳等人还不知道，这位报馆"记者"的真实身份，其实是一名中国共产党党员，他此行正太铁路，肩负着秘密组织开展工人运动的特殊使命。

1894年（光绪二十年）3月18日，湖南省益阳县（今桃江县）板溪乡龙西村的一个贫苦农民家里，一个男婴呱呱坠地，给全家带来欢喜，当私塾先生的三叔给他起名张昆弟。1913年秋，张昆弟考入了有"千年学府、百年师范"美誉的湖南省立第一师范。张昆弟和毛泽东、蔡和森是最要好的学友，他们志同道合，治学、品行在班上都是最好的，被誉为"岳麓三杰"①。他们曾一起谈论救国之道和革命理想，一起在寒风暴雨中锻炼意志，一起利用暑假到农村搞社会调查，一起创办了新民学会，从那时起，正义、爱国的进步思想就已深植在他们心底。1918年，张昆弟和蔡和森到法国勤工俭学。1921年末，由于张、蔡两人在法国从事革命活动，被法国当局驱逐出境，回国后，党组织决定张昆弟留在北京从事工人运动。

朱务善曾说："陈毅同志对张昆弟很了解，所以，1970年我向陈毅同志请教过张昆弟的情况，他说：我和张昆弟、刘明俨是从法国坐同一艘船回国的，回国后，他们搞工人运动，我搞学生运动，现在我还在收集张昆弟的史料呢。"②

———————————

① 刘万能. 张昆弟年谱. 长沙：湖南人民出版社，2014：26.

② 石家庄市总工会工运史研究小组. 正太总工会的诞生（内部发行）. 1981：9—10.

◎ 张昆弟（第二排坐者）等赴法勤工俭学同学合影

　　张昆弟到正太铁路之时，正是第一次直奉战争后，直系军阀吴佩孚控制北洋政府。吴的最大饷源在于铁路营运，但铁路营运却被交通系控制。说起交通系，它是中国铁路上早有的一个政治集团，以梁士诒、叶恭绰为首领，北京政府内阁虽屡有更换，但交通总长差不多总是由该系充当，该系爪牙布满了各铁路，国家铁路变为该系私产，该系在铁路上的势力确已根深蒂固①。

　　1922年的直奉战争，直胜奉败，交通系内阁随之倒台，代之而起的为直系军阀吴佩孚御用内阁，吴佩孚新胜之余，收买人心，通电发表四大政治主张，其中一项便是"保护劳工"。吴佩孚知道交通系在铁路上既有的势力，同时又知道共产党在铁路上有新兴的势力，于是他就企图用共产党铲除交通系②。

　　中国共产党为进一步开展铁路工人运动，决心揭露交通系拉拢欺骗工人的阴谋。1922年5月，经中国劳动组合书记部北方分部主任罗章龙同意，李大钊凭借自己北京大学教授的社会地位向吴佩孚御用内阁交通部总长高恩洪建议每路派一密查员，得其允许。6月，中共北京地方委员会选派张昆弟、包惠僧、何孟雄、

① 邓中夏. 中国职工运动简史（1919—1926）. 北京：人民出版社，1953：24.
② 邓中夏. 中国职工运动简史（1919—1926）. 北京：人民出版社，1953：25.

颜昌颐、安体诚、陈为人等六名共产党员分别到正太、京汉、京奉、京绥、陇海、津浦等六大铁路以密查员的身份开展活动，实际上是共产党的工人运动特派员，定期向李大钊汇报交通部的情况。为了不暴露身份，他们当时都用的是化名。①

高恩洪希望这些密查员多为自己效劳，常常召见他们，有时甚至还用电话约他们到家里，询问铁路上的情况。他们携着铁路长期免费乘车券，可以免票坐车，可以到任何一条铁路去巡视，经常向铁路当局提出改善铁路工人生活的要求。他们有百元以上月薪，除一定生活费外其余归党，此时，正因职工运动费用支绌，得此不无小补。密查员是各路现任职员最害怕的，因此共产党员得着护符，不仅不怕人而且使人怕，得以往来各路，通行无阻。他们选择工人最痛恨的交通系的职员，揭露其营私舞弊的罪状，写成报告送上去。这六名密查员，名义上为交通部调查交通系及其骨干人物的活动情况，实际上即是职工运动特派员，主要是在各路工人群众中活动，帮助工人组织俱乐部和进行斗争。这六名密查员对交通部虽是有固定的人名，但出发各路可换别的同志，这样一来，我们在铁路上的工作得到顺利的发展，差不多六条铁路都建立了相当的基础。②

从1922年春起，不到半年的时间，密查员们推广在长辛店机车厂工作的经验，带动天津、唐山，以至整个华北地区各条铁路的工作，把工人群众基本上都组织了起来。长辛店、琉璃河、高碑店、保定、正定、顺德（河北省邢台市的历史名称）、彰德、新乡、郑州、郾城、许昌、信阳、广水、江岸等十六站，先后都成立了名为"工人俱乐部"的工会组织。③

张昆弟能到正太铁路当密查员，还与孙云鹏有关。罗章龙说："一次，孙云鹏向我提出，长辛店工人俱乐部有吴雨铭协助工作，石家庄是否也能派一个同志常驻那里帮助开展工作呢？我答应了他的要求，这就是以后张昆弟去石家庄正太路工作的缘由。"④

---

① 刘万能. 张昆弟年谱. 长沙：湖南人民出版社，2014：82.

② 邓中夏. 中国职工运动简史（1919—1926）. 北京：人民出版社，1953：26.

③ 宓汝成. 帝国主义与中国铁路（1847—1949）. 上海：上海人民出版社，1980：558.

④ 罗章龙. 椿园载记. 北京：生活·读书·新知三联书店出版，1984：230—231.

罗章龙对张昆弟的评价是办事稳重，在群众中有威信。

1922年七八月间，张昆弟以北京政府交通部稽查员（密查员）的身份来到石家庄①。

张昆弟刚到石家庄，就先到正太路的工业研究会，会里的一个服役让他找交际员孙云鹏，张昆弟和孙云鹏接上了头，告诉他："我是劳动组合书记部的，以后常到这里送《工人周刊》，有什么事可以给我通信，地址是北京沙滩中老胡同，收信人张昆魁。"

张昆弟的落脚处在大桥街劝业场旁边胡同的一个旅店里，他住的是西屋。他利用自己的特殊身份，经常深入铁路工人中，调查了解工人的疾苦和要求，实地掌握第一手资料。米振芳经常约上孙云鹏、施恒清、刘士元、陈梅生、李德存等几个工友，利用晚上的时间到旅店去找张昆弟。

在一次长谈中，张昆弟向工人们介绍了苏联工人是怎样成立工会的，怎样推翻沙皇统治和建立劳动政府的……并启发大家说："我们工人要有工会，要有集会结社的自由，长辛店的工人起来了，你们怎么办？"

施恒清快人快语，发起了牢骚："只要一看到王纯、陈顺来这两个洋人的狗腿子，我这心里就来气。他们那个工业研究会一点儿也不为咱们工人办事，之前说好的开澡堂、办合作社，现在也没影儿了。"

张昆弟瞅准时机，趁热打铁，鼓励大伙儿说："团结起来才有力量，咱们另立一个工会嘛！"

张昆弟的话，引起了在场人的议论。李德存低声说："他不是交通部的密查员吗？我白天还看见他与沙革在一起聊天，讲的那个外国话，我愣是一个字没听懂。怎么这会儿又说给咱们办工会呢，他的葫芦里到底是卖的哪号药？"

孙云鹏连忙介绍道："张先生是中国劳动组合书记部派来替咱们正太路工人办事的。今年八月间长辛店大罢工，就是他们领着工人闹起来的。"

"只要大家心齐，拧成一股绳，就能斗倒洋人和工头，今后谁也不敢欺侮咱

---

① 中共石家庄市委党史研究室. 中国共产党石家庄历史：第1卷，（1921—1949）. 北京：中共党史出版社，2016：172.

们工人……" 紧接着，张昆弟语气坚定地说。

这时，张昆弟从桌上拿起一根筷子递给刘士元："刘师傅，听大家讲，你是我们总机厂的裴元庆、李元霸式的大力士。你折一下，看折不折得断？"

陈梅生笑着说："刘士元他呀是大力士，扛起三根枕木围着'石头城'都能转三圈，连粗气都不出一声，掰根筷子还不是张飞吃豆芽——小菜一碟啊。"

刘士元用手指轻轻一折，一根筷子"咔嚓"一断两截。

张昆弟再递数根，再折，连折数断，但速度明显慢下来了。

张昆弟又拿出一把筷子递给刘士元："刘师傅，你再折折。"

刘士元咬紧牙关，猛地往大腿上碰了十几下，脸涨得通红，却连一根筷子都没折断，大伙莫名其妙地望着他。

张昆弟接过筷子，目光炯炯地开口道："一根筷子易折断，一把筷子固如钢。五人团结赛老虎，十人团结猛龙过江，百人团结火车开上墙。千人团结，万人团结，整个一条正太路都由我们来掌。莫说几个洋人总办工贼咱不怕，就是打江山，就是夺天下，咱们也不畏惧，咱们也不心慌。你们说，是不是这个理啊？！"

这番振奋人心的话语，深深打动和感染了孙云鹏、米振芳等人，大家情不自禁地注视着张昆弟那双闪射出乐观、坚毅、自信的光芒的眼睛，在热血沸腾和心潮澎湃中郑重地点了点头。

多少个寂静的夜晚，多少次推心置腹的彻谈，张昆弟深入浅出、耐心细致、不厌其烦地向工友们讲解着共产主义的原理，大家聚集在煤油灯的周围，油灯跳动的火苗映红了一张张兴奋、激动的脸庞……

在张昆弟、孙云鹏的教育启蒙下，施恒清、刘士元、陈梅生、米振芳、李德存等正太铁路工人中间开始萌生了共产主义的思想，张昆弟把炽热的马克思主义火种播撒在这些进步工人心间，使他们仿佛在沉沉黑夜中看见了指明前进方向的灯塔，人人心里都升腾起一团熊熊燃烧的革命烈焰。

第九回　米振芳挑头搞串联
同义俱乐部甫成立

　　张昆弟在认真、详细调查了正太工业研究会现状和广大工人要求之后，积极鼓励大家团结起来，另立工会。在张昆弟的领导下，经过米振芳、孙云鹏、滕邦忠等工人积极分子的广泛串联和斗争，另立工会一事得到大多数工人群众的积极响应和支持。①

　　在工人串联中出面最多的是米振芳。米振芳是山东博平人，曾到法国当过华工，是个机器匠。他不仅练过武术会些拳脚功夫，而且还识文断字多少有些文化。他的哥哥米振标，曾经当过清朝毅军的统领，石家庄警察局局长姜鹿鸣原是米振标的部下，米振芳与姜鹿鸣称兄道弟，不分彼此。米振芳有了这些背景和关系的加持，法国资本家和工头们一般也不敢轻易招惹他。米振芳在串联中，向工友们一一讲清了王纯、陈顺来等把持的工业研究会光为洋人效劳，不为工人办事的实际情况。他在复元堂里向工友们说："咱们正太工人上个工，送那么多的礼，每月才挣这么几个钱，吃不饱，穿不暖，还受洋人、工头的欺侮。王纯他们立了工业研究会，光为洋人效劳，不为工人办事。北京来人了，说可以另立一个工会，我看咱们另立一个真正为工人办事的工会吧，你们说行不行？"②

　　大伙儿一听，立马精神头儿就提起来了，纷纷表示赞成，所以总机厂里很快涌现出了一批积极分子。机器厂有孙云鹏、王凤书、陈梅生、米振芳、孙云鹭、滕邦忠、李国庆、史玉刚、刘焕文、赵文浩、赵海、邓四、赵四，锯木厂有李金

---

①　中共石家庄市委党史研究室. 中国共产党石家庄历史：第1卷，（1921—1949）. 北京：中共党史出版社，2016：32.

②　石家庄市总工会工运史研究小组. 正太总工会的诞生（内部发行）. 1981：11.

钟、崔庆瑞、李洛信、李连科、李德存、杨来福、袁老九、萧连发，翻砂厂有田清连、杨树芳，模样厂有盖文起，电灯房有施恒清，铆工厂有王殿卿、刘振和、赵子卿、刘鸿宾、盛世华，铁炉房有赵永庆、韩福云，工程处有梁三、李庆元、杜老八、李二、姚惠成，小库房有宋栋臣，大库房有朱元祥、贾家妮，石家庄正太铁路火车站有温马等。

米振芳到各厂串联，准备另立工会的消息，像是一阵风刮来，一传十，十传百，不胫而走，很快传到了王纯的耳朵里。王纯听说了这个消息后，气呼呼地对着铁炉房"唐山帮"的一群喽啰们大声叫嚷："从今以后不准米振芳再进我这铁炉房的门，他再来，你们就砸断他的腿，出了什么事，由我王某担着！"

王纯等了两天米振芳，没等着。他却无意中听到了本厂的赵永庆向工人们宣传长辛店工人罢工、京绥路车务工人罢工取得胜利以及米振芳另立工会的消息，就厉声质问赵永庆："怎么你也和米振芳他们在一起瞎掺和？"赵永庆对王纯回嘴道："他们是为工友们办好事……"下一句刚想说"不像你们办工会，不为工人办好事"，这句话还没说出口，王纯铁青着脸，冲上去就"啪啪"打了赵永庆几个耳光，并当场宣布开除了赵永庆。接着，瞪着一对血红眼珠的王纯像一条疯狗，又蹿到铆工厂，暴打了和赵永庆商量另立工会的何奎山。

王纯不仅打了赵永庆、何奎山，而且还把赵永庆开除了，这一下激起了工人们的强烈愤慨。9月3日下午6点钟，下工笛声一响，米振芳联合90多名工人齐集复元堂公所院内，召开露天大会，工友们早就憋足了劲儿，要和王纯大干一场。特别是郭广来、李国庆等几个血气方刚的小伙子，握得拳头咯嘣发响，心窝里像着了火："走，走，收拾王纯那个兔崽子去!……"

这时，王凤书慢慢走上台阶，在胸前伸直了双臂，掌心向下，手掌一下一下地向下压了压，稳住了阵脚，他语气郑重地说："兄弟们，咱们都是穿两半截衣裳的，今天开个穷人会，咱们穷哥们儿在厂子里所受的痛苦和委屈，那是一言难尽的，这也都是咱们亲身受过的。要想不受压迫，不受气，就得建立咱们工人自己的团体，立个穷人会。这个穷人会叫个什么名字呢？叫个同义俱乐部吧！今天来的，都是热心搞团体的，人们还不全，明天咱们再选举，大伙儿赞成不赞成？"
众人异口同声地说道："赞成！赞成！"

会散了之后，工人们的怒气还是难以消除，又有几十个人提着木棍子，要去打王纯。王凤书和孙云鹏一商议，觉得王纯是总机厂的一霸，确实坏透了。可是，他的"唐山帮"也有几十号人，一打起群架来，非打死打伤几人不可。俱乐部还没成立起来，就先出了乱子，岂不是因小失大吗？他俩先把大伙儿暂时稳住，又到旅店和张昆弟商量了一下，张昆弟也不同意打，主张先把工会立起来，再说怎么斗，他俩回来向大伙儿讲清了道理，这才没有打起来。

9月6日，在龙王庙后身西横街北口外窑坑里，人头攒动，熙熙攘攘，打破了平日的冷清。上午8点多钟，七八十名热心办工会的工人就陆续来到这里，提前摆放好了桌、椅、板凳，洗干净了茶壶、茶碗，堆起了煤球，生上了炉子，为下午召开选举大会做好了充足准备。可是，上午来的工人大都是前三厂的，直到10点多钟，铆工厂的刘洪宾、赵子卿才气喘吁吁地跑到俱乐部，将铆工厂参加俱乐部的工人名单送过来。

原来，王纯对于铁炉房、铆工厂、翻砂厂这北三厂控制很严。王纯打了铁炉房的赵永庆、铆工厂的何奎山之后，铆工厂工人不敢公开串联，只能暗中联合。就在9月3日晚上的复元堂露天大会后，铆工厂的刘洪宾、赵子卿、耿德禄、刘智信、盛世华、何奎山等12个工人，到中华饭庄以吃饭为名，秘密集会，一致盟誓要退出王纯的工业研究会，加入同义俱乐部，并且写了盟约，每人都按了手印，并要在选举大会之前，把名单递上去。何奎山由于脾气倔强，所以人送绰号"何二轴子"。有人问他："王纯打了你，你还敢来开会？"何奎山听后满不在乎地把脖子往直处一梗，铜铃般的眼珠一瞪，用右手食指反戳着自己的光脑门说："除非用子弹把这儿打穿了，只要还有这口气，俺就要来开会！"

这天下午4点，同义俱乐部召开了全体会员选举大会，到会者有300多人。大会一致推举滕邦忠、孙云鹏分任正副会长，并由机器厂谢恩霖唱票，当场选出了俱乐部委员和各厂总组长。

俱乐部委员：

文牍科：孙云鹏 施恒清 赵文浩 董竹亭 李德存

交际科：滕邦忠 高培山 刘焕文

教育科：史玉刚　李玉璋

庶务科：计根生　王凤书

调查科：米振芳　刘智信

理财科：王殿卿　李恩汉

各厂总组长：

机器厂：郭广来　赵文浩

对车厂：李国庆

修车厂：杨来福

锯木厂：李金钟

铁炉房：赵永庆

翻砂厂：窦成宪

铆工厂：刘洪宾　赵子卿①

俱乐部选举大会后不几天，中国劳动组合书记部来信通知孙云鹏，要再派一位同志到石家庄。信上说，这人身穿紫色大褂，头戴草帽，湖南口音，于某日某时某分乘坐某次列车到石家庄，让他到车站去接。

孙云鹏按照信上说的，把这人接了来，没让他住旅店，安排住在俱乐部会所里，算是秘书，并由大家凑钱在正裕饭店包了饭。这人就是共产党员刘明俨。

刘明俨是和张昆弟一起从法国勤工俭学回来的，现在组织上又派他和张昆弟一起到正太铁路开展工人运动。张昆弟在北京的中国劳动组合书记部还有其他工作，刘明俨就接替张昆弟，常驻石家庄，领导铁路工人开展工作。他随身带来了《劳动政府成立之困难》《共产党礼拜六》等进步书籍，让孙云鹏多读一读，并问他："你怕不？"望着眼前这位只有20来岁，双眼有神，看着十分沉稳干练的年轻人，孙云鹏语气异常坚定地说："无房无地的，有什么可怕的？"此后，刘明俨就和大家一起继续筹备成立同义俱乐部。

---

① 石家庄市总工会工运史研究小组. 正太总工会的诞生（内部发行）. 1981: 15.

第十回　正太路成立总工会
工人之家改良风气

　　同义俱乐部成立后，为了取得合法地位，就到石家庄地方官署去立案，这时北洋军阀直系政府已在石家庄建立了警察局，警察局以"你们正太路上已经有一个工业研究会了，我们承认了那个工会，不能再承认别的工会了"为由不予立案。去立案的代表说明工业研究会是工头的团体，不为工人办事，所以要另立工人自己的工会……可是不管怎么说，警察局就是不准立案。

　　这时候，孙云鹏、王凤书、滕邦忠、宋栋臣他们想起了米振芳，于是赶忙招呼米振芳去找姜鹿鸣。姜鹿鸣果然不忘米振标当年提拔之恩，见到了米振芳十分热情。米振芳向他说明了王纯、陈顺来怎么把持工业研究会，怎么效忠洋人，欺压工人，又说明自己怎么串联另立工会，现在成立了同义俱乐部，请求姜鹿鸣给予立案。

　　姜鹿鸣听了也有点儿为难，他说："对你们一个正太路，我怎么能承认两个工会呢？可米老弟亲自找上门来，我又怎么能驳你的面子呢？"他又出了一个主意："你们过去不也是工业研究会的吗？你们还借着工业研究会的名义，另搞一个附设团体，看起来是一码事，实际上又是两码事，你们也另立了团体，我也好对上司交代。"

　　米振芳听姜鹿鸣讲得有道理，回来向几个负责人一说，有的不愿意再用工业研究会的名义，多数人说，管他以什么名义哩，反正咱们和工业研究会不是一码事，先立上案，把团体成立起来再说。

　　于是，俱乐部的负责人们合计起来，同义俱乐部改成个什么名字呢？宋栋臣提出，工业研究会是研究工业技术的，研究好工业技术，就应该传习工业技术了。我们的俱乐部就叫个传习所吧！算是工业研究会附设传习所。大伙儿都同意了这个意见，定名为：石家庄正太铁路工业研究会传习所，又叫米振芳去找姜鹿鸣，这才立了案。

传习所成立后，就准备召开正式成立大会，并向其他一些地区的工会发了请帖，可寄去不久，又给退回来了，为什么？因为传习所这个名字，当时在工人中名声很差。一些官办学堂之类才叫传习所，从传习所毕业出来都是当官的。外地的一些工会不明底细，还以为正太工业研究会传习所也是个官办学堂，因此不来参加成立大会。据此，刘明俨、孙云鹏及时向劳动组合书记部做了汇报，由劳动组合书记部向各地工会发函，说明石家庄正太铁路工业研究会传习所是真正的工人团体，是书记部领导办起来的，是为工人办事的，并不是"官办学堂"，各地工会这才纷纷应邀赴会。

自此之后，同义俱乐部就改名为：正太铁路工业研究会传习所。传习所下设文牍科、交际科、教育科、理财科、调查科、交通科、庶务科、纠察团等。大伙儿还共同拟订了个简章公布于众。宗旨是：提高人格，联络感情，研究工业精巧；如有婚丧嫁娶，由大家协助，如被人陷害，由大家出面争曲直；传习所会务由大家共同讨论布置。传习所还规定，每人每月会费不超过一角。发收要有存根，每月公布一次。入会者每人一份简章，交3角钱。当时，总机厂大部分工人都对法国资本家和王纯等工头恨透了，但是由于王纯等控制得很严，有些工人只是心向俱乐部，不敢公开加入。传习所立案成立后，绝大部分工人都退出工业研究会，加入了传习所。

另立工会了，这是正太铁路工人们的一件大喜事。大家心气很高，都愿意把成立大会开得隆重点。可是召开一次大会，要赁戏园子、做会旗、缝袖章、买爆竹，代表们还要穿新制服。兄弟工会来人要招待，花钱的地方很多。传习所刚刚成立，财务上捉襟见肘。锯木厂木匠李金钟、李兰科，经常给石家庄玉宝珍烟酒公司做木匠活儿，和这个公司的经理熟识，就由他俩出面，到该公司借了100块大洋，又到隆盛魁布店扯了两匹红布做旗子和袖章，还扯了两匹灰布做衣裳。召开成立大会，就像过节一样，代表们有的要接待客人，有的要上台讲演，不能穿得破破烂烂的，有人想做件新衣服，个人一时又拿不起，就先由工会垫上，以后个人再还钱。

◎ 正太铁路工业研究会传习所成立合影。前排左五为史文彬、左六为张昆弟、左七为王凤书，二排左五为施恒清、左六为孙云鹏，三排左六为刘明俨、左八为正定车站工会代表康景星

　　开大会的前一天晚上，传习所的委员、积极分子、家属在会所里忙活了整整一夜。"工人书法家"孙云鹏拿起大刷子笔，抑制不住激动的心情，兴奋地亲手书写了"全世界劳动者联合起来！"10个斗大的标语字，并用白布剪成字形，缝在了一大块红布上。这条巨幅标语竖立起来，足有两丈多高。他又写好了"正太铁路工业研究会传习所"12个大字，同样把白布字缝在红布上，做成了一面会旗。在孙云鹏妻子高登五的带领下，一群兴高采烈、心灵手巧的家属妇女还用红布缝制出了一条条袖章，并在袖面上用黄线绣上了"纠察队"3个金字……大家兴奋地一直忙到了东方鱼肚白。

　　1922年10月8日，正太铁路工业研究会传习所在石家庄的同乐戏院召开了成立大会。①

---

① 中共石家庄市委党史征编室. 正太铁路工人斗争史（内部发行）. 1985: 22.

这天早晨，石家庄、太原、阳泉三地的会员们在传习所会所北面空地上集合整队。每10人为一小组，每人举一面三角形小红旗。每30人为一大组，每厂为一总组，举一面大红旗。如果有人捣乱，只要一声令下，把旗子一卷，用蜡木杆做的旗杆就变成了武器。每个队都有纠察团员臂戴袖章，维持秩序。纠察团长于佩元，副团长窦斌、刘士元，身披由红、黄、蓝、白、黑五色组成的值星带，带下飘着黄穗子，威风凛凛地指挥着队伍从传习所出发，走在最前面的是高举传习所会旗和"全世界劳动者联合起来"巨幅标语的工人们，旗子后面是来宾、委员和各总组的队伍，石家庄警察局局长姜鹿鸣还派了20名警察维持秩序。队伍沿着西横街向南走，在龙王庙前照了相，然后穿过升平街来到同乐街，进入同乐戏院。行进过程中，会员们迈着矫健的步伐，昂首挺胸，阔步前进，一路鞭炮齐鸣，还不断高呼着口号。一开始由刘明俨领呼，由于他是南方人，口音听不清，换由李德存高声领呼：

"全世界劳动者联合起来！"

"打倒国际帝国资本主义！"

"劳动万岁！"

…………

游行队伍齐声喊出的一声声口号，振聋发聩、直冲云霄，久久回荡在石家庄的上空。

参加传习所成立大会的有张昆弟、刘明俨，长辛店工会代表史文彬，正定工会代表康景星、马福来，还有琉璃河、高碑店等工会的代表，以及总机厂的500多名会员。

大会由传习所秘书刘明俨主持，他说："请看世界上的衣食住行，哪一件不是我们工人做的，可是享福的却是资本家，我们要觉悟起来，联合起来！"

孙云鹏在会上讲了话，他说："今天是传习所成立的日子，早先，工头、资本家瞧不起我们，拿我们当煤渣子。现在我们有了组织，受人尊敬了。工会要为众人办事，大伙儿要团结一致守规矩，听工会命令，有事找工会。"

来宾们接连登台祝贺。张昆弟代表中国劳动组合书记部向传习所赠送了一面锦旗，上面绣着"劳动万岁"4个金光闪闪的大字。赠旗后，张昆弟号召大家要团结起来，组织起来，打倒帝国主义，打倒军阀①。

会议结束后，会员们又排队回到传习所会址，在西横街北口大坑坡上，张昆弟、刘明俨与来宾以及传习所的委员、总组长合影留念。张昆弟还把传习所负责人和火车房俱乐部的负责人召集到一起开了个会，他指出，你们虽然不是一个团体，但是天下工友是一家，大家要团结起来，联合起来。

张昆弟于11月初回北京前，传习所给他20元钱，请他从北京捎来了一台油印机，以后工会的传单、宣言，都是用这台油印机印的。

正太铁路工业研究会传习所成立后，为了联合更多的工友，实现正太铁路全路工人的劳动组合，10月下旬，传习所派孙云鹏、滕邦忠到阳泉联络组建成立了正太铁路工业研究会阳泉传习所；太原正太铁路工人在太原社会主义青年团的领导下，也成立了工业传习所。

1922年11月的一天上午，北京中国劳动组合书记部发来一封密信，通知石家庄正太铁路工业研究会传习所派两名代表到北京参加一次秘密会议，传习所的委员们经过开会商议，决定推举刘明俨、施恒清参加会议。刘明俨、施恒清从北京回来后，传习所的负责人们把房门紧紧关起来，听他们传达会议精神。施恒清兴奋地小声说："这次会议很秘密，开了两天会，挪了三个地方，书记部的正主任（指张国焘）不在，由副主任（指邓中夏）主持会议，会议文件不让个人带，随后给寄来，我们咬破中指，写了血书：'誓同生死，不达目的不止，成立全国铁路总工会'。"

这个秘密会议，是中国劳动组合书记部于1922年11月20、21日在北京香山卧佛寺召开的全国铁路工人代表会议②。参加会议的有京汉铁路的长辛店、琉璃河、高碑店、顺德、郑州等分工会，京奉铁路的唐山职工会、山海关俱乐部、丰台工会，京绥铁路的车务同人会，津浦铁路的机件联合会浦镇分会，石家庄正太铁路的工业研究会传习所，粤汉铁路的总工会，安源路矿工人俱乐部等团体，与会代表共有32人。

---

① 中共石家庄市委党史征编室. 正太铁路工人斗争史（内部发行）. 1985: 23.
② 石家庄市总工会工运史研究组. 石家庄工人运动史（1902—1949）. 北京：工人出版社，1985: 50.

会上，除了通过关于支援开滦煤矿工人罢工斗争的决议外，主要讨论通过了关于成立中华全国铁路总工会筹备委员会的决议，推定11人为筹备委员，为将来成立全国铁路工会做准备，会议要求各路工会统一组织，并向各路派出宣传联络委员，每路二三人，待联络成功后，召开全国铁路工人代表大会，正式成立全国铁路总工会。

会后，中国劳动组合书记部又增派贾纡青、吴先瑞以特派员的身份来石家庄工作。贾纡青，生于1898年4月，湖南鄜县十都乡人，1919年考入北京大学，是马克思学说研究会成员，曾在长辛店劳动补习学校当过教员。1921年冬，由北京共产主义小组主要成员何孟雄介绍，加入中国共产主义青年团，次年成为中国共产党党员，在北京中国劳动组合书记部工作。他主动要求到正太铁路发展工会工作，被党组织委任为特派员前往石家庄。

贾纡青等人按照中华全国铁路总工会筹委会提出的各路统一工人组织的要求和劳动组合书记部关于每路设一总工会，下设若干分会的通知，与刘明俨及传习所负责人商量决定，在传习所的基础上成立正太铁路总工会。根据全国铁路总工会筹备委员会的规定，正太铁路工业研究会传习所召开全体大会，将正太铁路工业研究会传习所改为正太铁路总工会，下设3个分工会：石家庄为第一分工会，阳泉为第二分工会，太原为第三分工会。在正太路的3名特派员分别到各分会指导工作：贾纡青留在石家庄，任正太铁路总工会秘书兼第一分工会秘书；吴先瑞到阳泉任第二分工会秘书；刘明俨到太原，与贺昌一起担任第三分工会秘书①。

梁永福后来回忆说："正太工会是先有的总会，在石家庄就是传习所……我们工务段的工人受压迫最重，大家都非常盼望成立工会，一见到有石家庄的人到了阳泉，就打听成立工会的消息，开始说在石家庄已成立了工会，人们还不相信。九月份（旧历）吴先瑞同志到阳泉成立了第二分会也叫传习所。第一次罢工后就不叫传习所了，分会会长是张德祥，副会长是我。阳泉分会有事都是找文（温）马联系，文（温）马在车务处，工作方便。第二次罢工失败后，文（温）马、张德祥各拿了工会的一部分钱跑了。总会的会计是刘廷元、王殿卿（外号王老）。

---

① 中共石家庄市委党史征编室. 正太铁路工人斗争史（内部发行）. 1985: 24.

◎ 梁永福

石家庄一定也有分会，不然阳泉为什么能叫第二分会呢？当时贾纡青负责石家庄，吴先瑞负责阳泉，刘永年负责太原的工作（注：刘永年、刘洪年、刘明俨可能是一个人）。"①

　　传习所改为正太铁路总工会以后，派代表到警察局呈请立案，警察局不予立案。总工会研究决定：给立案要立，不给立案也要立，正太总工会是立定的，并定于1922年12月10日召开成立大会，但是，一不向各地工会发请帖，二不打鼓放鞭炮，三不发表成立宣言和声明，只是在总工会的院内搭了一个讲演台，召开全体会员大会，也不通知阳泉、太原派代表参加了，只通知他们把传习所改为分工会就行了。

　　12月10日，星期日，风轻云淡，艳阳高照。在西横街北口路东的一个大院门口，挂起了"正太铁路总工会"的大红旗，恒升照相馆分别给总工会全体委员和全体会员照了合影，然后召开全体会员大会，由贾纡青宣布了总工会组织大纲和各项章程，纠察团各项规则，以及会议制度（贾纡青负责起草）。

　　小库房的宋栋臣，已有50多岁的年纪，是参加俱乐部年龄最大的工人，有文化，有智谋，又老练，大伙儿都想选他当会长，可是，他执意不当，主动让贤，

---

① 中共石家庄市委党史征编室. 党组织的建立和发展：革命回忆录（内部发行）. 1985: 21—22.

推荐孙云鹏当会长,自己只愿当个参议(即顾问)。大伙儿无奈,只好同意了他的建议,就由滕邦忠、孙云鹏分别担任了正、副会长。

石家庄正太铁路总工会的组织成员是:

秘书科:主任 孙云鹏 副主任 施恒清 李德存

调查科:主任 米振芳 副主任 刘智信

教育科:主任 史玉刚 副主任 李玉璋

交际科:主任 滕邦忠 副主任 高培山 刘焕文

庶务科:主任 计根生 副主任 王凤书 崔庆瑞

理财科:主任 王殿卿 副主任 李恩汉

交通科:主任 不详

纠察团:团长 于佩元 副团长 窦 斌 刘士元

讲演团:团长 季庆云

正太铁路总工会石家庄分工会组织成员是:

秘书科:主任 施恒清 副主任 李德存

交际科:主任 盛世华 副主任 田清连

教育科:主任 赵恩章 副主任 赵德喜

调查科:主任 刘智信 副主任 萧连发

庶务科:主任 王凤书 副主任 计根生

理财科:不详

交通科:不详

石家庄分工会各厂总组长是:

机器厂:郭广来 赵文浩

修车厂:杨来福

对车厂:李国庆

锯木厂:李金钟

铁炉房:赵永庆

铆工厂:刘洪宾 赵子卿

◎ 李德存

翻砂厂：窦成宪

北棚子：李金亭

车务处车站：温马①

石家庄分工会委员长施恒清，副委员长王凤书。

阳泉分工会委员长张德祥，副委员长梁永福，秘书吴先瑞，冯德耀、朱景文、解占魁等10人被选为委员。东至娘子关，西到寿阳，共有300多名员工加入了阳泉分工会。

太原分工会委员长邢昌福，秘书贺昌（又名贺其颖）、刘明俨。寿阳至太原的300多名铁路工人加入了太原分工会。

总工会规定：没有重要的事情不召开全体会员大会，每星期六开常会一次，遇有紧急事项召开临时委员会或紧急会议。另外，每星期三，纠察队开会一次，其他日期晚上是学习会或讲演团开讲，学习和讲演的形式是：由一名主要委员主持，在黑板上列明五名讲演者，顺序讲演，然后是自由讲演，人数不限，用这个办法来学习马克思列宁主义等党的先进理论。

正太铁路总工会成立的这一天，全天都是在总工会院内进行演讲，现场热火

---

① 石家庄市总工会工运史研究小组. 正太总工会的诞生（内部发行）. 1981: 28.

◎ 1922年的正太铁路总工会会址

朝天，工人们非常高兴，总工会秘书科副主任、"土诗人"李德存，在高兴之余编了一首《十愿歌》，抒发了正太铁路广大工人庆祝总工会成立无比喜悦的心情。

从1922年9月3日露天大会以后，总工会就在龙王庙后身，西横街北口路东租赁了一所民房作为会所，10月8日传习所成立大会以后，院门口挂起了"石家庄正太铁路工业研究会传习所"的会旗，院当中竖起了一根两丈多高的杉树杆儿，一面绣有"全世界劳动者联合起来"白色字样的大红旗在杆上高挂，像熊熊的火苗在风中飞舞。

1922年12月初，传习所改为"石家庄正太铁路总工会"以后，会所未变，只是在大门口又挂起两盏白色大纱灯，灯身上写着"正太总工会"5个鲜艳夺目的红色大字。

总工会的大院里，共有房屋11间，其中：北房5间，摆满了条凳，在屋子一端，整整齐齐戳着几十根纠察棍，墙上挂着各兄弟工会送的许多牌匾，贴着"全世界劳动者联合起来""打倒帝国主义""打倒军阀""劳动万岁"等标语，还有工人们用粉笔写的"打倒王纯"等口号。

西屋3间，一明两暗，是总工会的办公室。北里间是秘书科，墙上挂着中国劳动组合书记部送的"劳动万岁"的锦旗，还有成立传习所以来的活动照片。刘明俨在这间房住过，现在是贾纡青、孙云鹏、滕邦忠、施恒清、李德存等人办公的地方。南里间是庶务科，是王凤书、计根生等人办公的地方。

1923年1月，总工会为了增进工人们的知识，在3间东屋开办了正太铁路工人图书馆。图书馆里，摆着许多旧书、小说，都是工人们主动捐来的，谁拿来的都给记上账，大伙借着看，总工会还订了一些报刊，如《晨报》《京报》《益世报》《工人周刊》等，工人个人可以现场翻阅，也可以拿到厂里看。另外，还有《向导》《星火》等杂志，只能在工会内部阅读，不准拿出去看。

1923年2月6日，北京《晨报》对正太路开办工人图书馆进行了报道，原文如下：

正太路工人之"工人图书馆"征集图书

正太路工人因感增进智（知）识之必要，特组织一个"工人图书馆"。惟限于经济，不免简陋，所以特发出通启，征集图书。其启事如下：

《晨报》转全国各界同胞均鉴，贵族式的学校（只）有贵族子弟才能享得这个权利的。我们是一个工人阶级，不作（做）工就没有吃的人，每天劳苦工作，赚得几个血汗钱，莫说养家，自己难以维持生活。诸位想想，我们苦工人要想谋精神上的幸福，求点儿相当的智（知）识，这是不可能的事。因为我们已感受物质上的痛苦了，一来没有机会，二来没有金钱，哪里能够念书呢。既无机会念书，我们工人岂不是没有求知识的希望了吗？因此之故，我们才想到图书馆的必要，如是我们正太铁路二千余工人，就组织了一个"工人图书馆"，这个虽不济于事，然亦可补救于万一，但是我们工人虽多，钱可是有限，如今又是倡办的时期，除去购买种种物品也就没有钱了。所以我们就不得不向全国各团体各书馆报馆学校善士……本互助的精神，提倡平民教育的宗旨，帮助我们。如蒙贵处赠送书籍月刊杂志和日报等，不胜欢迎之至。

（原载1923年2月6日北京《晨报》第7版）

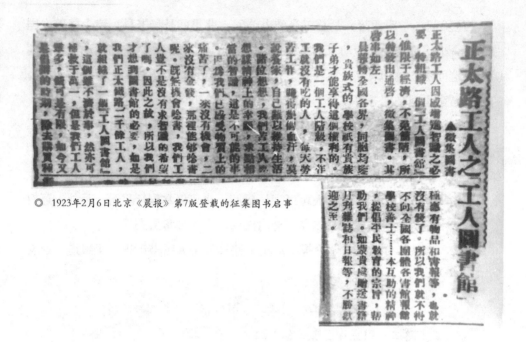

◎ 1923年2月6日北京《晨报》第7版登载的征集图书启事

　　图书馆的3间阅览室里各自摆着一张方桌，还有条几和两把椅子、一些条凳。这些方桌和椅子，是工人潘梅风的弟弟给做的。潘梅风去世时，由工会出面向路局交涉，让他弟弟顶替上了工，他弟弟很感激，做了方桌、椅子送给工会。屋里的风门是一位姓魏的木匠给做的，说起做这些风门还有个小故事。有一次开会时，这个姓魏的说："咱们闹不对了，人家王纯和官面上勾结在一起了。"散会后，有几个小伙子把他拦住说："你别走，先把这事说清楚！"还揪住他的脖领子要揍他，滕邦忠走过来制止了他们。滕邦忠对小伙子们说："他是个糊涂人，又不懂工会里头的事，怪他干什么！"那几个小伙子这才把他放开，姓魏的十分感激地说："我说了错话，办了错事，我加夜班，给咱工会做风门。"于是，他做了这3个风门。

　　正太铁路总工会讲演团的成员平时利用星期日和业余时间在图书馆里开展讲演活动，宣传马列主义，讲解革命道理，介绍各地工人运动情况，工人们都十分爱听。

　　总工会成立和开办工人图书馆后，会员们每天晚上都到总工会和图书馆参加活动，把房间挤得满满地，这里真正成了工人之家。工人们通过学习，逐渐提高了政治觉悟，懂得了什么是剥削，什么是阶级斗争。原先打架的也不打了，有什么事都找工会，打官司也靠工会。原先是"做洋工不偷，五谷不收"，现在不偷了。原先，有些人三五成群游娼、聚赌、砸茶园、砸戏园，看戏不买票，现在通通不干了。原先，有些人到复元堂去拜菩萨，现在一有空儿就到工人图书馆里看看书，读读报。原先，有些人不孝敬父母，不管家里人的生活，只顾自己吃喝嫖赌，经过工会耐心说服教育，不仅戒掉了恶习，而且也开始孝敬父母了。

石家庄的市民和一些工人家属看到工人们的精神面貌变化如此之大，都对工会交口称赞，说工会为工人们办了一件大好事。

正太铁路总工会的成立，标志着中国共产党领导下的正太铁路工人运动进入了新阶段，同时也预示着石家庄地区革命风暴的即将到来[1]。

---

[1] 中共石家庄市委党史研究室. 中国共产党石家庄历史：第1卷，（1921—1949）. 北京：中共党史出版社，2016：34.

第十一回　王纯造谣自讨苦吃　李德存妙语戏恶邻

　　1922年9月3日，酝酿成立同义俱乐部那天，总机厂的工人们就憋足了劲儿要去好好教训一下工头王纯，但是被张昆弟、孙云鹏、滕邦忠劝阻了，后来直到传习所成立了，压在大家伙儿心头上的那股怒火还是下不去。这一天，传习所的几位负责人围坐在一起，商量惩治王纯的计策。史玉刚爱看古书，常给大家讲《三国演义》《西游记》，大伙儿让他说说想法。史玉刚说："咱们今天斗王纯，也得靠智谋。光凭乱打瞎拼不行，古时候有个孟尝君，这个人爱贤敬士，足智多谋，很得人心，有门客好几千。咱们办工会也要得人心，讲智谋，现在刚刚结成团体，就乱打一气，不知底细的还以为咱们是一群乌合之众呢！我看呀，还是先忍忍再说吧！"

　　他说完，好几个人不赞成，你一言我一语地打抱不平：难道光兴他打咱，不兴咱打他？咱们也太好欺负了！

　　滕邦忠沉吟了好一会儿，摇摇头低声说："我看还是不打为好，咱们的工会好比一棵高粱刚出苗。一打起来，打个乱七八糟的，那不好。咱们现在还是下定决心，巩固团体，等高粱苗长起来再说。"就这样，教训王纯的事又放下了一段时间。

　　王纯听说传习所的人们要打他，心里也有些发怵。一天晚上，他把身边的几个盟兄弟招呼到家里，一起商量对策。面对窦老六、陈顺来、姚富祥、闫玉（义）成、刘红斌等人，王纯蹙着眉头、目露凶光，咬牙切齿地哼着鼻子说："兄弟在厂子里待了多少年了，不论是大工小工都没错待过，如今厂里有几个人想害我，咱们今天来的没外人，不论是不是唐山人，咱们都是一家人。咱们也要抱成一个团儿，扎成一个把儿呀！"屋里说话，墙外有耳，这番话无意之中被邻居李德存听见了，立马就告诉给了孙云鹏。

王纯为了应付万一，还让他的几个盟兄弟用铁棍锻打了许多把刀子、攥子，每人一把，准备打群架时派上用场。厂门口的护勇不让王纯他们把这些刀具拿出厂，王纯瞪了眼睛说："你们别管，凡是用铁棍打的家伙什，都让拿出去。上司责问下来，由我王某承担！"

10月8日，同义俱乐部改为传习所以后，孙云鹏、施恒清他们虽然已经知道王纯一伙儿人蠢蠢欲动在搞小动作，但还是装作不知道，继续巩固和发展自己的团体，工业研究会的人越来越少，加入传习所的人越来越多，就连看厂的护勇也大部分加入了传习所。甚至于武装护勇的总管、弹压委员宋德辉也要求加入。宋德辉的房产很多，占据了半个石家庄，人送外号"宋半石"。传习所的意见是："欢迎"，多争取一个人总比少争取一个人好，但不让他当头儿。后来，正太铁路总工会成立，"宋半石"也秘密加入了总工会。

王纯见传习所的人越来越多，自己越来越孤立，便按捺不住，开始狗急跳墙了，他向北三厂的工人造谣说："传习所要罢工了，为了防止罢工，大总管下了命令，北三厂的人中午一律不许回家了。"王纯还派人买了小米、馒头，在厂里支上大锅，让北三厂的人全部在厂里吃饭，北三厂参加传习所的工人，也被困在厂里了。

传习所见王纯不许北三厂工人下工，便推举孙云鹏、滕邦忠、米振芳、刘焕文、高培山等五人作代表，找正太铁路法国资本家交涉，但是代表们被拦在了办公大楼外面。

第二天中午下工时，传习所派人把南三厂的工人全部集中起来，一齐拥到了北三厂，又把北三厂的会员们领了出来，一起包围了正太铁路总管理处的办公大楼，并派出了十几个代表进去交涉，沙革、丁平澜被堵到了大楼里，再也不敢说不见了。

传习所一成立，就向正太铁路总管理处提出了9项改善工人生活的条件，但是，沙革一直没作答复。所以这次，代表们首先问道：

"我们要的条件，怎么还不答复？"

沙革连忙说："你们要的条件，我到北京给你们要去！"

代表们质问："王纯私底下自制凶器，殴打工人，假传大总管的命令，不让工人下工，还诬赖我们要罢工，这是为什么？"

这番话把十分狡猾的沙革问得无言答对，支支吾吾地说："这个我不知道，我没说不让下工呀！"

于是，沙革命令他的下属："去把王纯叫来！"

王纯低头哈腰来了，沙革问道："你为什么不叫工人下工啊？"王纯向代表们努了努嘴，振振有词地说："他们要罢工！"

滕邦忠马上说："我们是正太路的工人，死也要死在正太路上，我们没说罢工，你这是诬赖！"

沙革一听工人不想罢工，立马就高兴了，急忙说："不罢工，那好，那好，王纯打了赵永庆，让他道歉！"

王纯一听主子让他道歉，这才软了下来，低头哈腰地走到赵永庆面前，双手一抱拳，嬉皮笑脸地说："老哥们儿了，怎么还叫我给你磕一个呀？"赵永庆耷拉着脸，噘着嘴，没好气地抢白了一句："你不用磕了，不打我就行了！"

接着，代表们又向沙革提出3项条件：第一，开除王纯，赵永庆复工；第二，实行八小时工作制；第三，增加工资。

当场，沙革答应赵永庆复工，工作时间由10个半小时改为10个小时，每人增加工资的十分之一，其他条件没有答应，便把王纯放出去了。

这时，工人们都在大楼外的杨树林里席地而坐，一见王纯从楼里出来要进厂，李德存腾地一下从土地上跃起身来，领着大伙儿高声呐喊："王纯进厂，我们出厂，王纯出厂，我们进厂！"

丁平澜听到喊声，赶忙走出来问是怎么回事。

工人们说："怕他再打我们！"

丁平澜脱口就说："他打你，你不会打他呀？"

李德存赶忙接话说："对，对，局长说了，王纯打咱们，咱们就打王纯！"

丁平澜的脸不由得一红，自己也感到失言了，但是想后悔也来不及了。

这时，车务处长、法国人威奴慌慌张张地跑来向沙革报告："不好了，不好了，阳泉的工人不开车了！"

　　因为石家庄传习所早已和阳泉方面联系好了，只要总机厂这里一包围正太路的办公大楼，阳泉那里就不开车，阳泉和石家庄两地要互相配合，给路局的洋人和工头来点儿颜色看看。

　　沙革一听到阳泉工人不开车的消息，顿时傻眼了，很快，他狡黠的蓝眼珠滴溜溜一转，突然把脸一沉，回头冷冷地命令在场的几个路局弹压："把王纯给我关起来！"

　　工人们眼看着王纯被护勇押走了，这才进厂上工了。

　　王纯被拘押在正太铁路的弹压局里，这只是沙革的一条缓兵奸计，沙革明白：石家庄工人围着大楼，阳泉工人不开车，不把王纯压一下，一场大的风波就会到来。而且，王纯在外边，时刻都有生命危险，不如用此苦肉计，既保护了王纯，又缓和一下民愤，还可以防止一场大的风波。沙革派人告诉王纯："不要怕，这是为了保护你，每天给你照常开工资。"王纯住在弹压局里，照样吃好的，喝好的，不受一点儿罪，住了几天，沙革见工人情绪缓和一点儿了，就让他回家了。工人们看到，无论王纯到哪儿去，都有3名护勇"押着"，实际上是保护他，怕工人再揍他。

　　王纯栽了这么一个大跟头，也不敢进厂上工了，他心想怎么报这个仇呢？于是，他从正定府请来一个"能人"给他出主意，这个"能人"是正定府镇台徐光道的侄子，王纯对人家好吃好喝好招待。这个"能人"听王纯诉说了事情缘由后，提起毛笔，给他写了"中正和平"4个大字，让他贴到大门上，还让他托个人向传习所求求情，然后到传习所去低低头，认个错，请传习所同意他上工。

　　王纯的老婆一听就火冒三丈，骂道："俺叫你好吃好喝的，就出了这么个馊主意呀？这还用得着你出，俺自己也知道！"一气之下把那个"能人"赶跑了。

　　李德存住在姚栗村，跟王纯是邻居，每天上下工都从王纯家路过，他看到王纯家大门上贴着"中正和平"4个大字，仔细一琢磨后，这个20多岁的小伙子从衣袋里掏出铅笔来，在每个字旁边都批上了一句顺口溜：

　　在"中"字旁边批的是：中边中，中边中，打人骂人又行凶；

　　在"正"字旁边批的是：正边正，正边正，一年三节把礼送；

　　在"和"字旁边批的是：和边和，和边和，炉灰大粪被我夺；

在"平"字旁边批的是：平边平，平边平，不称王爷便不行。

李德存到传习所把这件事向孙云鹏、滕邦忠一念叨，孙云鹏高兴地说："批得好，批得好，用油印机印出来，贴出去！"

滕邦忠又嘱咐说："为了防止出事，要在晚上贴出去。"

工人们在厂里看到这几句顺口溜后，一个个都被逗得捧腹大笑。

工人们虽然斗得王纯不敢上工了，可是，向正太铁路管理当局提出的条件一直没有得到圆满答复。

"斗王纯"只是总机厂工人在党的领导下在建立正太铁路总工会过程中的一次初试锋芒，一场大规模的罢工斗争接踵而来。

第十二回　罗章龙赴石谋良策　正太铁路烈焰怒燃

1922年12月15日早晨，清冷的空气中带着浓浓的寒意，一轮灿烂的朝阳正在东方的天边冉冉升起，漫天红霞染红了总机厂的大片厂区……

早在这一年的10月8日，正太铁路工业研究会传习所成立时就向正太铁路管理当局提出了改善工人生活的9项条件，法国资本家不但一直不予以答复，还唆使王纯与工人作对。经过与王纯的斗争，赵永庆虽然复了工，但工人们的要求仍然没有得到圆满的答复，这就把工人们逼上了团结起来闹罢工的革命道路。[①]

11月底，正太铁路总工会党团书记张昆弟专程从石家庄赶往唐山，找到正在这里处理唐山罢工善后问题的中共北方区委负责人罗章龙，向他请示正太铁路的罢工问题。

罗章龙后来在回忆文章中写道：他见到我后，说："老孙让我来找您，让您去石家庄一趟，我们初次领导罢工，没有经验，怕有失误。"看来，孙云鹏稳健持重，很有心计。我于是从唐山带张隐韬、吴先瑞去了石家庄。隐韬是北方书记部中懂军事的人，对作战、训练都很在行，由他负责武装纠察队的工作，所以派他到石家庄领导和组训工人纠察队。吴先瑞一直在唐山工作，领导过罢工斗争，积有相当的经验。我们几人来到石家庄后，立即召开了党团会议，讨论解决三个问题：（一）大家分析了罢工的准备情况，认为时机成熟，可以罢工了；（二）讨论加强宣传组织工作；（三）敲定罢工日期，由孙云鹏正式向全体工人宣布罢工命令。会后，我又赶回唐山，隐韬和先瑞留下帮助云鹏他们领导罢工。[②]

---

① 　石家庄市总工会工运史研究组. 石家庄工人运动史（1902—1949）. 北京：工人出版社，1985：57.

② 　罗章龙. 椿园载记. 北京：生活·读书·新知三联书店出版，1984：232.

◎ 正太铁路罢工宣言

　　12月14日，刚刚成立的正太铁路总工会召开了全体委员会议，通过讨论，一致决定从次日起举行全线总罢工，会议分析了斗争形势，研究了罢工的策略，提出了罢工的口号，决定了复工的条件，规定了罢工的纪律，起草和通过了罢工宣言，明确了委员的分工。施恒清虽然识字不多，在当时的工人中，可称得上是个"秀才"，又由于他接受新事物比较快，所以就由他领导宣传阵地，并负责主编《罢工日刊》。同时，通知各兄弟工会，争取他们的大力支援。

　　为确保罢工的胜利，石家庄、阳泉、太原三地分工会积极做好罢工前的各项准备工作。太原分工会在贺昌的带领下，积极响应罢工，组织宣传队、纠察队，散发《罢工宣言》，向社会各界宣传罢工原因、复工条件，维持罢工秩序。在贺昌的主持下，太原铁路工人的罢工虽受到多方阻挠和压迫，但仍旧进行。同一时间，阳泉铁路工人在梁永福、解占奎等人的带领下，也正式举行罢工。①

---

① 中国铁路太原局集团有限公司党委宣传部（企业文化部）．山西铁路革命史话．太原：山西人民出版社 2021：70—71.

京汉铁路的长辛店、琉璃河、高碑店、正定等分工会也派代表常驻石家庄协同作战。

12月15日早6点，"当！当当！……"报时的厂钟敲得比往日格外短促些，钟声的余音未消，正太铁路石家庄总机厂内外就开始鞭炮齐鸣，怒吼的火车汽笛响彻云霄。这一天，汽笛响得特别早，拉得格外长，一直延续了5分钟之久。

早上7点整，只听"嗵……嘎……"几个冒烟的二踢脚像英勇的战士，闪电般冲向天空，接连翻着跟头在空中"轰、轰、轰"地炸响，威震全国的正太铁路工人大罢工爆发了！

工人们听到罢工的信号，一个个从工棚里，从机器旁，从各个工地如潮水般地涌了出来。按照各个总组规定的地点，在厂子外边集合在一起。霎时间，水泵停水，发电机停电，火车停运，机器停转，从石家庄到太原，整个正太铁路全线罢工了。

这时，石家庄的大街上却像过年一样，锣鼓喧天，熙熙攘攘。由施恒清带领着工会讲演团，到火车站、客栈、戏院展开声势浩大的宣传，说明工人不堪忍受法国人和工贼的压迫与污辱，讲清法国人不答复工会的合理要求，工人们在忍无可忍的情况下，才举行了罢工的道理。

大街、小巷，连附近的村庄，到处是红红绿绿的罢工标语：

"争人权！争自由！争生活！"

"不获全胜！决不罢休！"

总机厂内，孙云鹏、贾纡青和纠察团长把各厂纠察队长召集起来，布置任务。大家都争先恐后地抢挑重担。

孙云鹏问道："七号门紧靠办公大楼很重要，谁去把守？"

李洛信抢先说道："我们去！"

贾纡青又问："四号门挨着洋人住宅很重要，谁去把守？"

又是李洛信说："我们去！"

贾纡青再问："火车站和大石桥维持秩序很重要，谁去把守？"

还是李洛信头一个说："我们去！"

一连三个重要岗位都被锯木厂的木匠们抢去了。工人们纷纷竖起大拇指赞许地说："怪不得这帮小伙子木匠厉害，他们是有斧子啊！"接着，贾纡青给各纠察队也都安排了任务。

命令一下，李德存、计根生、任凤鸣等纠察队员们手持一米多长的白色蜡木杆，胳膊上缠着写有"工人纠察队"白字的红布袖标，像一只只出山的猛虎奔向各个哨卡。李洛信带领30名纠察队员去把守四号门，崔庆瑞带领30名纠察队员把守七号门，李兰科带领40名纠察队员把守火车站和大石桥。各个纠察队都各就各位，代替了各处的武装护勇。由于大部分护勇早已秘密加入了工会，所以，当纠察队一到，他们便自动交岗了。

当时，正太铁路上的火车，是从石家庄正太火车站发车，向北穿过大石桥底下的洞子开进"洋城"，通过材料所前的月台，从五号门开出"洋城"，再向西驶去。因此，五号门是正太铁路的咽喉，十分重要。纠察队员们把五号大门的栏杆用大锁锁住，又在门里门外垒起了许多枕木，挡住了火车的去路。

总机厂工人虽已罢工，不再上工干活儿，但是仍然照常上班，按总组、小组集中在一起。罢工时正值年底，天气寒冷，正太总工会庶务科副主任、纠察队总组长崔庆瑞就组织工人们在每个厂门口都用苇席搭起了窝铺，烧火取暖，昼夜坚守不离人。家在外地的工人，就地搭起锅台烧饭，每天由工会发给每人4个馒头。家在附近村庄的工人，每天回家吃饭。

根据崔庆瑞于1960年12月5日的回忆：当时，纠察队长于佩元肩上斜挎着一个包着金边的大红布袋，副队长窦斌、刘士元肩披五色值星带，到处巡视，查岗查哨。

贾纡青也脱下长衫，穿上工人制服，和工人们一起战斗。罢工开始前，施恒清即带领工人宣传队来到火车站，一面散发《罢工宣言》，向旅客解释罢工的原因，劝阻旅客购票，帮助办理退票手续，并向员司下达停止营业的命令。正太路火车房的工人俱乐部和总工会不是一个团体，罢工前，总工会即派代表同他们取得联系，说明罢工原因，要求他们支持罢工，罢工胜利后同享胜利果实。所以，车房的司机、司火等工人都踊跃参加了罢工。

与此同时，正太铁路沿线各地的纠察队员纷纷出动，控制了厂门、路口，包围了法国资本家和他们帮凶的住宅及办公楼，并到各厂、炉房拉了电门闸盒，切断供水管道。全路火车停开，机器停转，水电不通，200多公里的正太铁路陷入了瘫痪状态。

就在这天，山西阳泉火车站展开了一场截车斗争。原来，6点钟以前，从太原开往石家庄一趟客车，正在铁路上奔驰着。如果让这趟车继续跑，对全路的罢工将是一个大破坏。怎么办？为了既坚持罢工，又做好旅客的安排工作，经正太铁路总工会研究后，便向阳泉分工会下达了命令：一定要把这趟车扣在阳泉，不准向前再开一寸，还一定要把旅客们都安置好。阳泉分工会负责人梁永福接到总工会的命令后立即传达，迅速做出了部署。工人们异口同声地说：保证叫它飞不过阳泉去。

上午11点，当这列由太原开往石家庄的客车一驶入阳泉站，便显示红色信号，停止火车前进。梁永福首先向司机张师傅下达命令：现已全线罢工，不许火车再向前行驶。接着，纠察队员们便按计划分赴各个车厢，向旅客进行宣传，讲明罢工目的、意义，赢得了广大旅客的理解和支持。随即梁永福带领工人又去找站长，通知票房给旅客们退了票，还帮助旅客从附近农村雇上牲口驮运行李。工人们的行动使广大旅客非常感动，都表示支持工人的罢工行动。

当时该列车还挂有正太铁路车务处总管、法国人白纳的专车。白纳蓄意破坏罢工，他命令司机张师傅送他去石家庄或太原，张师傅对着神气十足的"洋大人"斩钉截铁地说："我听工会的命令，火车不能再开了。"白纳狗急跳墙，乘人不备，自己爬上火车头，拉响汽笛，企图强行将车开走。梁永福见状，立即率领200余名铁路工人，奋不顾身包围了车头。在场纠察队员也迅速登上机车，将白纳强行拖下。这个一向作威作福不把中国人放在眼里的外国佬，在组织起来的阳泉铁路工人面前只好狼狈地雇了一头骆驼回到了石家庄。这次截车斗争对整个正太铁路罢工的胜利，起到了保证作用①。

罢工第二天，北京《晨报》报道了《正太铁路工人全体罢工，提出九项要求》的消息，并原文转载了罢工宣言中提出的9项条件。17日的第57期《工人周刊》也以《正太铁路工人总罢工》为题作了报道。

---

① 阳泉市城区工会志编纂委员会. 阳泉市城区工会志. 太原：山西人民出版社，2012：58.

◎ 1922年12月16日的《工人周刊》登载了正太铁路罢工的消息

1922年12月15日，正太铁路工人发出的《罢工宣言》这样写道：

工友们，同胞们呀！

我们工人所受困苦压迫的地位，尤其是我们正太铁路，说来真是痛！

我们工人一生一世牛马似的劳苦工作，自己所做的，完全享不着，这是何等的不平了！我们虽然拼死命去做工，简直是一饱一暖都享不着。你看天下有这种道理吗？我们正太铁路上的工人共有二千来名，做工有二十余年没有加过一次薪，而我们的工资又极低，这不但使我们家中的老小得不到安然的养活，就是我们自己也吃不得一顿饱饭，穿不得一件暖衣了。请看社会上的生活程度比较往年提高了多少倍，然而我们的工资仍旧和二十年前一样。以那时所得的工资，欲谋现在社会上的生活，怎样不饿肚皮？现在我们想拼命做工，也快要无命可拼了。漫说一家老小哭哭啼啼望着我们要吃要穿呀！

这也罢了，但是我们正太铁路无论哪项工人，凡新上工的，就先要花费数十元或数百元的运动费，方准上工。近来运动费又涨高了数倍了。工友们，同胞们，我们要花费这么多款子，才能谋得一个小小的工作，这不是要我们的命了吗？

请看我们干苦力的人，拿什么来运动？花了这笔款子，干了三年的工作也赚不回来。哎哟，我们工人真是苦极了！

我们正太工人在此万不得已之中，上次也曾请示路局，要求九项生活条件，不料一直到现在，差不多有三个月，上面不但没有一个字批示给我们，反倒说了一些不好听的话来挤压我们，说什么你们工人一月有八九元钱还不够维持生活吗？再要多说，你们去罢工吧！罢了三五个月，我们也不打紧。这就是洋资本家说出的话头。工友们，同胞们，这是什么话？资本家说出这样话来，还近乎情理吗？我们为了生活困难，昨天还以最诚恳的态度，向着当局作最低的条件请求，不料当局始终没有诚意容纳我们的条件，一味地弄哄，还要强迫我们走死路的话，这简直是要我们做了工，还要我们的命啊！这是何等蔑视工人、欺骗工人，我们现在忍无可忍了，惟有做出我们所不愿意做的最后行动，暂行罢工，静待解决。

工友们！同胞们！给我们以实力的同情援助呀！我们还要郑重申明一句，我们这次罢工实因被生活的压迫不得已而出此，完全是我们自决的。请大家谅解我们这一点，特此宣言，布告全国。

附录要求条件如下：

（一）加薪分三等：（甲）现得薪金十五元以下者，加日薪二角；（乙）十五元以上至三十元者，加日薪一角五分；（丙）三十元以上者，照原薪加十分之一。

（二）以后每年按第一条之规定，加薪一次。

（三）路局增用工人，须先尽容纳工会之所介绍者。

（四）凡车务处工人以及夜间守厂与屋外操作工人，均应由路局每年发给羊皮大袄一件。

（五）星期日、国家例假日及重要劳动纪念日，均须放给例假。按照员司成例，并每年给二十天特假、例假，仍给工资。倘若于假期间加工，而得工人同意者，给双薪。

（六）路局每月需辅助工会所办之每一工人学校二百元，开办费用路局全给。

（七）工作时间，不得（超）过八小时，否则照所增之时间增薪。

（八）工人因工受伤，除应由路局供给医药费外，其因伤不能做工者，仍发薪；治愈而成残废者，照最后工资给予抚恤金至死后三年为止；若因伤致死者，除由路局给予三百元之丧葬费外，并照最后工资还给抚恤于其家属至三十年；又在路局服务满二十五年，或十五年，而年逾五十五岁载（者），应照最后工资给予养老金，至死后三年为止。

（九）由路局发给工人以本路常年免票，及无限制之家属免票，并每年发给全国铁路免票普通票三次。

正太铁路全体工同叩

一九二二年十二月十五日

第十三回 多路军阀接踵发难 各地工会八方声援

正太铁路全线罢工后，正太铁路总工会提出"非达到完全目的，不能上工"的响亮口号。工人们既不上工，也不回家。在厂外席棚里坚守岗位，坚持斗争，纪律严明，秩序井然，静待解决。

沙革此时却慌了手脚。他立即向法国驻京使馆打去电报，请求向北洋政府"严正交涉"。正太铁路监督局局长丁平澜也连忙向北洋政府交通部打去加急电报，告急呼救。1922年12月17日的北京《晨报》对此进行了简短报道，原文如下：

正太路风潮扩大

正太路罢工情形，已志昨报。兹据交通界消息，谓该路风潮愈形扩大，工人分为两队，一队阻止人员上工，一队阻止旅客购票，十五日完全停止工作。该路工人声言，非达到完全目的，不能上工。刻闻法国资本家，因营业关系，昨已致电报告该国驻京公使，请其向我政府严重交涉云。

（原载1922年12月17日北京《晨报》第2版）

北洋政府侦察处处长王光宇闻讯正太铁路罢工后，急派侦察员韩景澄侦察。根据韩的侦察，王光宇于1922年12月22日向热察绥巡阅使提交报告：今闻交通部接正太铁路局急电谓：石家庄各工厂，因要求加薪又索薪各事，有于十五日罢工之说。因交通部负责无人，以致日趋激烈，该工人等一面阻止旅客进站；一面停止司机开车，甚至厂站均有工人阻止各员司办事各情形。并闻日前直隶王省长已派保安队三百名，驰往该处弹压，并请交通部速筹正当办法等情。前来。理合缮呈宪鉴。

◎ 正太铁路罢工时报纸所刊登的新闻报道

直系军阀吴佩孚在洛阳听说正太铁路罢工后，发来电报以劝说的口气称："知你（们）因生活困难而罢工，悉为至念，而今国内多故，我工人应体念大局，希早日开工。"正太铁路工人没有被这"悉为至念"的甜言蜜语所迷惑，继续坚持罢工斗争。

山西督军阎锡山更加狡猾，他向正太铁路总工会打来电报，说要派人来石调停，要求派火车将其代表接到石家庄。总工会一眼就看穿了这一阴谋，因为只要一派火车接代表，就等于自动宣告罢工破产。总工会没有上阎锡山的当，回电答复："此间事，调人甚多，情况很好，善谢阎督，既罢工，不开车。"

直隶督军曹锟则在来电中气势汹汹地威胁："万勿听奸人鼓吹，望早日开工。"工人们看了电报，愤慨地说："谁是奸人？你们才是奸人呢！不答应条件，决不开工！"

北洋政府于铣（按民国电报日期代码，指16日这一天发出的电文）、巧（按民国电报日期代码，指18日这一天发出的电文）两日连致曹锟两电：石家庄在直隶督军的管辖范围之内，你要设法就近处理。曹锟于12月19日回电称："铣巧两电均悉，已饬驻正定陆军第十二混成旅第一团，驰往石家庄弹压。"

　　沙革见罢工数日，未能复工，想以小恩小惠诱骗收买工人。法国资本家拿出了一大把银圆想收买工人陈梅生。陈梅生不为金钱所动，下班后在厂门口，在工人们众目睽睽之下，将银圆怒撒了一地，并痛斥洋人的卑鄙伎俩，在场的工人群众目睹了这一壮举，都敬佩地称他为"不要银圆的陈梅生"。①

　　沙革还邀请石家庄商会的正丰公司出面调停，答应对工资低的工人每人每月增薪3元。总工会因为共提出了9项条件，而沙革却只答应这一条，故不予接见调停代表。沙革见调停不成，又急电阎锡山，请其派兵镇压，会同曹锟向正太铁路工人两面夹击。结果，由于舆论界在报纸上纷纷发表文章，为正太铁路工人鸣不平，抨击反动军阀，反动军阀才未敢出动。

　　在罢工斗争中，正太铁路总工会在党团组织的领导下，制定了罢工纪律，明确规定任何工人不准私自上工，不准与路局勾结，不准到市面上去喝酒、看戏、嫖妓。总工会调查科专门组织了一支调查队，负责检查工人遵守纪律情况和调查路局活动情况，如发现有人违反纪律，由调查队押着"游四门"，到各个厂门口工人聚集的地方，向群众坦白自己违反纪律的事情，用以惩处本人，教育大家。

　　为了争取罢工的胜利，正太铁路工人日夜坚守在席棚里。冷了，烧起木柴暖一暖；饿了，烧锅做饭填一填肚子。夜里，他们高举着灯笼、火把，到处巡逻，一盏盏灯笼，一根根火把，一颗颗火热的红心，把包括总机厂在内的正太铁路的各个角落照耀得红彤彤、亮堂堂、暖洋洋。纠察队员们还把自己的决心用粉笔写在墙上：

临阵当头纠察队，
奋斗至死誓不归；
条件如要不答应，
决裂对付死不悔！②

　　为了鼓舞工人们的斗志，贾纡青将这首诗略做修改后，登在了《罢工日刊》上。

---

① 中国南车历史文化人物征集办公室. 南车百年历史文化人物（首编）（内部发行）. 2014: 80.

② 中共石家庄市委党史征编室. 正太铁路工人斗争史（内部发行）. 1985: 36.

工人提出的罢工条件迟迟得不到答复,激怒了罢工的工人们。于是,12月17日,总工会除坚持原来提出的9项条件外,又增加了5项条件,前后共计14条,并于17日又发出第二次宣言,宣言中提到,我们牛马样的终身劳苦工作,还不能赚到自己最低的生活费用,养家更难说了。而且我们正太铁路工人处在洋资本家势力之下,所受敲剥特重!因此,我们为维持自己和家庭的生活起见,于数月前曾向路局提出改良生活条件九条,不意当局置之不理,不得已乃于本月15日罢工,这些情况已于第一次宣言上说过。倘若要我们开工,须待铁路当局正式批准前所要求的九条外还要批准下列的五项新要求:

(一)路局应承认正太铁路总工会有代表全路工友之权;

(二)罢工期间不得扣薪;

(三)不得因罢工而借故开革工人,以后路局处罚工人,亦须先得工会同意;

(四)本会会员有因小故而被革除者应即复职;

(五)短工皆改长工,以后新上短工,满一年后,亦须改为长工。

这些新旧条件,共计十四条。倘铁路当局不予我们以满意答复,我们决不上工。谨此宣言,以告全国。

正太铁路总工会叩

12月17日

1922年12月20日北京《晨报》,对此事进行了详细报道,原文如下:

正太路工人态度强硬

罢工后又提出五项条件

正太铁路工人罢工风潮,业志前报。顷闻,该工人等因该局对于彼等所提出之九条要求,毫无采纳,以致工人实行罢工。罢工之工人,为维持秩序,并坚持与路局对抗起见,特组织调查队和纠察队,不许私自上工与路局沟通,不许轨外行动或自己互相争闹。虽军警监视他们极严,然也无可如何。路局近因无法对付，非常惶恐。故托太原各报馆、警局、商会、矿务局等竭力调停。而山西督军阎锡山亦欲派代表往石家庄设法疏通。惟该工人等，因既已罢工不能开车，故已去电谢绝。且于十七日又发出第二次宣言，除前所要求之九条外，又提出要求五条。其宣言如下：

我们牛马样的终身劳苦工作，还不能赚到自己最低的生活费用，养家更难说了。而且我们正太铁路工人处在洋资本家势力之下，所受敲剥特重。因此我们为维持自己和家庭的生活起见，于数月前曾向路局提出改良生活条件九条。不意当局置之不理，不得已乃于本月十五日罢工。这些情况已于第一次宣言上说过，倘若要我们开工，须待铁路当局正式批准前所要求的九条外还要批准下列的五项新要求：

（一）路局应承认正太铁路总工会有代表全路工友之权；

（二）罢工期间不得扣薪；

（三）不得因罢工而借故开革工人，以后路局处罚工人，亦须先得工会同意；

（四）本会会员有因小故而被革除者应即复职；

（五）短工皆改长工，以后新上短工，满一年后，亦须改为长工。

这些新旧条件，共计十四条，倘铁路当局不予我们以满意答复，我们决不上工，谨此宣言，以告全国。

（原载1922年12月20日北京《晨报》第7版）

正太铁路工人罢工后，得到了全国各界的同情和支持。石家庄附近的工人、农民、学生、市民、商人把大量食品和生活必需品源源不断地送到总工会，表示慰问。京汉铁路的长辛店、琉璃河、高碑店、正定等分工会，在罢工第二天就送来旗、匾和物资，并派代表常驻石家庄，随时准备采取一致行动。唐山京奉路职工总会、津浦路工会、汉冶萍总工会、京汉路长辛店俱乐部等以及全国铁路总工会筹备委员会都来电和实物支援。

唐山京奉铁路职工总会电云，北京晨报馆转各界同胞：正太铁路的工友们，因为生活问题提出最低要求九条，当局始终无诚意解决。乃于不得已之中实行罢工。迩来军阀及资本家之势力到处皆是，同胞若不急起援助并监督这两种势力的行动，则唐山矿局事件难免再见发生。并愿同胞督促正太铁路局及交通部速将该项罢工解决，免得风潮扩大，工友受罪，敝会本同一阶级的友谊表示以实力援助。

汉冶萍总工会电云，全国各报馆各工会转全体工友暨各界同胞钧鉴：顷接正太铁路全体工友罢工宣言，真令人读之酸心，闻之流泪。做工二十余年没有加过一次薪，工资又极低，不但使工人家中的老少得不到安然生活，就是工人自己也吃不得一顿饱饭，穿不得一件暖衣。请看社会上的生活程度，比较往年增高了多少倍，工人的工资依旧同二十年前一样。以那时所定的工资，谋现在社会上的生活，怎样不饿肚皮，现在就是想拼命做工也快要无命可拼了。漫说一家老小哭哭啼啼望着工人要吃要穿呢。全体工友们！各界同胞们，这是何等的伤心惨目呀！

全体工友们！我们工友为世界的创造者，为社会尽了无穷的功绩，倒落得自己啼饥号寒，那创出来的利益，全部的被个人或最少数的资本家独占。正太铁路是我国最富的一个运输道路，那些外国资本家操纵我国经济命脉，掠夺我国的贫苦人民，逼迫我们最亲爱的正太铁路全体工友走最后的路，再三要求不遂而至于罢工以求解决，这是何等悲壮的事。那外国资本家只顾他几十万的利益，哪管我中国的国弱民穷，他更是最希望中国永久的国弱民贫呢，现在正太铁路的全体工人为争生活的安宁和改善起见，自动地向掠夺中国人的外国资本家奋斗。他们正在万分痛苦之中，凡我国人都应该起来援助这艰难困苦中奋斗的苦同胞——正太铁路的全体工人呢。

坚韧不拔的正太铁路的工友们！你们在痛苦中与外国资本家奋斗。我们万分敬佩你们努力的精神，要抱定宗旨，坚决向前。我们工人所受的痛苦是万恶的资本主义给我们的。我们中国的工人现在是受国际帝国主义、外国资本家的压迫，特别厉害。我们要一致努力打倒国际资本主义，铲除外国资本家，争得我们工人应有的权利和生活的安全。看你们最低限度的要求条件，是十分正当的。为要求生存权和劳动保护权是我们工人应做的事业，何况逼得我们工人受不堪的痛苦呢。

各业工友们！正太铁路的工友们，正在艰难奋斗之中，我们要一致起来作实力的援助啊！

浦镇津浦路工会电云，正太铁路总办鉴：昨贵路工友罢工宣言，敝处工友诵

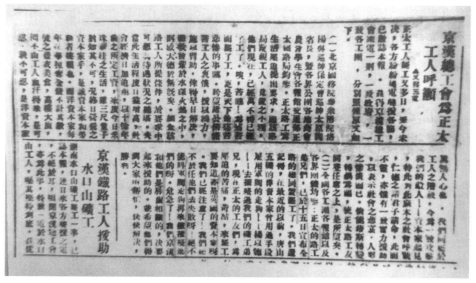

◎ 各路工会为正太铁路罢工呼应

读之下，不胜愤激之至。我中国铁路工人近来感生活之苦，待遇之苛，群起纷争，罢工之声相继而起，贵路待遇，我们工友素较别处苦甚，今值此工友觉悟之际，不作设计改善待遇，反加压迫，视我工人如牛马奴隶，置众工友之要求条件，至今三月有余，若无所闻。汝等洋资本家残暴贪婪之欲完全表示出来，真世间罕闻见之事也。盼望贵当局早日醒悟，尊重我中国工人之人格，速允要求条件，实汝等洋资本之福利也。

为支援正太路工人的斗争，全国铁路总工会筹备委员会也发出通电，揭露外国资本家对中国工人的压迫和剥削，其电文曰：正太铁路为全国铁路中第一腐败，实权尽操在外人之手。外人以掠夺金钱为目的，遇事贿赂，平素对于工人，视若犬马之不如。十年以来尚没增加一次工资，工人谋一工作，非事先以重金运动不可，一般狐假虎威之员司，以虐待工人向上司讨奖。工人处于九层地狱之下，已非一日。因此工人乃前聚集筹商救命办法，向路局提出九条，哀求增加工资，提高地位，当局竟置之不理，酿成工人罢工，交通停止，路局应负其责。至今路局不仅毫无诚意，并求来大兵镇压工人，故意欲陷全路工人于死地。全国同胞，工人罢工，出于路局虐待之所至，工人向路局之所要求，出于救死一途，万请即本人道之主张，迅速援助正太全路工友。万一正太全路工友要求之条件一无所得，反遭屠杀种种祸害，即全国同胞之良心必不能忍，凡属工人阶级中的队伍，尤望本同一阶级切肤之痛，实力援助，使正太工友得到最后胜利。不然，一处工友失败，各处工友都有关联的，特此电闻。

罗章龙在《椿园载记》一书中写到正太路工人的罢工斗争之所以如此坚定，除因得到各地工人的有力支援外，还有一个原因，那里我们有了一个后方，就是京汉路。从长辛店、保定、正定等工人都给了正太路工人的斗争以巨大的援助。在罢工斗争的相持时期，京汉路工会向政府及各工团发出呼吁，其文曰：

（一）北京国务院参众两院洛阳吴巡帅保定曹巡帅太原阎省长，暨各界公团各地商会农会学生会各报馆交通部正太铁路局钧鉴：正太路工为生活压迫提出要求，而该路局蔑视工人，竟置之不理。他们现在已经万不得已罢了工了。唉，苦哪！为痛苦而罢了工，更是天下最痛苦悲惨的事哪。盼望诸公俯体苦工人之衷怀，援以鸿力，施以臂助，俾得早日解决，而救彼辈于水深火热之中，则感大德于无既矣。细查该路工人所提条件，于要求中可想其待遇状况之难堪。夫当此生活程度日益增高，社会经济日加迫亟，以十余年前之所定工资，来度今日米珠薪桂之生活，虽三岁童子犹知其不可，况终日营营之资本家乎，是诚资本家和劳动者挑战也。而洋资本家每年在华掠夺金钱不计其数，彼之丰衣美食，高楼大厦，罔不由工人血汗得来，是可忍，孰不可忍，是洋资本家真无人心也。我们同属于工人阶级，今为一致攻击我们的敌人——资本家起见，特此对此麻木之社会呼号，仁德之诸君子请命，此而不灵，亦惟有一致实力援助，以表示社会之悲哀，人形之惨淡而已。倘能借斯转变，转祸为福，使正太路工友同登衽席之上，是所望矣。

（二）全国各工团各报馆及各界团体钧鉴：正太的路工弟兄们，已于十五日宣布全路的总同盟罢工了。我们还记得，在最近的以前，唐山五矿的洋资本家曾用过手段雇用军阀的走狗—杨以德—去摧残过我们的矿工弟兄，现在正太的工友们，为压迫的苦痛、苛酷来罢工，要知道亦是外国的资本家呀。我们已经注意了！我们决不放任他们去失败呀！绝不能叫军阀走狗再来摧残他们呀。危急了！我们京汉和他们是唇齿相关的，决要起来援助的，并希望他们得到大家的帮忙。快快解决，胜利。

第十四回 机关算尽低头认输 诡沙革落败"洋钱计"

平日里，沙革等法国资本家们，在这座"洋城"里欺压工人，剥削工人，作威作福，横行霸道，过着花天酒地的糜烂生活。正太铁路罢工后，"洋城"停电了，洋公馆停水了，不仅夜里漆黑一片，白天也几乎连饭都吃不上，更不用说一天少收入多少银圆了。虽然他们派人四处抢购蜡烛，夜里照照亮，从老远的地方挑两担水来，润润嗓子，做点儿饭吃，可是，这样的苦日子，享乐惯了的洋资本家们怎么能过得下去呢？

罢工的第三天夜里，纠察队员们正在巡逻，突然发现洋公馆里电灯亮起来了。原来这几天，沙革天天夜里黑灯瞎火，像住监狱一样，实在憋屈坏了，就收买了两个工贼给他们送电照亮。果然，电灯真亮了。总工会接到这一报告后，认为这不只是照明的问题，而是一种破坏罢工的行为。厂里一送电，不就等于复工了吗？罢工不就破产了吗？于是，总工会马上派人采取了断电措施，电灯房技术最好的张师傅和施恒清用一根铁棍在两条电线上一搭，瞬间冒出一道蓝光，憋了电闸，洋公馆里又漆黑一团了。

有一天，纠察队员赵玉祥、姚来祥正在大石桥上放哨，猛抬头见厂子里的烟囱冒起烟来，便马上报告了总工会。总工会认为这又是有人在搞鬼，破坏罢工，马上派姚来祥和赵玉祥去检查，可是到锅炉房检查了半天，也找不到一个人影。他们查看了半天，这才分析可能是在下水道，把下水道的窨井盖打开一看，陈顺来和冉献巨正在地沟里吓得"筛糠"呢！原来，沙革没水喝，实在受不了了，便指使这两个工头偷偷地跑进厂里，给他们泵点水喝，刚把锅炉点着就听有人来了，跑又来不及，赶紧钻到地沟里，弄得浑身污水臭泥，狼狈不堪。姚来祥向地沟里喊道："喂，冉师傅，还有陈总管，快请上来吧，那里边味道多不好呀！"陈顺来、冉献臣这才从地沟里爬了上来，纠察队员把他们押出了八号门，交到了总工会。总工会对他们一不骂，二不打，三不罚，只是教育了一番，这俩人在事实面前，不得不低头认错，还假惺惺地表示："下次再也不敢了，让我们也一起加入工会吧。"

罢工期间，有人从中破坏罢工，在厂里鬼鬼祟祟地散发一些诋毁罢工的传单，上面写着：

"法国人说啦，罢工罢一辈子也不答复条件！"

"工人再不上工就开除！"

"法国人又招来一批新工人，三两天就能通车！"

…………

总工会虽然发现了传单，但一时又查不出来是谁干的。一次召开工会会员会议，按惯例，每次召开这样的会议，会员都得凭证入场，而这次会议之前，孙云鹏的妻子高登五灵机一动，暗中告诉纠察团团长于佩元，让门卫先不要检查出入证，待开会后再说。会议刚一开始，她突然登台宣布说，请每个到会会员亮出自己的工会证，并按组坐好。随即派纠察队员逐个检查，有些混进会场的人被查出来，并从他们身上查获了夹带的传单，使破坏罢工斗争的坏人现出了原形。

罢工七八天后，孙云鹏他们感觉一些工人的情绪不像刚开始罢工时那么高涨了，这是为什么呢？原来，这么多天不开工资，工人手里没钱了，家里揭不开锅了。洋资本家也趁机放出风来，"叫这帮穷小子罢工吧！罢工几个月看谁着急。反正罢工不给工钱，还是你们饿肚皮！"沙革为了破坏罢工，确实是绞尽了脑汁，现在又想用经济威胁来瓦解和动摇罢工队伍。

总工会对此做了充分研究，采取了有效措施，对沙革的经济威胁给以有力回击：第一，在第二次宣言中明确提出：罢工期间不得扣薪；第二，对确实很困难的工人，用工会会费给予适当救济。

张昆弟和贾纡青、高登五等人商量后，想出了一条"洋钱计"：孙云鹏、高登五夫妻二人从家里拿了130块洋钱（银圆、大洋的俗称），张昆弟让高登五以找侄子为名，把钱送到了正定中学，交给了高克谦保管，再由京汉路正定分会来演这出戏，准备斗败法国资本家。

第二天一大早，工人居住比较集中的北后街、姚粟村，忽然响起一阵急促的铜锣声，陈梅生、李德存等几个纠察队员边敲边高声吆喝："京汉路送来洋钱啦，大家到大石桥下接吧！……"工人和家属闻听这道喜讯奔走相告，结伙儿来到大石桥下等待。不大会儿，从北边铁道上驶来了一辆轧车（一种在铁道线上行驶的小型铁路轨道交通工具），车上放着几个大木箱，箱上贴着"京汉路支援正太路罢工"的大字标语和"交通银行"字样的封条。轧车停下，从车上跳下来几个粗壮汉子，大家认得他们是京汉路正定分会委员长康景星及马福来等人。孙云鹏、施恒清赶忙快步上前迎接，几句寒暄过后，康景星的大手在空中用力一挥，提高了声调，兴奋地大声说：

"正太路的工友们，今天给你们送来一点儿洋钱，这也算我们京汉工人的一点儿心意吧，我们衷心希望你们一定要把罢工斗争坚持到最后胜利，洋资本家不给开工钱也没关系，我们京汉工人每人拿出来半天工钱，就够正太工友吃半年了，洋资本家甭想拿这个吓唬咱！"

…………

这几句话，令在场的工人和家属非常受鼓舞，人们不禁高呼："工人万岁！""团结万岁！"

纠察队员们兴高采烈地把洋钱木箱抬到早已准备好的马车上，在群众的前呼后拥下，有说有笑地向总工会走去。马车经过大桥头，到石狮子前边，只见施恒清把搁在车尾的那个箱子盖轻轻一提，几十块白花花的洋钱"哗啦啦"地滚出来，掉在地上叮叮当当地响……

这时，混杂在人群中有一个四处张望、贼眉鼠眼，叫窦老六的人，他是王纯的磕头兄弟，因为长得个子矮小、干瘦，人送外号"二尺半"。工会经过调查，查出造谣惑众都和他有关。今天他是奉王纯之命，来探听虚实的。

只见"二尺半"趁人们不注意，偷偷地从地上捡起一块洋钱，用拇指和食指的指甲掐住中间，对准竖边，用嘴噗地猛吹了一口气，再拿到耳边歪着脑壳一听，果然有清脆的响声，真的是现大洋，就一溜烟跑了回去，向洋主子报信去了。

沙革一伙儿岂能料到，这十几只箱子里，装的并不全是洋钱，而是从滹沱河装的滩石子，只是在每个箱子里的浮面上，放了几十块洋钱，走在路上故意让它掉出来，造造声势而已。

　　在给工人发放救济款时，康景星、高登五他们有意让工人们都看见，工人们以为满箱都是洋钱。当工人群众领到洋钱后，都相互转告，说不要紧了，各路工会支援我们许多现大洋，可以继续坚持斗争了。罢工胜利后，高登五打开箱子，让工人们一瞧，全是石子，大伙儿都哈哈大笑了起来。

第十五回 损失惨重洋人妥协
正太工会威名远扬

　　老奸巨猾的法国资本家代理人——总工程司沙革和副总工程司拉伯黎，为了对付罢工，要尽阴谋诡计，但一个个都破产了。他们唆使工贼泵水、送电的种种伎俩失败后，法国驻京公使又向北洋政府外交部发出照会："正太路罢工风潮激烈，法籍路员生命财产应请妥筹保护，速将风潮平息。"外交部将此照会转给交通部，交通部无可奈何，不得不答应了工人所提出的条件中的部分条款，并电告正太铁路监督局局长丁平澜。丁平澜将这些条件张贴公布，工人们表示：不答应全部条件，我们决不上工。

　　于是，沙革继续使用软硬兼施的手法，一方面，他再度电请曹锟派兵镇压，曹锟除原已派来的第十二混成旅一团的三个营的兵力以外，又加派了一个营的兵力到石家庄。直隶省省长王承斌也派来300余人的保安队，准备对罢工进行武力镇压。另外，沙革又多方托人调停。北京直隶国会议员同乡会代表王秉璋、北京交通部代表李大绶、直隶省长王承斌的代表丁镇金、石家庄警察局局长姜鹿鸣、正丰煤矿公司经理段祺勋、石家庄商会姚会长等，相继来到正太铁路总工会进行调停。

　　王秉璋，又名王玉瓒。辛亥革命时，在总机厂的翻砂厂当工人，就是那个第一个剃掉发辫的"革命党"，后来加入北京直隶国会议员同乡会。因为他和正太铁路总工会的委员们都是老相识了，所以来到石家庄后，就来回奔走，积极进行调停。

　　12月22日，交通部代表李大绶赶到石家庄。同一天，曹锟在保定指派团长冯鸿泽带一个营的士兵也来到了石家庄，妄图一面以武力相威胁，一面和总工会谈判。即使大兵压境，罢工工人们也毫不示弱，严阵以待。只要冯鸿泽敢于动武，正太铁路工人决心不怕牺牲,奉陪到底。冯鸿泽听到这一消息后,唯恐搞成僵局,不好收拾,赶紧声明:"敝人是奉命前来,一为工界同胞做援助,二为维持地方秩序,决无干涉意思。"石家庄警察局局长姜鹿鸣立即到总工会转达了这个意思。但是,工人们并未就此放松警惕,时刻密切注视着军队的行动。一边是荷枪实弹、虎视眈眈的北洋军阀4个营的兵力,一边是总机厂、工务处、车房、车站等近千名罢工工人。两军对垒,一触即发。王秉璋、李大绶、丁镇金、姜鹿鸣、段祺勋等政客、官僚,在正太铁路管理当局和正太铁路总工会之间来回奔走,两头儿说和。这时,正太铁路罢工刚刚10天,法国资本家已损失30万银圆,而且过着无水无电的生活。他们再也无计可施了,12月26日,只得答应了总工会提出的14项条件,并答应将这些条件连夜印刷数千份,通告全国。总工会也答应于12月27日全线复工。至此,正太铁路工人大罢工取得胜利。

正太铁路管理当局最后同意的14项条件是:

(一)加薪:除十一月份已加一成不计外,凡工人薪金在十五元以下者,一律月加三元;十五元至三十元者,一律月加两元五角;三十元以上者,一律月加两元。

(二)以后加薪办法:照京汉新章办理。

(三)雇用工人:工人代表可以向路局介绍。

(四)发给皮袄:本路所有打旗、挂钩、下夜护勇、查道护勇发给皮袄一件,每隔两年一换。

(五)放假:本路放假日期,一律给薪。放假期内做工者,准给双薪。

(六)工人子弟学校:照京汉、京奉各路,呈由交通部办理。

(七)做工钟点:照京汉路长辛店钟点。

(八)因工受伤:所有工人因工受伤者,在医治期内,概不扣薪。因工受伤立时毙命者,路局给予一年薪资。

(九)工人免票:每年准给三次。

(十)罢工期间,不应给薪,兹为抚恤起见,准给七天薪资。

(十一)罢工工人:本路不因罢工开革工人,准一律上工。

(十二)已革工人复职,毋庸议。

(十三)短工改为长工:凡短工到工满一年者,路局准其改为长工。

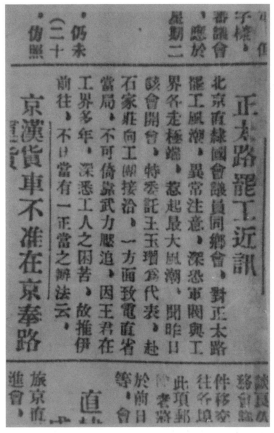

◎ 报纸登载正太铁路工人大罢工取得胜利的新闻报道

（十四）加点：打旗、挂钩，照司机、升火一律加点。

12月27日早上7点，总机厂工人和其他正太铁路的工友，在总工会门前集合，排成整齐的队伍准备举行游行，庆祝罢工胜利。

不多时，正太铁路管理当局派人将印好的条件送了过来，并催促立即开工。总工会拿到送来的条件与前一天达成的协议仔细核对，没有出入，但发现没有沙革、丁平澜的签字。大家感到这是骗局，如果以后他们不认账，岂不变成一纸空文。因此，总工会一方面立即派人奔赴火车房，传达总工会命令：沙革不签字，不准开车；一面由滕邦忠、孙云鹏、米振芳等人去找调停人，要求三方签字画押。

这时，火车房的火车已经点火，法国工头催着开车。刘士元带领敢死队，齐刷刷地坐到火车前面，拦住去路，喊道："沙革不签字，不准开车！"沙革知道骗局已被识破，只好乖乖地签了字。滕邦忠、孙云鹏和调停人也都签了字。米振芳要把这个文件拿走，沙革不准，却让他的手下人去贴到总机厂门洞子的石墙上。米振芳把它揭下来，拿到工人队伍里，让大家都看了，这才整队出发。工人们高举着"罢工胜利"和"全世界劳动者联合起来"的大旗，举行了声势浩大的庆祝游行。

上午9点，工人们排着整齐的队伍游行归来。此时，第一列由石家庄开往太原的特别快车就要开车了。站台上人声鼎沸，兴高采烈。一台擦得锃明瓦亮的火车头的正脸，用红绸子扎着花束和松柏树枝，车头两侧竖立着两面迎风招展的红旗，显得威风凛凛，火车马上就要正点开出了。

正当欢腾的人群准备送走第一列火车进厂房上工的时候，忽然听到机器房里传来"丁零当啷"的一片响声，原来是前已被开除的王纯带领20余人，正在里面破坏机器。纠察队员们闻讯飞奔而去，制止恶行。王纯手持短枪，向人群"啪啪"连开了两枪，并大声喊道："好朋友，一边站，冤家向前来。"当他再放第三枪时，愤怒的工人们不顾危险，从四周围冲了上去。一个外号叫"大刀牌"的法国人白蒂尼，唯恐工人夺去手枪，便抢先一步从王纯手里把枪抢了过去。工人们岂肯罢休，包围着白蒂尼，有的扭胳膊肘，有的掰手指头，手枪被成功地反夺了过来。王纯一看情形不妙，急忙鞋底抹油想开溜，大家伙儿蜂拥而上把正准备掉头逃窜的王纯牢牢按倒在地上，如冰雹一般数不清的拳脚像擂鼓一样砸落在王纯身上，打得他嗷嗷直叫唤……

这时，直隶省长王承斌的代表丁镇金听到枪响，带着一群护兵赶到了现场，训斥王纯："罢工全是你激起来的！"接着，命令护兵把鼻青脸肿、翻着白眼、趴在地上哼哼唧唧的王纯绑缚起来，押送到了获鹿县衙治罪。

12月27日，正太铁路总工会向全国发出开工宣言，总结了此次罢工斗争胜利的基本经验。宣言其文如下：

胜利了！我们此次罢工，得到最后的胜利了。

我们的胜利，虽不能说十分圆满，但是这种小小胜利，已不是和我们早先一样的散漫群众所可得到手的，是我们有了团结之后才能得到的。劳动者要解除痛苦和压迫，须得团结起来，这又是一次证明了。团体既然这样有价值，我们以后便当尽力把团体更坚固起来，更扩大起来，以便努力于解除一切痛苦和压迫。又此次罢工，各地的劳动团体，援助我们的力量很不小，在他们固然是因为有了阶级觉悟，明白了直接或间接的利害相关的地方，可是使我们不能不极端地感激他们。还有各位调停人，为我们的事，也费了许多力，也是我们所深深感谢的。我们于今天开工了，在这一天，我们更感觉得劳动者阶级的团结之必要，所以我们要高呼"全世界的劳动者联合起来"，并祝"劳动万岁"。

这次罢工斗争尽管遇到不少困难，之所以能够取得完全的胜利，大体有两方面的原因。一方面，正太铁路工人在中国共产党和总工会的领导和教育下，阶级觉悟得到很大提高，认识到要想争自由、争人权，必须组织和团结起来进行斗争，在斗争中要有明确的行动纲领和严明的组织纪律性；另一方面，正太铁路工人的这次罢工斗争，不是孤军奋战，而是在全国工人运动高潮的影响下进行的，它得到了来自包括工人阶级在内的全国人民的大力支持和援助，成为正太铁路工人巨大的精神力量的源泉。通过这次罢工斗争的胜利，不仅使石家庄工人阶级的觉悟迅速得到提高，大大鼓舞了工人阶级的斗争勇气和信心，而且有力地促进了石家庄工人运动的进一步发展。①

---

① 中共石家庄市委党史研究室.中国共产党石家庄历史：第1卷，（1921—1949）.北京：中共党史出版社，2016：39.

第十六回　反动军阀举起屠刀　"二七惨案"血雨腥风

　　1923年1月下旬的一天，一支浩浩荡荡、排列整齐的工人队伍疾步走向京汉铁路石家庄火车站。这支队伍排成两路纵队，走在最前面引路的是两名身材魁梧、气宇轩昂、精神抖擞的铁路工人，他们双手高举着两盏白色大纱灯，灯上写着"正太总工会"5个醒目的红字。在纱灯后面，是20名纠察队员，只见他们个个臂戴红袖章，雄赳赳、气昂昂地迈着矫健的步伐。纠察队后面是5名穿着崭新制服的工人代表，他们是正太铁路总工会派遣的孙云鹏、滕邦忠、施恒清、贺善源、邢昌福（5名代表的人名引自1923年2月13日的北京《晨报》），这5名代表后面是一路兴高采烈地为代表送行的总工会的委员们。

　　这支队伍行进到车站门口，可把守门的两个护勇吓了一跳，赶紧往后退了两步，一个护勇羡慕地说："铁路工人真神气，以后咱们也立个会！"队伍刚进站，有一位员司打招呼问："孙先生，这是上哪儿去呀？"孙云鹏微笑着说："我们到郑州走走！"

　　原来，1923年1月5日，京汉铁路总工会第三次筹备会议在郑州召开。会议认为建立总工会的条件已经成熟，决定于2月1日在郑州召开成立大会。全国各铁路都派代表参加。孙云鹏、滕邦忠、施恒清、贺善源、邢昌福等5人作为代表参会。京绥铁路也派胡珍等人前去祝贺。

　　为使这次成立大会得以顺利召开，京汉铁路总工会筹备会将召开大会的时间、地点事先通知了京汉路局局长赵继贤。赵继贤是个惯搞阴谋、诡计多端的政客。他表面同意成立总工会，假惺惺地允许工会代表可以免费乘坐火车去郑州开会，专为代表拨出头、二等车厢，还公告将1月28日星期例假移到2月1日，以便代表赴郑开会，并赠送锦旗，以此表示他支持工会成立。而暗地里他却于25日密电吴佩孚，加强反革命部署。29日，吴佩孚在给靳云鹗的密令中说："郑州靳总司令鉴，顷接京汉路赵局长径(25日)电云，据报2月1日，本路全体工人，将在郑州开成立大会，各路与会者甚多。以未经地方官厅许可集会，竟敢明目张胆，聚众招摇，不特影响所及，隐患堪虞，即此目空一切，荒谬绝伦，将来群起效尤，愈演愈烈。蚩蚩愚氓，必将误蹈法网，而不自知。瞻顾前途，杞忧无极，务祈麾下迅饬预为防范，切实监视。本路幸甚，地方幸甚等语。即希预为防范，设法制止，为盼。吴佩孚。艳（二十九）。"①

据洛阳工会党团负责人报：最近截获保定、北京致洛阳吴佩孚密电数起，其中曹锟与交通系赵继贤等认为京汉路总工会开会是有重大政治阴谋。电文称："近来书记部工会声势日增，过激气焰嚣张，各路罢工影响铁路秩序极巨。""最近全路总工会代表借口开会，群集郑州，据报有潜谋不轨情事，市面人心惶惶，一夕数惊。郑州当南北要冲，设有疏虞，后患何堪设想。应该当机立断，严令制止。并查拿该部（指书记部）首要分子归案究办，以遏乱萌"云云。同时又得悉交通系主脑曾偕京汉、京绥等路局长亲自到洛阳西工兵营向吴佩孚面陈北方铁路危机，请吴防止赤化，并且以危词激吴。说什么"赤党一声呼啸，全路为之震惊，此等声势，真要强过几师雄兵"。曹锟屡电吴佩孚增兵京汉沿线各站。

当时沿线驻防军警约2万人以上，其分布为保定一旅（第十四混成旅，旅长时全盛），长辛店二营（驻宛平县，由张国庆率领），琉璃河一营，石家庄、安阳、许昌、信阳等地各一、二营不等，汉口镇守使一旅，足见曹、吴已有与工会兵戎相见的准备。②

正当即将开会之时，1月28日，郑州警察局局长黄殿辰率领警察多人，到总工会筹备处宣布吴佩孚的电令，禁止铁路工人于2月1日在郑州举行大会。次日，吴佩孚从洛阳电令驻扎郑州的第十四师师长靳云鹗对铁路工会活动实行监视，不准工人举行集会。此时的吴佩孚已经掌握了北京政权，其势力扩展到中国北方的大部分地区，开始了武力统一中国的行动。京汉路的收入是吴佩孚军费的重要来源

---

① 罗章龙. 椿园载记. 北京: 生活·读书·新知三联书店出版, 1984: 242.
② 罗章龙. 椿园载记. 北京: 生活·读书·新知三联书店出版, 1984: 243.

之一，京汉工人的斗争直接威胁着他的利益；京汉铁路又是帝国主义国家对中国进行经济掠夺的动脉，京汉路工人运动的高涨，必然影响他们的经济利益和政治利益，所以，他们操纵军阀向手无寸铁的工人举起了屠刀。

1月30日，共产党员李震瀛、史文彬、李焕章及工人代表凌楚藩、杨德甫等代表全体工人到洛阳面见吴佩孚，提出：根据约法和吴佩孚1921年的政治主张，京汉路总工会召开成立大会是合法的，吴非但不能禁止，而且应给以保护。但吴佩孚仍坚持反对大会的召开并以武力相威胁。代表们回郑州将吴的态度告诉全体工人代表后，工人们无比愤怒，一致同意冲破一切阻力，按时召开大会。2月1日清晨，京汉铁路各站区和兄弟铁路的代表430多人和郑州铁路工人1000多人抬着各地赠送的匾额整队向会场进发。沿途军警荷枪实弹，关卡层层，妄图阻止大会的召开。双方相持数小时，工人代表冲破反动军警的阻拦，进入普乐戏园会场。京汉铁路总工会成立大会秘书李震瀛登上讲台，高声宣布京汉铁路总工会成立了。这时，军警已层层包围了会场，会议代表很快被驱散，各地工会赠送的匾额被捣毁。旅馆、饭馆、总工会办公的地方等到处都布满了军警。他们逼迫工人离开郑州，工人代表的安全受到严重威胁。

成立大会上与军阀发生冲突后，党在京汉路的主要领导人及时召集会议，决定把总工会的临时办公处迁至汉口江岸，在京汉铁路总工会的领导下进行全路总同盟罢工，抗议吴佩孚的镇压。李震瀛、杨德甫等主要领导人在江岸指挥全局，高斌、姜海士、刘文松在郑州，吴汝铭、史文彬、洪尹福在长辛店，林祥谦（汉口江岸铁路工厂钳工）、罗海城、曾玉良在江岸执行总工会的命令。信阳负责的是分工会委员长胡传道和副委员长、共产党员徐宽，新乡负责人是分工会委员长杜石卿，彰德负责人是分工会会长、共产党员戴清屏。

在郑州，孙云鹏等人目睹了反动军警镇压工人运动的暴行，参加了六路代表秘密会议，并向他路代表盟誓：如京汉罢工三日不解决，正太铁路总工会即采取一致行动，举行同情大罢工，以实力援助京汉工友。会后，他们连夜返回石家庄，安排罢工事宜。①

---

① 中共石家庄市委党史研究室. 中国共产党石家庄历史：第1卷, (1921—1949). 北京：中共党史出版社, 2016：42.

2月4日，京汉铁路总工会一声令下，全路开始了大罢工，京汉路变成了一条僵死的长蛇。总工会发表宣言，提出了5项条件：

（一）要求交通部撤革京汉路局长赵继贤和南段段长；要求吴佩孚、靳云鹗及豫省当局撤革查办黄殿辰。

（二）要求路局赔偿成立大会之损失6000元。

（三）要求郑州地方长官将所有当日被军警扣留之一切匾额礼物，军队奏乐送还总工会郑州会所。所有占领郑州分会之军队立即撤退。郑州分会匾额重新挂起，一切会中损失由郑州分会开单索价，并由郑州地方长官向总工会道歉。

（四）要求星期日休息，并照发工资。

（五）要求阴历年放假一星期，并照发工资。

在党组织和总工会的领导下，罢工有秩序地进行。罢工工人向旅客散发传单，说明工人的自由权被摧残，不得已而罢工，取得旅客的同情和支持；向全国各界揭露吴佩孚等反动军阀的罪行。工人内部的组织也十分整齐严密，因为全路工人自司机、升火，以至小工，无有不是工会会员的。各会员听命于各分会，各分会听命于总工会，秩序井然。维持秩序，则有全路各分会素有训练之纠察队；刺探消息，则有罢工期内各分会临时组织的调查队。

罢工爆发后，吴佩孚、萧耀南、曹锟、赵继贤等反动军阀在英帝国主义的指使下，往返电商，密谋策划，血腥镇压罢工工人。4日，敌人采用高压手段，强迫复工。5日，在郑州逮捕了郑州铁路工会委员长高斌和姜海士、刘文松、王宗培、钱能贵等人，对他们软硬兼施、威胁利诱甚至严刑拷打，威迫他们开车复工。高斌等人始终坚持"非得有总工会命令，不能开车"。高斌惨遭酷刑，不久牺牲。信阳分会委员胡传道面对敌人的残酷迫害，不屈不挠，拒不复工。7日，吴佩孚对京汉铁路罢工工人实行了大规模的镇压，制造了震惊中外的"二七惨案"。江岸分会委员长林祥谦被乱刀砍死。郑州有6人被捕，1人被迫害致死，300多人被开除。彰德、信阳、新乡等处都有被杀的工人。

广大工人受到迫害，郑州党组织也被破坏。在河南领导工运的党的负责人李震瀛、赵子健、徐宽、姚作堂、戴清屏、解长春等被迫离去，工人在斗争中争得的权益全部被剥夺，工会全部被封闭。

第十七回　京汉正太唇齿相依
同情"二七"援手相助

　　正太铁路石家庄总机厂坐落在京汉铁路以西。正在厂里做工的工人因为听不到京汉路上熟悉的火车汽笛声了，下工后有人便到京汉路去打听消息，这才知道京汉路工友已经罢工了。这时，总工会又接到了京汉总工会正定分工会送来的罢工宣言，明白了京汉路工友们是为了反压迫、争人格、争自由而举行罢工，总机厂的工人们对罢工深表同情和支持。

　　2月4日下午1点，正太铁路总工会召开总工会执行委员紧急会议，讨论援助京汉路工人的办法，并作出4条决议：第一，立时发出通电，以作声援；第二，准备实力援助，实行罢工；第三，派纠察团到京汉路正定分工会石家庄一段线路夜间帮同守望；第四，下午6时，召集全体工人大会。

　　下午6点，总工会组织召开了石家庄全体正太铁路工人大会，由正太铁路总工会石家庄分工会委员长施恒清主持，他首先报告开会理由及准备援助京汉路工人的办法。工会会员代表纷纷登台演讲，表示决心。他们说，此次京汉罢工，纯为争工人自由。此不仅京汉一路问题，实我们工界全体的问题，亦我们被压迫着的受苦同胞的大问题。这次若京汉失败，我们正太还能安静吗？况且正太与京汉二路，唇齿相依，关系密切，又是同一阶级的人，休戚相关。他们为人格而争，为自由而战，已舍身入了前线，我们既非木石，岂忍坐视？须认定这次的事情，是我们切身的问题，我们当以全力援助。如京汉路三日内无解决，即实行罢工。讲到这里，全场工人群情激愤，一致赞成以罢工援助京汉路工友，并表示坚决听从总工会的命令。当时，会场内掌声雷动，激昂呼喊之声此起彼伏。

　　接着，又有一人发言。他说："我们援助京汉路办法，当然以罢工为手段。但事在危急，不可稍缓。全线援助，还在其次。况京汉不通车，款项无法汇寄。既

◎ 纠察团员佩戴的袖章

经议决罢工，首先一着，即联络本路工友；再这次罢工，不得因军队要求而开车，免受愚弄，自招压迫。"

接着，又有很多人演讲，发言都很激烈，全场人员无不感动。最后决定，这次大会通过的各项决议，都由正太总工会执行，大家都要听从总工会的指挥。散会后，总工会即派纠察团员40人，到京汉路石家庄火车站，帮助车站人员巡逻，每天晚上都和他们并肩战斗。

2月6日，北京《晨报》登载了中国劳动组合书记部向全国各工团发出的通电，号召全国工人阶级以"本阶级斗争之精神，切实援助之"。同日，中国劳动组合书记部还发表了《京汉铁路总工会致全国铁路工友书》，要求全国铁路工友给予经济援助。于是，正太铁路总工会在召开全体工人大会后，首先向京汉总工会发了声援电报。接着，向正太铁路全路工人下达了罢工动员令，决定自2月7日中午12点开始正太铁路全路罢工，并从以下七个方面做了罢工的准备工作：

一是发出了劝告全路火车房工友加入工会的传单。火车房工人接到传单后加入工会的有100多人。没加入工会的也派代表到正太总工会声明，愿意听从总工会命令，采取一致行动。

二是整顿了由180人组成的纠察队。决定罢工后分别到太原和石家庄的火车站帮助维持秩序，或留在总工会巡逻。

三是2月6日派代表到正太铁路当局，声明自2月7日中午开始罢工，并说明此次罢工纯为援助京汉工友，别无其他要求。正太铁路监督局局长丁平澜见罢工已不可挡，只好假惺惺地说："此系义举，实属正大。"但他向总工会提出，工人要很好地保护机器设备，照明用电和生活用水要照常供应，代表们予以应允。

四是向京汉总工会拍去电报，询问是否已经答应了工人要求。但是，自发电报后，一直没有回电。

五是印刷正太铁路工人罢工宣言，分发各界，使大家都明白正太罢工是为援助京汉工人的真相。

六是正太"洋城"各个厂门，都派纠察队轮流把守，没有总工会发的出入厂证，一律不准出入。

七是派出代表到京汉正定分工会慰问罢工工友。正定分工会委员长康景星与正太总工会代表见面。他表示希望得到正太路工友的大力援助。正太总工会的代表说："此乃我们工界生死关头，彼此是同一阶级的人，当然要患难相助。"还说："我们已议决明日罢工，援助贵路，望须更努力奋斗。"

正太总工会还明确规定了"七条罢工纪律"：

（一）无论何人必须听从总工会命令；

（二）无总工会命令不准私自上工；

（三）罢工时各工友一律坐守家中不得在外娱乐；

（四）每日须到工会两次，点名不到者，即行处罚；

（五）总工会委派何人职务时，会员不得推辞；

（六）讲演团团员，须驻工会内，以便随时分发讲演；

（七）如有军队压迫时，须全体出来示威。

2月6日，正太铁路总工会派施恒清、计根生到阳泉传达总工会命令，散发罢工宣言。当日夜里，正太铁路工人同情罢工的一切准备工作都已安排妥当。当日，北京《晨报》在《京汉路罢工风潮益形严重》的报道中赞扬说："又闻京绥、津浦、陇海、正太四路，现已有一致罢工之酝酿，内中尤以正太工人为最激烈。"

施恒清、计根生二人于2月6日当天由阳泉返回石家庄时，在获鹿车站，计根生看到原乘票车人多太拥挤，站上还停有一趟小票车，他就独自改乘小票车回到了石家庄。施恒清在石家庄车站下车时遇到了正太路局弹压刘绍棠，被其当场拘捕。计根生听说后，急忙赶到施恒清家中，通知施的家人把一些重要文件藏了起来。后经总工会派代表多次到警察厅交涉，施恒清才被放了出来。

2月7日，正太铁路总工会发出了罢工宣言，宣言写道："这次京汉铁路在郑州开总工会成立大会，各路皆有代表到会，庆祝盛典。不料是日该地警察局局长黄殿辰，率领武装军警，包围会场，毁坏会物，并来宾所送之匾额，亦被军警掠夺，你看这种无理的压迫，我们工人还能忍受吗？中华民国法律上不是明明载着：人民有集会结社绝对自由权吗？难道我们工人不是国民一分子，开会的权利都没有了吗？这回京汉路被军警如此压迫，蹂躏民权，将来我们工界的前途何堪设想。所以我们认为京汉路这次的罢工，是抵抗强权的，是争人格和自由的。这是何等的光明正大，何等勇敢。他们现在已罢工三天，而政府置之不理，以至他们所要求的条件，而今还没解决。我们正太路的工人也是国民一分子，又是同一阶级的人，现在眼看见他们正在危急之中，我们还能安心做工？还不速起来援救他们吗？所以我们于七日召集全体大会，议决自七日起，实行罢工，援助京汉。如果京汉路这次所提出的条件，政府没有圆满答复以前，我们正太路的工人决不开工。爱护无权者，快快起来啊！"

北京《晨报》2月8日在报道《昨日长辛店枪击工人大惨案》时，对正太工人在"二七惨案"之日开始罢工，给予很高的评价。该报首先抨击赵继贤的镇压政策："此事可算军队胜利，赵继贤的压迫政策一时成功。本报甚愿工人从此即不敢再行抬头，则赵继贤之勋业可谓能削平工潮，应铸铜像。若引起更大恐怖，或因不平而致大反动发生，即非吾人之所愿闻。"接着又以正太罢工为例批驳赵继贤的屠杀政策，说："然正太工人何以又有罢工之举，岂工人真不怕枪弹耶，或者闻长辛店之已用激烈手段对付，可望其惊慑从速开工。至各路全行罢工之说，及粤汉又续正太而起之说，想赵继贤等既能令军队开枪，必得成竹在胸，定有办法，则虽风声鹤唳，草木皆兵，又似不足惧矣。拭目候之，其前途极诚堪注目也……"

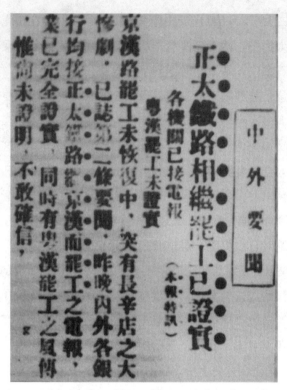

◎ 1923年2月8日的北京《晨报》关于正太铁路同情"二七"大罢工的新闻报道

自2月7日中午12点开始，从石家庄到太原，正太铁路工人举行了同情"二七"大罢工，客货车辆一律停驶。石家庄的总机厂工人将机器、工具保管好后，鱼贯而出，各自回家。厂门由纠察队员轮流把守。同时，派宣传队到石家庄街头散发罢工宣言，宣传罢工的意义目的，市民普遍对此举予以理解并认为"工界真有互助精神"。

正太铁路总工会在罢工开始前，特向太原派来40名纠察队员，帮助维持秩序。太原铁路工人在贺昌的带领下，立即进行游行示威，声援京汉铁路工人的斗争。贺昌发动太原的青年团员和工人进行募捐。他提出，哪怕就是捐一角钱，也要送到郑州去。接着，他派人将大家捐助的2000块大洋送到了郑州。①

---

① 阳泉市城区工会志编纂委员会. 阳泉市城区工会志. 太原：山西人民出版社，2012：61.

第十八回　军警当局武力施压　斗争形势波谲云诡

"军阀手中铁，工人颈上血；颈可断，肢可裂，奋斗的精神不消灭！劳苦的群众！快起来团结！"

这首诗歌，是1923年春出版的《京汉工人流血记》一书中对"二七惨案"后工人阶级愤慨情绪的概括，它充分显示出工人阶级威武不屈的革命精神。

在中国共产党的领导下，正太铁路广大工人面对反动军阀的屠刀和枪口，进行了不屈不挠的斗争。

2月8日，总机厂数名工人在石家庄拦住了一列开往郑州镇压工人的运兵车，并和军方发生了激烈冲突，在场的施恒清考虑到如果硬是将车拦阻在石家庄，敌人势必要在石家庄镇压工人，他当即设法换掉了司机，将火车开到距石家庄有几十公里以外的十八孔大铁桥上，甩掉车身，又将车头开出十几公里，将火熄灭，将水放干，把车头丢在了一边。火车上的士兵受困于郊外，敌人镇压工人的阴谋破产了。

工人们听说此事后更为愤慨，他们说，我们是为争自由、争人格而罢工，是光明正大的事，如用武力压迫我们，誓死不上工！

为了表决心，鼓斗志，总工会讲演团在工会院内摆上讲桌，向工人们演讲。有的人讲的题目是《强权与公理》，有的人讲的题目是《裁兵废督》。会员们听罢演讲，斗志更高了。不多时，果然在京汉路上从保定开到石家庄一列军车，有一旅人之多，据说是特为镇压正太路工人而来的。工人们并未因大兵来到而动摇，继续坚持罢工斗争。这一旅军队，原来是直军第十二混成旅。2月8日，旅长葛树屏奉吴佩孚之命带兵到正定镇压京汉罢工。工人领袖康景星等不畏强暴，英勇不屈，惨遭镇压，康景星被捕。随后，这支军队即开来石家庄。

2月9日凌晨1点多，正太铁路总工会的一个灯光昏暗的房间内，李德存正在值班，从汉口江岸发来了一封电报，李德存告诉工会通信员李永顺去找贾纡青，去不多时，李永顺拿回来一串钥匙，李德存打开贾纡青的柜子，拿出一个皮夹子，这是翻译电报用的号码本，李德存正对着号码翻译字之时，孙云鹏和施恒清走了进来，三个人一起翻译，最后译出这样几个字："此间事，既解决，承电询，甚感念。"

孙云鹏、施恒清、李德存一看，不禁喜出望外，赶紧让李永顺去送给贾纡青。不料，李永顺很快就从贾纡青处回来了，只见他脸上带着一团暗云，一脸不高兴地闷声说："贾先生说了，这是一封假电报，因为已同江岸约定好了，如问题已解决，来电只写'病愈'二字，如问题严重，即写'病急快救'。现在这电报不是这样写的，这不是假电报吗？"

三人一听才明白了怎么回事，施恒清无意中瞅了李德存一眼，发现他有些闷闷不乐，坐在椅子上低头抿着嘴对着砖地发呆，于是对他说："德存，天这么冷，我穿得厚，今晚我值夜班，你和云鹏都先回去睡一会儿吧！"

李德存到家后，连衣服也没脱刚躺到床上准备睡觉，就突然听到院子里传来"嘭！嘭嘭！嘭嘭！"一阵急促的敲门声。他跳下床，刚想去开门，这时李德存的父亲李金钟也被惊醒了，他摆摆手拦住了儿子，手里持着一盏昏黄的煤油灯，几步走到了院门口，用镇定的声音问：

"是谁啊？"

"我，张连玉！"一个熟悉、颤抖、慌张的声音隔着门板传了进来。

李金钟急忙取下门闩，拉开大门，张连玉喘着气一头冲了进来，范全、张庆臣两个熟络的工友也从后面闪身进了院子。

"大叔，德存兄弟在家吗？"

"啥事？"李德存已从屋里走出来，站到院子当中。

"不好了不好了，德存！"张连玉看见李德存，着急地说，"咱们的事坏了！"

李家父子赶忙把众人让到屋里，李德存连声催促："快说，快说说，事咋就坏了？！"

"刚才总工会来了一个要饭的老头儿,他撕破棉衣,掏出一张纸条,上面写着'逃、遁、罢、工'四个字,大伙儿眼瞅着心里没底,让我们来问问你怎么办……"

张连玉等人汇报完情况后,没有多待就马上离开了。李德存听完他们的这番话,一时也拿不定主意,于是连夜脚步匆匆地赶往总工会,前去一探究竟。

李德存穿过正太铁路时,看到东边京汉铁路火车站的电灯全亮了,就发觉不妙,再到总工会院里一看,原来墙上的照片、标语全不见了,顿时感觉心里一凉,暗想:"是不是真的坏事了?"

这时,突然院里跑进来三四个气喘吁吁的工人,李德存急忙上去问道:"你们是哪儿来的,怎么急成这样?"其中一个工人喘着粗气说:"我们是京汉火车站的,警察正在追我们,先在这儿躲一躲啊!"

不一会儿,又进来了三个人,自称是正定工会康景星派来的,让他们告诉正太路的工友们可以复工了。孙云鹏、施恒清等人到外屋商量了一下,既有些怀疑这三个人是奸细,可又怕万一真是康景星派来的,在没弄清之前,孙云鹏等人研究决定,先将这三人软禁起来。于是,李德存安排他们到外屋坐下烤火,周围由纠察队员陪着,天亮以后,还给他们买了烧饼吃。

9日上午,天空阴沉沉的,寒冷的北风呼啸而来,吹在脸上像刀割一样。正太总工会院里早早地挤了一大群人,有些人已经换上了长棉袍,开始准备"逃遁罢工"了。总工会为了鼓舞斗志,稳定军心,在当院摆上桌子,由讲演团登台讲演,李德存年纪轻,又有些文化,于是打头阵首先演讲。他一个跨步,直接跳到了桌子上,右手握紧拳头在胸前挥动着,底气十足地大声说:"咱们工人就好比一根根的筷子,绑在一块撅不断。咱们工人又好比一条条麻芯,拧在一起是大绳,那就拽不断,咱们大伙儿一定要抱成一个团儿,总工会就像这条大绳,甭管谁来了也叫他拽不断!"

这时,京汉路上已有火车来往,但都是军车,因此,也不能证实京汉罢工已经解决。正太铁路总工会决定将罢工坚持到底。下午3点,总工会召开了石家庄全体正太铁路工人大会,千余名工人集合在"全世界劳动者联合起来"的大旗下。大会一致决议:"非接到京汉总工会开工电报,决不上工,我们决不屈服于武力之下。"

这时，石家庄西区区长来正太铁路总工会通知说，师长要来，准备谈判。总工会决定全体执行委员集体接待，并一致表示：决不能在武力下屈服，黄花岗有七十二名烈士，石家庄有十八子（正太铁路总工会18名执行委员），要生一同生，要死一同死！于是，将图书馆作为接待室，纠察队员个个穿戴整齐，严阵以待。不多时，陕西陆军第一师第一团团长李云龙、十二混成旅旅长葛树屏，还有获鹿县长、石家庄警察局局长姜鹿鸣、石家庄西区警察署署长崔子敬、正太铁路监督局弹压刘绍棠、石家庄商会会长等，带领武装军警七八十人，来到了正太铁路总工会。

院外，武装军警荷枪实弹，刺刀上枪，虎视眈眈如临大敌；院里，纠察队员摩拳擦掌，剑拔弩张，怒目相视，不畏强暴。总工会18名执行委员不卑不亢、从容不迫地接待了"客人"。于是，一场唇枪舌剑开始了：

李云龙先开了口："我们大家来，是要求你们正太工人开工来了。你们的罢工，是为了援助京汉，现在京汉已经复工通车了，你们还罢的什么工呀？"

施恒清神态镇定地说："我们虽然罢工了，还好好保护工厂。电灯照常开，水照常供应，还派人保护工厂。"

"正太工人是深明大义的，很好，你们开车吧。"李云龙用商量的口气说。

刘焕文斩钉截铁地说："向来外国人看不起中国人，今天罢工，明天开工，怕他们看不起我们。"

施恒清也态度坚决地回应道："我们听江岸的命令，江岸有命令就开工；江岸没命令，我们不开工！"

李云龙又劝道："江岸的事情已经完了，已经通车。你们是援助人家的，明天也开车吧！"

在场的几位总工会委员吼道："京汉复工，我们复工；京汉不复工，我们不复工！"

最后，李云龙只好说："京汉已经复工了，你们复工吧！"说完，领着军警走了。

军警走后，总工会开会研究到底是开工还是不开工，因主张不一，决定先派纠察团团长于佩元带着队员杨富发到正定去探明虚实。结果,于、杨二人几经周折才探明康景星已被押走,正定工会已接到通知让复工。

2月9日晚上7点,总工会接到京汉路正定分会派代表送来的消息:京汉路已在2月7日发生了流血惨案,在反动派的武力镇压下被迫复了工,为了免遭意外,也请正太路复工。入夜,正太总工会根据于佩元、杨富发的报告和正定分会送来的消息,召开执委会讨论复工问题。经过大家讨论一致认为,我们这次罢工,并未提出其他条件,完全是为了援助京汉工友,现在京汉工人已复工,并派人通知我们复工,我们也可以复工。至此,正太总工会才决定自2月10日早晨开始复工。同时,向太原、阳泉两地分工会发出电报,通知次日复工。

第十九回　进步工人险被开除　工会失去合法地位

　　正太铁路总工会于2月9日傍晚开会决定次日复工后，工人们即各自回家休息。夜里，总工会大门外突然出现了一群穿着黑色警察制服的"黑狗子"，他们气势汹汹地摘下了"正太总工会"大木匾，拿到当街"噼里啪啦"地砸了个稀碎，然后又掏出两张白色长封条，交叉着斜贴在总工会的两扇黑漆大门上。原来，受反动直系军阀指使，石家庄警察局乘总工会无人之机，派警察强行封闭了正太铁路总工会。

　　第二天早晨，工人们含恨复工。刚一上工，石家庄警察局的几个警察就来到总机厂，把工人集合起来训话："我们奉四省经略使、直隶督军的命令，来收你们工会的徽章来了！现在工会已经封闭，要这徽章还有什么用？戴着的现时交出来，没带来的，下工后交到警察局，以后不许戴了！"工人们谁也不肯交，都说丢了，警察无可奈何，就让工人们干活儿去了。其实，工人们都把这徽章看作命根子，哪里舍得再交出去啊！此后，有的老工人一直把徽章珍藏了50多年。

　　这几天，正太铁路的弹压刘绍棠又蹦跶得欢了，整天价伸长脖子，眨巴着一对鼠眼，在工人中钻来钻去，专门找碴儿寻事儿。果然，有的工人发现刘绍棠鬼鬼祟祟地往布告栏上贴了一张大布告，工人们围拢上去一瞧，上面写着孙云鹏、宋栋臣、米振芳等7人，因行为不轨，煽动罢工，故开除出厂。识字的工人一念，可把大家惹毛了："同情罢工，是大伙儿自觉自愿，凭啥诬赖是人家煽动！""兔崽子们，净血口喷人！""走，找狗×的们算账去！"……工人们吵吵嚷嚷，骂声不绝。这时，忽听："闪开，闪开！"只见从人群中站出一条大汉，此人长得膀大腰圆，又黑又高，好似半截黑塔，众人定睛一看，原来是张德胜。他操着山东口音，瓮声瓮气地吼道："什么毛儿包的，赶紧把这张王八布告撕了！""对，撕了，撕了……"大伙儿异口同声地怒吼着。张德胜冲上前去，伸手把布告撕了个粉碎，白花花的碎纸片飘落了一地。

一旁的工人崔恩章喊道："把咱们的人都刷了！工友们，别干了！"

直系军阀吴佩孚镇压了京汉总工会成立大会，又在京汉线上进行了大逮捕、大屠杀，正太路工人本来就憋着一肚子火，含恨上了工。一复工，又是封工会，又是收徽章，还要刷人，工人们这回可真是急红了眼。

大家一听到崔恩章喊的话，索性把工具往地上一扔，撒手不干了，工人们像潮水一样涌出工厂，人们把正太铁路总管理处的办公大楼团团围住了，有的喊，有的骂，有的敲门板，有的砸窗户，吓得沙革不敢露面。

工人们愤怒起来，吼道："把俺们都开除吧！俺们都不干了！"

不一会儿，副总工程司拉伯黎和几个法国人出来了。一大群工人把他们围了起来，恨不得把他们撕成八瓣。工人们一句接一句地质问拉伯黎："是你刷的？是你刷的？"拉伯黎又摇头，又摆手，连声说不知道。工人们又指着翻译老艾大声骂道："布告是你让人贴的，总办不知道，准是你干的！""你小子真不是个东西！"……

沙革在楼上看着楼下人头攒动，心里那是一阵阵地发慌，急忙给警察局打电话求救，但是已经晚了，米振芳早已赶到警察局局长姜鹿鸣家里了。

原来，这次行动是孙云鹏、施恒清、米振芳等几个共产党员商量、领导的。他们看到反动军阀查封工会，收缴徽章；洋人又贴出了布告，开除了工人，不给他们点儿颜色看看，还不知会干出什么事来。因此，孙云鹏他们决定发动工人群众，包围大楼，进行请愿。果然，工人们满腔怒火，一触即发。米振芳见各厂工友陆续出厂，撒腿就往大桥街警察局旁边的姜鹿鸣家里跑。

米振芳来到姜宅，姜鹿鸣还在被窝里躺着。米振芳告诉他，沙革把总工会委员都开除了，把你这米老弟的饭碗也砸了，现在工人们都去包围大楼了，大家都盼着姜局长赶紧前去支持工人。

正说话间，沙革打来电话，告急呼救，也请姜局长去解围。姜鹿鸣急忙放下电话，手忙脚乱地穿上衣服，急匆匆地往外走，出门刚坐到东洋车上（从日本引进的人力黄包车），他就不住脚地踏击踏板，连连催促警察们："快！快！"几

◎ 正太铁路总工会会徽

个警察有的在前边拉，有的在后边推，一溜小跑来到正太铁路总管理处办公楼。姜鹿鸣担心的是，如果工人们把法国人打了，事情就棘手了。这时，驻军宋营长也骑着马，带着一队骑兵赶到了。士兵们把现场工人包围了起来。其实，军人们只是摆摆样子，吓唬吓唬工人，真正调解人还是姜鹿鸣。

姜鹿鸣快步从工人中间穿过，站到办公大楼门前的台阶上，对工人们大声喊话："你们派个代表出来说话。"工人们一齐怒喊："没代表！没代表！要刷一齐刷！"

姜鹿鸣又问："这几个人尽给你们在工会办事，把他们刷了，你们怪心疼的，是不是呀？"

工人们异口同声地大喊："是！"

姜鹿鸣一扭头转身进了大楼，不大一会儿，他拿着张纸条走了出来，笑眯眯对工人们说："好了，好了，总办说了，以前的事既往不咎了。这几个委员也不刷了，你们安心做工去吧！"说完，他又接着问大伙儿，"我对你们怎么样呀？"

"不错！""姜局长肯替我们做主！"

姜鹿鸣说："既然不错，以后有什么事去找我，不要像这样子，这要是打了外国人，怎么交代呀？"

工人们也知道，姜鹿鸣表面上也得给法国人个面子，明里是沙革请来解围的，暗里是听米振芳的指挥，所以也不反驳他，就纷纷回厂里上工了。

正太铁路同情"二七"大罢工失败后，在石家庄正太火车房，总管陈顺来对参加罢工的工人进行报复，开除了6名工人。在山西，阎锡山下令封闭了正太总工会的阳泉分工会和太原分工会，收缴了会旗、会牌、会徽及其他物品，没收了工会财产，开除了40多名工人，其中有太原站站长张云清和梁永福、解占奎、苏长发、朱景文、冯德耀、冯二、樊小亭、荆双喜、樊堂子、马二黑、石文仲、张四、邢昌福等。1923年2月23日的《华北新闻》中提到："山西督军阎锡山害怕京汉工人联合九路同盟罢工。特派军警将正太路工会旗帜，所有匾额、徽章，一律收缴，以后不准聚众开会……"①

平绥路在去郑州开会的代表胡珍等还没有返回来的时候，吴佩孚已经给张家口军事当局打了电报："若工潮发生，即以武力解决。"于是工会行动完全丧失自由。2月3日，当代表回来后，平绥路的"车务同人会"计划召集秘密会议，于7日召集全路代表会议。但这时京汉路工人罢工遭镇压的消息已经传来，因此没有举行，只进行了发通电和捐款援助等声援活动，并派代表到北洋军阀政府的众议院递交了《弹劾吴佩孚、曹锟屠杀工人书》，展现出了工人阶级大无畏的革命气概。

《京汉工人流血记》中对正太工人上工后的被压迫情况是这样记载的："工人自上工后，工会被封。同时路局及头目又施行其压迫手段，前火车房工友加入工会之百余人均被车房总管无理阻止上工，并私开除数十人。全路工会执行委员亦被彼路局开除，石家庄工人看（路）局无理至此，施行这种恶毒手段，对待工人，将来痛苦何能忍受？况这次罢工，不但理由正大，而且经路局许可，如今无理开除执行委员，不如全体自请开除，另谋生计，免受毒害。于是全体工人抱定决心，请愿于路局，路局无法，遂允复职。惟阳泉方面尚开除四十余人，石家庄开除六人，现在流亡四出，自谋恢复，进行不懈。然正太工人经此教训。益知团体的势力，比诸武力压迫实强百倍，现工会虽被封闭，团体精神万能一致，可知正太工人已有十分觉悟和不可侮的气概了。"

正太铁路同情"二七"大罢工斗争失败后，正太铁路总工会失去合法地位，工人运动处于低潮，但是人心和斗志没有垮掉。当月，中国劳动组合书记部指派

---

① 太原铁路总工会办公室. 山西铁路工人运动（1904—1949）（内部发行）. 1982: 36.

铁流激荡

安体成来到石家庄，帮助正太铁路的工人们成立了"雪耻会"，组织工人写标语、搞宣传，进行秘密活动。这次斗争虽然没有取得最后的成功，但它却充分体现出了中国工人阶级的彻底革命精神。正如共产国际在为京汉大罢工发布的宣言中指出的，"这标志着中国工人阶级已经登上了世界的政治舞台"。

第二十回　革命志士奔走推动
党团组织应运而生

　　中国共产党是马列主义与工人运动相结合的先进组织。随着马列主义在正太铁路的广泛传播和工人运动的蓬勃发展，中国共产党的基层组织在正太铁路广大工人群众中应运而生，并不断发展壮大起来，成为正太铁路革命斗争的坚强领导核心。

　　1921年7月，中国共产党成立后，把加强社会主义青年团作为党工作的一项重要内容。同年11月，中央局向各地发出建立和发展社会主义青年团的通告，要求各地依照新章程从速进行建团工作。1922年5月，太原社会主义青年团遵照中央指示，组织制定《太原社会主义青年团章程》，选举成立了中国社会主义青年团太原地委，组建劳工运动委员会、学生运动委员会、政治宣传委员会、社会教育委员会，选举贺昌为书记，李毓棠、王振翼等人分别当选各委员会主任，由书记和各委员会主任组成中国社会主义青年团太原地委。经过这次重建，太原社会主义青年团表面上还是研究马克思主义的学生团体，实质上已经成为信奉马克思主义的革命团体。[1]

　　中国劳动组合书记部北方分部成立后，把组织领导北方及铁路沿线工人运动作为工作重点。受中国劳动组合书记部北方分部的指示，太原社会主义青年团负责人贺昌曾多次到正太铁路向工人宣传革命道理，并到石家庄的正太铁路总机厂活动。[2]

---

[1]　中国铁路太原局集团有限公司党委宣传部（企业文化部）. 山西铁路革命史话. 太原：山西人民出版社，2021：66－67.

[2]　同上.

铁流激荡

自1921年底，孙云鹏由罗章龙介绍加入中国共产党和马克思学说研究会①以后，石家庄正太铁路工人中产生了第一名共产党员。1922年，总机厂由孙云鹏介绍相继入党的有施恒清、王凤书、赵永庆、孙云鹭、米振芳、李庆元等9名工人，加入社会主义青年团的有田丰泰、张国栋等22名工人。

随着党、团员的增加，石家庄正太铁路的党团组织也在斗争中不断发展壮大。1922年下半年，总机厂内建立了正太铁路中共党小组，孙云鹏任组长②。

同时，中国社会主义青年团正太铁路支部也随之成立，直属劳动组合书记部北方分部党团领导，后发展为正太铁路党支部，由高君宇任党支部书记。约于1922年正太铁路第一次罢工前后，正太铁路党支部发展为正太铁路总工会党团，由张昆弟任党团书记，贺昌负责团的工作。同期，中国社会主义青年团正太铁路石家庄总机厂支部委员会成立，成为石家庄最早的青年团组织。

太原铁路工人1922年12月成立了分工会后，由于当时太原还没有建立党组织，所以各项工作和活动都是在太原社会主义青年团领导下开展的。事实上，太原社会主义青年团成立后，一直与正太铁路有着密切的联系，贺昌、李毓棠等太原社会主义青年团的负责人都曾到正太铁路总工会所在地石家庄开展工作。正太铁路总工会也多次派党员到太原开展活动。据潘恩溥1961年回忆："贺其颖搞工人运动，主要是在正太铁路工人中活动。以后傅茂公参加后，也是直接搞正太铁路的工人运动。'正太铁路'也有个负责人与团支部经常联系。"1923年，京汉大罢工失败后，这种联系便中断了。后来邓中夏曾致信贺昌"函告石太恢复关系事"。

当时，太原社会主义青年团地方执行委员会委员长李毓棠在给中央的一份报告中写道：

此间因特种缘故，不能举行大规模的集会，只石印了传单若干张，令各同志在街坊散布。现在此间因感受宣传上之困难，并无与工人接头的适当地点……铁

---

① 1920年3月，由李大钊组织发起的马克思学说研究会于北京大学成立，这是我国最早的比较系统地学习研究马克思主义的团体。

② 中共石家庄市委党史研究室. 中国共产党石家庄历史：第1卷，（1921—1949）. 北京：中共党史出版社，2016：47.

◎ 高君宇

路方面已找到5人，由毓棠和王礼担任工作，将来总能增加人数。阳泉方面，毓棠由京返晋时，路过参观一次，认识两人，内一人司茂林较好，已通信两次，并常给他寄报。

1923年8月，李毓棠参加中国社会主义青年团第二次全国代表大会时，经高君宇、王振翼介绍由团员转为党员。同年冬季，彭真经高君宇、李毓棠介绍由团转党，是太原和山西党组织的创建人之一。在他们的领导下，太原社会主义青年团扩大马克思主义传播，组织工人运动，开展反帝反封建斗争，这些都表明在太原建立地方党组织的条件业已成熟。

1924年3月8日，李大钊出任改组后的中共北京区委委员长，加强对北方民众运动的领导，在帮助各地发展国民党党员、建立国民党组织的同时，领导各地发展共产党员、创设共产党组织。

为适应国共合作新形势的需要，李大钊非常重视北方地区党组织的建设和发展，多次强调，北京的党组织应把活动的视野放宽，不应仅限于北京市区。对北方各地还没有党组织或组织力量薄弱的重要城市，要想方设法调派干部做好开展工作，把革命的种子撒遍北方各地，使它遍地开花，扩大党的力量和影响。根据中央执行委员会扩大会议的精神和李大钊的指示，中共北京区委决定派高君宇到太原开辟山西国共合作和创设共产党组织的工作。

恰在此时，湖北督军萧耀南派军警包围湖北共产党秘密机关，查获在北京的全国铁路总工会秘密机关和张国焘、高君宇等人的住址，并将此信息由京汉铁路局密函北京政府交通部。在一个凌晨,京师警察厅派出3个侦缉队,搜捕全国铁路总工会所在地,并对张国焘、高君宇等人实施抓捕。狂风暴雨中,高君宇假扮成一名厨师,离开北京,病倒在石家庄,在铁路工人的帮助下,抱病返回太原。

同月,在高君宇等人的努力下,中共太原党小组(后改为中共太原支部)在省立第一中学建立,这也是在山西省建立的第一个共产党组织。

中共太原支部成立后,十分注重通过太原社会主义青年团来加强对太原地区工人运动的领导,太原地区的工人运动出现了新的转机。

当时,活动在太原的早期共产党员主要来自两条线:第一条是经高君宇介绍发展的党员,第二条是正太铁路总工会党团组织在太原铁路工人中发展的党员。

1925年2月7日,全国铁路总工会第二次代表大会在郑州召开。大会决定恢复正太铁路总工会太原和阳泉等地的分工会组织。不久,五卅运动爆发,太原铁路工人与帝国主义和国内反动派进行了英勇的斗争。6月底至7月初,在中共太原支部和太原社会主义青年团的领导下,正太铁路总工会太原分会借声势浩大的五卅运动,首先在太原地区恢复工会活动,并在太原学生联合会援助农工委员会的支持下,于7月25日向阎锡山的警察当局要回了1923年京汉大罢工中被查封和没收的财物。同年8月19日,太原总工会成立,正太铁路总工会太原分工会随即作为集体会员加入太原总工会。分工会除会长和秘书长外,此时又增加了两名负责人,分别为田丰泰(又名田风太、田永祥)和樊小亭。

1925年10月,中共太原正太铁路工人支部成立。此时,正太铁路仅太原站就有两名中共党员。其中一名为田丰泰,他1923年加入团组织,是1925年8月担任中国社会主义青年团太原地委候补委员的工人党员。长期以来,他在太原火车站新房子8号的住处,也是太原党团组织与上级组织的通信联络处。

中共太原正太铁路工人支部成立后,由田丰泰任支部书记,隶属中共太原特别支部领导。

1925年7月,因太原地区白色恐怖加剧,正太铁路总工会太原分会再度停止活动,组织解散。中共太原正太铁路工人支部亦转入地下工作状态[1]。

---

① 中国铁路太原局集团有限公司党委宣传部(企业文化部). 山西铁路革命史话. 太原:山西人民出版社,2021:96-100.

第二十一回　工人运动进入低潮　困境之下斗争不止

京汉大罢工失败后，北洋军阀政府以鼓动工潮为由免除了何孟雄等人铁路密查员的职务，全国工人运动转入低潮。正太铁路和全国各地一样处于严酷的白色恐怖之下，斗争环境十分恶劣。反动当局十分清楚，正太铁路的两次罢工都是在共产党领导下进行的。因而，在石家庄、阳泉、太原等地到处抓捕共产党员。

刘明俨在太原领导了第一次正太路罢工后，党中央派他二次去法国，由贺昌任太原团地委书记兼正太铁路总工会太原分工会的秘书。根据1961年潘恩溥回忆，贺昌当时虽是太原社会主义青年团的负责人，但他经常带领正太铁路太原分工会的铁路工人开展运动，并在这些铁路工人中吸收了许多团员。有一次，在省立第一中学召开团的会议，参加会议的30多名团员中，仅正太铁路工人就有10多名。贺昌在给施存统的一封信中提到："正太路太原工会已组织好，我加入文牍科办事，进行颇称顺利。"① 京汉大罢工后，贺昌被晋系军阀列入抓捕名单，无法存身，党中央派他去了安源煤矿。临走时，贺昌将正太路团的工作委托孙云鹏代管。

梁永福在《正太铁路总工会与阳泉分会》的回忆文章中写道："'二七'时期正太路共派了5个代表到郑州去开会，计有孙云鹏、施恒清、滕邦忠、邢昌福、冯德跃等，他们从郑州回来后，孙云鹏怕邢昌福出事，不让他回家去，邢没听话，回到家中见了母亲大哭，因他母亲在正太铁路监督局局长丁平澜家里当老妈子，事情被法国人知道了，邢昌福和同他一块儿工作的一个车手张其运及太原站站长

---

① 中国铁路太原局集团有限公司党委宣传部（企业文化部）.山西铁路革命史话.太原：山西人民出版社，2021：68－69.

◎ 1923年拍摄的贺昌全家照，右起：贺昌、贺父、贺母、妹妹

林祝峰被开除了。滕邦忠从郑州回来（记得是2月8日）就登报声明脱离工会，也不在大厂上工了。吴先瑞当时在阳泉，2月8日也逃跑了，先藏在一个庙里，由于仓皇丢了一只鞋，后来坐火车跑到石家庄孙云鹏家里……"①

有一次，4名警察闯进了石家庄北后街三十一号孙云鹏家里查户口，抓"学生"，正好把贾纾青、吴先瑞堵在了屋里。警察们一进门就喊："这里有学生吗？"

孙云鹏的夫人高登五见警察进了大门，就迎了出来，机智地问："你们是不是找两个学生呀？"

警察说："是！"

高登五说："有，有，我家有学生，不过，你们得等等，我大闺女冻了脚，还没穿衣服，让她穿好，你们再进去。"

她把警察先稳在院里，自己进屋后，赶忙把贾纾青、吴先瑞藏到了床底下，并大声喊道："闺女，快穿衣服，外边有人找学生呢！"

等警察进屋一看，哪里有他们要找的那两个学生呀？忙问道："你不是说有两个学生吗？"

---

① 中共石家庄市委党史征编室. 党组织的建立和发展：革命回忆录（内部发行）. 1985: 23.

高登五从容不迫地指着闺女和儿子说："这不是两个学生吗？"

警察气急败坏地叫嚷："简直开玩笑！"可又怕放跑真正要找的那两个"学生"，便匆匆忙忙地走开了。

在艰难危险的白色恐怖下，高登五还曾经多次掩护过张昆弟、罗章龙等革命同志脱险。张昆弟、刘明俨、贾纡青、吴先瑞和工会的干部们经常在她家开会，高登五负责看门放哨。高登五回忆说："贾纡青在我家住的时间最长，来了就住耳房，他整日没白天没黑夜地在外面工作，经常半夜三更才回来，用手指骨节在门上敲三下，是他叫门的暗号。那时，有人隔三岔五地来我家送一些《工人周刊》等杂志报纸，我就用铁丝在下水道里搭了个铁架子，将送来的报刊藏起来，晚上再拿出来给贾纡青他们看。"

高登五还几次假扮成烧香的、卖油的、赶集的，给地下党的同志进行通讯联络，为我党开展革命活动做了很多工作，称得上是一位立场坚定、机智勇敢的巾帼英雄。

后来，贾纡青、吴先瑞在石家庄确实难以开展革命工作了，就乔装改扮，由总工会通信员李永顺护送到柳辛庄火车站上火车，离开了石家庄。中国劳动组合书记部的人来往石家庄，都是先和李永顺接头，再与高登五联络。尽管这时环境残酷，革命斗争处于低潮，正太铁路的众多工人仍然坚定不移地跟党走。

1923年6月12日至20日，在广州召开了中国共产党第三次全国代表大会。中心任务是加速国共合作和建立统一战线，推动国民革命运动的发展。出席这次大会的代表有陈独秀、李大钊、蔡和森、毛泽东、瞿秋白等30余人。石家庄正太铁路总工会党员代表孙云鹏也出席了这次大会。会议的重要议题之一是总结"二七惨案"的经验教训。会上，陈潭秋做了京汉铁路"二七惨案"的报告，孙云鹏做了"二七"被捕工人救济工作的报告，还在会上散发了"二七"罢工小册子。

据高登五回忆，孙云鹏当时是以办鲜货为名，坐轮船去的广州，回到石家庄时，他还带了不少当地的橘子和苹果。

孙云鹏出席党的"三大"回来后，向党团员秘密传达了这次会议充分肯定京汉路罢工意义，并得到国际工人阶级高度赞扬的情况，进一步鼓舞了正太铁路员工的革命斗志。

铁流激荡

1923年2月12日，陇海、京奉、京绥、正太、京汉、津浦等6条铁路工会的代表在北京召开秘密会议，研究了如何继续坚持斗争的问题。"决定仍遵前议进行"，号召"愿我同胞，共互勉之"。正太铁路代表施恒清参加了这次会议。他回来后，就和大家一起按照会议精神，策划开展了一系列秘密的、合法的斗争。

共产党员孙云鹏等总机厂工人为了谋得一个合法的组织，以便把广大工人继续团结在党的周围进行斗争，经与同志们商议，决定成立一个消费合作社。在消费合作社成立之日，孙云鹏秘密联系了21人在义香居饭庄集会，结果由于米某告密，警方现场撕毁了成立启事，并宣布成立消费合作社为非法结社。接着，孙云鹏等又组织一些骨干组建了一个公开的鼓乐班子，下工后就在一起学习敲锣、打鼓、吹唢呐，谁家过红白事就去给吹吹打打，并乘机在一起秘密开会，研究策略，团结工人，继续斗争。

在全国工人运动处于低潮时，以总机厂工人为代表的正太铁路工人的革命斗争仍然较为活跃，其根本原因就是坚持了党的领导，党团员充分发挥了骨干和带头作用。1923年11月，中共三届一中全会通过的报告中指出："正太情形最好。因为彼方有九个C.P.同志①，二十余S.Y.同志②，人都很好，并且都勇敢努力，他们对于工会的组织潜在外进行，执行委员会不断地开会。"③

在1922年12月的那次罢工中，工人们赢得了14项条件，沙革允许工人一年歇52个礼拜天和18个官工（指节假日），都照发工钱。"二七惨案"后，沙革很快就变了脸，将上次罢工答应的条件全给推翻了，还勒令工人将罢工后"欠"下的工补回来。同时，处处对工会领导人进行刁难报复。一天，施恒清在休息时间和别人说了几句话，被法国工头看见，硬说他违反了厂规，下令罚工薪一元，并降级到后厂做工。此后的8年时间里，施恒清的工资再也没有增加过，尽管如此，他还每月从自己的工资中拿出一部分钱来支持工会活动。

1923年3月22日，中国劳动组合书记部在北京高等师范学校风雨操场召开了

---

① 英文Communist Party的缩写，即共产党。

② 英文Socialist Youth的缩写，即社会主义青年团。

③ 中共石家庄市委党史研究室. 中国共产党石家庄历史：第1卷，（1921—1949）. 北京：中共党史出版社，2016：47.

◎ 有关正太路工会首领被捕的新闻报道

施洋、林祥谦追悼大会。4月9日，因为中国劳动组合书记部给孙云鹏的函件被路局的法国人拾到，上面有告知北京举行追悼施洋、林祥谦会议的情况，路局遂以此为由逮捕了孙云鹏①。中国劳动组合书记部闻讯，即于4月9日通过《时事新闻》以《正太路工会首领被捕》为题，为孙云鹏呼吁，向法国资本家施加压力。这篇报道的原文是：

<blockquote>

正太工会首领被捕

△性命危在旦夕

△工人筹划对付办法

交通界消息，正太铁路当京汉风潮发生之时，曾表示同情一致罢工，此事大为该路局当事所不满。对于工人异常苛待，提防手段，应有尽有。每星期日例应休工，法国工程司以工人前曾罢工，计算休工之日期，勒令补足，日前北京劳动组合书记部致书该路工会会长孙云鹏，仅报告北京追悼施洋各情形，并无其他言辞。此函为法人所拾得，将孙拘捕，拟将处决，以威胁余众，现孙之性命危在旦夕，全路工人处于高压之下，不能公然集会，现正秘密计议对付办法。闻先要求该路局当庭释孙，否则实行罢工。虽有巨大牺牲，亦所不辞云。

</blockquote>

---

① 严鹏. 红色中车：国家名片的红色基因. 北京：中国人民大学出版社，2021：162.

沙革怕引起更大风波，不日即将孙云鹏释放了。

4月6日这天，正是清明节，按照上次罢工答应的条件，清明节也应放假，上坟祭祖。可到了这一天，沙革硬是逼着工人们来上工。孙云鹏暗地里和各厂工会积极分子一合计，决定找沙革要官假去！大家纷纷赞成。

就这样，这天早晨一上工，总机厂的500多名工人就都去包围路局大楼了。沙革一看工人又来包围大楼了，赶紧打电话叫姜鹿鸣来解围。其实，米振芳提前已向姜鹿鸣做工作了："头次罢工是你从中调停，答应我们一年歇52个礼拜，18个官工，沙革、大哥你和我都在上面签了字的呀！如今沙革都给推翻了，清明节也不让上坟祭祖了。工友们都说，姜局长说话也不算数了！咱们怎么向工友们交代呀？"米振芳把姜鹿鸣也说得无言以对。

于是，沙革一打电话，姜鹿鸣就赶到了厂里。工人们愤慨地说："姜局长签了字的，让我们歇官工，现在又不算数了！"并拿着他签过字的文件让他看。

姜鹿鸣说："自古以来，都是在清明节上坟扫墓，今天不让上坟了，大伙儿不高兴，对不对呀？"

"对！""对！"

姜鹿鸣接着说："好，我给你们说说去！"他拿着三方签字的罢工条件去找沙革，沙革也没的说，只好同意放假，让工人们上坟去了。

姜鹿鸣因为多次为工人说话，彻底惹怒了法国资本家，不久之后，就被上司革职了。

5月1日是国际劳动节，理应休假，但是正太路局还是强令工人上工。孙云鹏找路局交涉，毫无成效，他便通知各厂工会总组长，下午一律休息。结果工人们用"小罢工"纪念了"五一国际劳动节"。①

"二七惨案"后，反动当局严格禁止工人集会游行。然而，石家庄的正太铁路总机厂工人勇敢地冲破了这个禁区。5月7日是国耻纪念日，为了纪念国耻，6日上午，他们在正太饭店广场召开了石家庄正太铁路工人群众大会。大会执行主席宣布开会后，由某君登台演讲，他说："我们今日的大会，固属对日本示威，

---

① 中车齐车集团有限公司. 红色齐车（内部发行）. 2020：124.

同时也对英、美、法、意等国示威。因为各国帝国资本主义者，也是一样地侵略我们，而且我们中国所以这样糟，都是一般军阀、官僚、政客……串通洋资本家们把国倒卖了。所以我们要救国，非先打倒军阀不可。我们大家团结起来干啊！"

（见1923年5月22日《工人周刊》第64期《石家庄工人对日示威大运动》）

散会后，工人们排着整齐的队伍，高呼着"打倒帝国主义""打倒军阀""劳动万岁"等口号，沿街散发传单，举行了声势浩大的示威游行。

1923年5月8日，北京《晨报》以《石家庄对日示威游行》为题进行了相关报道。

第二十二回　六工贼祸乱正太路
车房工人全体辞差

　　"二七惨案"后，全国的工人运动暂时处于低潮。正太铁路工人的革命斗争却未退潮，正太铁路总工会名亡实存，依然坚持秘密开展革命工作。总工会领导人采取多种形式，利用一切机会进行斗争，例如：反动当局不让结社，孙云鹏就组织了"吹鼓手"班子、消费合作社等掩护总工会的活动。孙云鹏、李德存还通过各种途径，掌握了以沙革为首的法国人制造"金丹"，贩卖毒品的证据，并多次以化名电报向北洋政府交通总长提出控告，搞得交通部不得不派人来核查，又确有其事。交通部多次向法国当局提出抗议，沙革不得不于1923年5月提出辞职，离开正太铁路，回到法国。

　　沙革被赶跑了，副总工程司拉伯黎接替他的职务后，正太铁路的情形也是令他感到十分头疼。自从"二七惨案"后，虽然取缔了正太铁路总工会，可工人运动仍然压不下去，动不动就包围办公大楼，几百人集体请愿，甚至还往交通部打电报或去人告状，搞得他很是被动。而且他有什么事，想从工人中找个头头儿谈谈也找不到。拉伯黎知道总机厂是正太铁路的要塞，于是便下了一道命令，要求总机厂每个分厂推举一名工人代表，工人有什么事，路局有什么事，都通过代表作为桥梁，进行协商。各厂选举结果，机器厂推举孙云鹏，铁炉房推举赵永庆，锯木厂推举赵恩章，翻砂厂推举田清连，修车厂推举萧连发，锅炉厂推举刘廷元。

　　选举出代表后，拉伯黎就千方百计地拉拢代表，答应每人每月给增加工资12元，并想通过代表控制工人。结果，6个代表被拉过去了4个，只有孙云鹏、赵永庆两个共产党员没被拉过去。孙云鹏公开说："咱们不是一条道上跑的车。"因为孙云鹏在工人中威信高，很多工人都听孙云鹏的。

　　法国资本家还想方设法地拉拢施恒清，先将他的工资一下涨到120块大洋，但

◎ 施恒清一家合影

施恒清还是只领取原工资27块，多一分也不要；随后，又趁施恒清不在家时，给他家送去5袋上等白面，施恒清让家人还了回去。一天，施恒清上街时，正太铁路弹压刘绍棠满脸堆笑把施恒清拉到一边，小声说道："大总办非常器重你，只要好好干，花的钱有的是，还准备提拔你。"说着，便悄悄地把一张800块大洋的银行支票往施恒清手里塞。施恒清用力甩开刘绍棠的手，轻蔑地说："请你转告总办，不必枉费心机了，我姓施的不为升官发财，不会变成工贼的！"刘绍棠被呛得哑口无言，只好灰溜溜地走开了。

拉伯黎操纵萧连发、刘廷元、赵恩章、田清连想方设法打击排斥孙、赵二人。赵永庆为人比较直爽，性情莽撞。拉伯黎鼓动一些人说赵永庆有勇无谋，不能为工人办事，换成了裴洛臣(又名裴晋豫)，裴洛臣在县衙里当过小官，一肚子坏水。孙云鹏后来被捕入狱后，机器厂的工人代表又换成了谢恩霖。这样，6个工人代表都成了法国资本家豢养的工贼。如此一来，正太铁路工人的革命斗争比起以往更加复杂、更加曲折、更加艰难了。

1923年5、6月间，中国劳动组合书记部派刚从法国归来的共产党员袁子贞来石家庄秘密领导工人运动。袁子贞，河北霸县人，又名袁利、钟声、袁尧、袁字真、严自贞，生于1887年，1916年到法国，是赴法华工的著名领袖，1922年加入旅欧中国少年共产党，不久转为中共党员。他来到总机厂后，担任正太总工会指导员。因为袁子贞不是工人，不在铁路上开支，他自己租房住，住的地方经常变换，衣服一天一换，帽檐压得很低。

8月，中国劳动组合书记部又派来共产党员张智刚到石家庄，与袁子贞一起工作。张智刚住在铁道线东面的一个胡同里，门牌二号。他有20多岁，留着连鬓胡子，是河北永乐人，京汉大罢工时在郑州工作，有时来，有时走。10月15日，在张智刚的住所里，由张智刚、施恒清介绍，经中共北京区执行委员会批准，梁永福加入了中国共产党，成为阳泉地区第一名中国共产党党员。

袁子贞、张智刚二人一到总机厂，就领导工人与六工贼针锋相对，并为"二七"失业工人复工展开斗争。

京汉大罢工失败后，正太铁路管理局在阳泉、太原等地开除了正太铁路工人40余人。春节后，梁永福、冯德跃、王怀延、张其运、朱景文、马登云、解占奎、冯德全、荆双喜、张秀清、李志亭、郭信、李文忠、李月正、李英堂等30多人便陆续来到石家庄。

这时，吴家庄的正太铁路工人义地，仍归正太总工会管理，那里有27亩地和几间房子。总工会安置他们住在这里，还给他们买了一头牛和一些农具。这些失业工人一边种地维持生活，一边进行要求复工的斗争，这里仍然是总工会秘密开会的地方。在正太铁路第一次罢工时，每个工人曾补发工资3元。为了便于工会活动，大家都交给了工会作为基金。但在"二七惨案"后，这些钱都落到了萧连发等工贼手里。失业工人见"工人代表"变成工贼，出卖工人，便经常找这些工贼要钱，有时成群结伙到他们家里去闹，有时在半路上截住他们要钱，不交出钱不让他们上工，闹得他们实在没法子了，只好拿出点儿钱来，大伙儿买点儿米面，吃完了再去找他们。上工的工友们也都自动捐出一些钱给失业的工友，有饭共吃，患难与共。①

在正太铁路工人大罢工时，正太铁路管理局答应"不因罢工开除工人，准一

---

① 太原铁路总工会办公室. 山西铁路工人运动（1904—1949）（内部发行）. 1982: 39.

律上工",并由三方签字画押。施恒清、梁永福以此为依据,找石家庄警察局局长姜鹿鸣,交涉"二七"失业工人复工问题。孙云鹏也以火车房失业工人孙大的名义,到北京交通部请愿,并找到了交通部次长郑洪年,郑被迫同意复工。可孙云鹏一回到正太路,法国总工程司还是百般刁难,只允许一个人一个人地逐步复工,不同意一起复工。①

工人们看穿了法国资本家企图分化失业工人,打击工会骨干这一阴谋,坚决要求一起复工。为此,袁子贞、孙云鹏曾带领在职工人和失业工人一起,三次包围正太铁路管理当局的办公大楼,进行请愿,法国资本家就是执意不答应。更为可恨的是,六工贼私自将三方达成协议的签字原件,拱手交给了总工程司,工人手中没了凭据,因此,这一斗争持续了一年多,还是未能取得胜利。

1923年8月,石家庄正太铁路火车房400多名工人,在正太总工会的支持帮助下,又进行了一场全体火车房工人集体辞差斗争。

这个月,火车房换上了法国新总管。新总管上任后,下令对火车司机、司炉一律进行体检。火车房对体检中的视力不足或有花柳病的工人,一律开除,共开除20余人;同时,工人福利煤也涨了价,一时激起了工人的严正抗议。

8月17日,火车房全体工人致函正太铁路监督局局长丁平澜,"声明全体告退"。同时发表辞退宣言,提出:自17日起,仅再维持十日,务望局长于27日前,另觅工人,以便届时接替。

声明说:

> 各界同胞们哪,我们敝厂今日全体辞差,实在有我们说不出来的叹息和苦衷。这个叹息和苦衷是什么呢?就是我们司机、看火的部分,因为我们在本路上做工有二十余年,并数十年成绩,工金得的比别的路上少得多,可是勤苦危险起来,比别的为重。只要当权人命令一发,我们也顾不上炎天赤日,数九严冬,火烤烟熏,都得苦受,心里所盼望的,年多日久,看你辛苦,多为你加个工钱,年老时格外受个体恤,没想到本路换了一个总管,本

---

① 太原铁路总工会办公室. 山西铁路工人运动(1904—1949)(内部发行). 1982: 38.

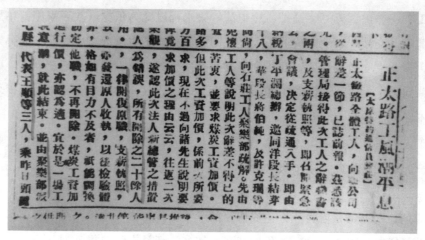

◎ 报纸上关于辞差斗争的新闻报道

是法国人。他拿我们司机、看火人，不如牛马，遇事不但不知体恤，自他到了任，对我们诸事挑剔，百般苛求虐待，凭他的好恶，任他的欺凌。你要一言触犯了他，他就找你的毛病，不是说你的目力不佳，就是你耳力不聪，重者不是革通，就是减工扣薪，调你去做下差。所以我们知道他是外国人，惹不起他。没有法子，只好趁着我们耳目不聋不瞎，身子不衰不弱，我们全体辞职，另谋别的生活。若我们不早想法子起来离开他，再延几载，耳目也坏了，要想别方谋生，那就晚啦。

火车房司炉王福庭解放后回忆：当时，我刚跑车回来，有一个叫董四的工人对我说："快把你开支的铜牌给我，法国人不答应条件，咱们都不干了。"我一听这个，就把牌子交给他了，过了几天，董四把牌子还给了我，并说："咱们胜利了，给你牌子。"随后，厂方给工人增加了不少福利，还给发了皮大衣。

钳工陈恩福解放后的回忆较为详细："这次斗争主要是开车的司炉们搞的，那时的工人，什么劳动保护也没有，干活儿又苦又累，特别是开车的烧火的，他们整天在车上烟熏火燎，跑车时被风吹雨打，眼睛大多有毛病。厂方给司炉和司机们体检，只要眼睛有问题，就不让开车了，而且紧接着钳工等工人也要体检，这样一来，就引起了大家的强烈不满。总工会的张跃风、许三等人把工人们开支用的铜牌收集到一起，用铁丝穿了好几大串，下班后，有几个人在前边提着牌，工人们跟在后面，进了正太铁路监督局大楼，把铜牌扔给了法国资本家。"

丁平澜接到火车房工人的函件后，明白是由于福利煤加价和体检开除工人所引起的，他也害怕火车头没人开，全线停了车，因此，便一面报告北洋政府交通部，一面设法疏通。正太铁路管理当局立即召开紧急会议，决定由监督局局长丁平澜和法方火车房段长以及段长蒋伯纯、许克珊与火车房工人代表谈判。经过多次交涉，丁平澜不得不承认以检查身体为名开除工人的做法是错误的，答应原已开除的20余人一律复工，并同意在福利煤涨价的情况下，给予适当补贴。

辞差斗争取得胜利，一场风波就此结束。正太总工会派代表3人到正太铁路沿线，向广大工人报告了斗争结果，并发表了第二次宣言，宣言中指出，只有团结起来进行斗争，才能争取到工人的应有权益。

第二十三回　孙云鹏被捕终获救
正太总工会复重组

1924年2月7日至10日，全国铁路工人第一次代表大会在北京召开，大会选举产生了全国铁路总工会第一届执行委员会，宣告中华全国铁路总工会正式成立，并发表了成立宣言，号召全国铁路工人积极参加国民运动，反抗军阀官僚之横暴和帝国主义之侵略。在这次大会上，正太铁路石家庄总机厂孙云鹏当选为全国铁路总工会委员长。①

5月13日，武汉发生拘捕京汉铁路总工会委员长杨德甫等6人事件，牵连所及，全国铁路总工会北京秘密会所也被查封，总干事张特立，以及干事彭礼和、李斌等也被捕，一时各路工运领袖被开除者和通缉者共40余人，国内的工人运动顿时陷入低谷，正太铁路总工会的活动也被迫由公开转入秘密状态。

5月21日，在孙云鹏、施恒清、王凤书等领导下，正太铁路总工会秘密联合总机厂工人向正太铁路管理当局申请增加10天特别工薪作为红利，路局不予答应。总机厂全体工人进行了24小时怠工斗争，取得胜利。当天，孙云鹏将这一情况电告北京中华全国铁路总工会，要求登载《工人周刊》。这时，当月13日被捕的杨德甫突然招供，供出了中华全国铁路总工会的工作机关设在北京铁匠营二十一号，在机关工作的有张国焘、张昆弟等人。武汉当局将此情报立即电告北京京师警察厅，5月21日夜，当警察前往抓捕时，恰逢张国焘、张昆弟都有事外出，就逮捕了正在机关里的全国铁路总工会干事彭子钧、李凤林二人，并从房间内抄走许多文件、函件和各铁路工人党员的通讯名册，其中还有孙云鹏当天发来的电报。随后，敌人又到北京杏坛学社公寓逮捕了张国焘及其妻杨子烈。

---

① 北京铁路局工会. 北京铁路局工会志稿（内部发行）. 1993: 260.

张国焘被捕后，供出了包括李大钊在内的许多共产党员的名字，而且承认了从铁匠营查到的工人名册，就是各铁路工人中共产党员的通讯名册。张国焘还供出正太铁路孙云鹏的通讯地址是"石家庄北后街玉记号，孙有发；石家庄北后街三十一号，高凤祥"（见1924年6月2日京畿卫戍司令部公函，法字25号）。张国焘在正太铁路大罢工开始前曾到过石家庄，还在孙云鹏家住了一天（根据孙云鹏妻子高登五回忆），因此熟知孙家的地址和联系方式。

张国焘出卖孙云鹏后，北洋政府交通总长吴毓麟即密令石家庄警察局逮捕孙云鹏。7月9日，石家庄警察局的几名警察根据吴毓麟的密令，以及张国焘供出的通讯地址，摸到北后街三十一号院内，逮捕了孙云鹏，随即解往天津金家胡同北洋行营营务处拘押。

通过查看1924年10月20日北洋行营发审处公函（13年营字214号），发现正是由于张国焘的出卖，而致使孙云鹏被捕。

在狱中，敌人对孙云鹏多次施以酷刑折磨，逼问他是否共产党，孙云鹏正气凛然地说："共产党是要很有资格、很勇敢的工人才能加入的，我倒很愿意加入共产党，不知道共产党肯收留我否？也不知道共产党在什么地方！"敌人还逼他供出各铁路工人代表名单，孙云鹏不供，敌人也无可奈何。北洋行营发审处不得不于1924年10月21日向北京京师警察厅发函说，经对孙云鹏"再三研讯，无确切供证，难以成为信谳"。

孙云鹏被捕后，全家生活无依无靠，难以为继。无奈之下，孙夫人高登五带领子女赴天津暂住。她曾多次想方设法营救孙云鹏，一天拦住省长王承斌的汽车，上前告状请求释放孙云鹏，王亦无可奈何。[1]

孙云鹏身陷囹圄，石家庄正太铁路的工人运动暂时处于低潮，工人们都在暗暗地积攒革命力量，寻找着继续斗争的机会。

1924年5月10日至15日，中国共产党召开了第一次中央扩大执行委员会会议。会上，中共北方区委作了《京区报告》，这一报告在"党务"一节中指出：石家庄有党员七人（工人），唐山、石家庄皆早已成立地委。惟石家庄现因缺人

---

① 罗章龙. 椿园载记. 北京：生活·读书·新知三联书店出版，1984：231.

主持，有等于无。

为了加强党对石家庄正太铁路工人运动的领导，1924年8、9月间，中华全国铁路总工会党团和中共北方区委又一次派袁子贞到正太铁路总机厂开展工作。但此时由于孙云鹏被捕，总机厂内人心浮动，工人们又不知孙云鹏被捕缘由，不敢与袁子贞接洽。后袁子贞到天津找到孙夫人高登五说明了来意，由孙云鹏女儿、青年团员孙淑华带领袁子贞一起来石家庄，才与王凤书、施恒清、孙云鹭等接上了头。

就在11月底的时候，一些工友家里突然来了一个长须老者，挨门挨户看望大家，乍一看不知从哪里来的，一说话才听出来是孙云鹏。原来是孙云鹏在监狱关押期间，五个来月的黑暗牢狱生活使他身心受到了严重摧残，才刚刚四十出头的年纪就被折磨得看上去老了二十多岁，这次回来，为了掩人耳目，胡子也一直没有剃掉。

至于说孙云鹏是如何出狱的？那还要从冯玉祥发动"北京政变"说起，邓中夏在其所著的《中国职工运动简史（1919-1926）》一书中，记述了"北京政变"的缘由：

1922年奉直战后，直系军阀即欲拥曹锟为代总统，其所以未即实现者，只因直系军阀内部分为缓急两派：缓进派以洛阳吴佩孚为首，主张暂时利用黎元洪为傀儡，直系取得实际的政权，然后再利用国会，制定宪法，选举其义父曹锟做表面的总统；急进派以天津曹锐为首，当时虽然反对吴佩孚主张，但吴佩孚势盛，只得屈从。1923年7月，急进派一方面经过外交系顾维钧得到美国全力的帮助，一方面得到直系冯玉祥兵力的帮助，遂不顾吴佩孚意志，实行驱黎拥曹。后来贿买国会，逼选曹锟为总统，于是全国大哗，各界宣言否认北京政府。孙中山被陈炯明驱逐离粤，蛰居上海时，曾与皖系军阀段祺瑞、奉系军阀张作霖缔结反直的三角联盟。1924年下半年反直战争便开始，首先发生江浙战争，接着便发生山海关战争。当时英、美助直，日、法则助奉与皖。战争在难解难分之际，日本运动冯玉祥倒戈，从前线回到北京，举行政变，于是曹锟被囚，吴佩孚败走湖北，是谓"北京政变"。由于军阀相互间的冲突日益剧烈，因此无暇注意工人的行动，在客观条件上，给予职工运动的复兴以极大的便利。也就因此，共产党便在全国范围内开始恢复工会运动①。

1924年8月，在北京卫戌司令部看守所内关押了3个月，其间，又睡了2个月的"边床"（睡觉时夹起来不能动），京汉路正定工会的李斌被取保释放，中国劳动组合书记部负责人张昆弟将他介绍到北京东交民巷的苏联大使馆工作，当时的苏联大使加拉罕让李斌专管号房做传达工作。

1924年11月5日，经在国民政府中担任委员的中共天津地委书记李锡九出面保释，孙云鹏在天津获释②。11月8日，关押在保定监狱中的史文彬、康景星、刘炳坡、白月跃、何立泉、张宝和、张士汉、卜润丹、陈励懋、洪永福、吴春溪、曹顺、刘兴达等人获释。同期，在郑州关押的刘文松、李振瀛等人也相继出狱。

李斌、孙云鹏等出狱后不久就到天津看望了病中的孙中山先生，他们以合法的方式请求孙中山支持京汉路工人恢复工作，孙中山给交通部总长高恩洪发去了电报，又给工人代表写了介绍信让他们去找交通部次长郑鸿年（郑鸿年专管失业工人复工事项），经过交涉，每个工人发给补助费十几元，这笔钱当时有的失业工人得到了，有些工人没有得到。

这个月，邓中夏在《中国工人》第二期上发表重要文章《我们的力量》，文中明确强调，只有无产阶级才"配做国民革命的领袖"。文中还指出："中国共产党成立后不到一年，京汉路组织13000余人，有一总工会，正太路有2000余人，有一总工会。"

孙云鹏自天津回到石家庄以后，见到工友们后不说别的，只是说："伙计，咱们还得干呀！……"不久，他即与袁子贞一起筹备公开恢复正太总工会。经过连续召开多次总机厂各厂工会总组长会议，筹备工作很快就绪。

约于1925年1月，正太铁路总工会正式恢复，会址设在北后街普安胡同北口路西院内（洋城八号门内），孙云鹏任总工会委员长，袁子贞以秘书身份领导工人运动。

这时，中共北京区执委和中华全国铁路总工会又增派戴培元来到了总机厂，

---

① 邓中夏. 中国职工运动简史（1919—1926）. 北京：人民出版社，1953：125—126.

② 见1924年11月24日北京《晨报》之《京汉工人二七罢工被捕工人均已出狱，孙云鹏已在津释放》。

担任正太铁路总工会秘书。戴培元是河北省任丘县人，1922年毕业于保定育德中学，是年秋考入河北大学农科，曾在河北大学组织书报贩卖社、平民夜校、新文化剧社等，因受到学校当局嫉视，于1924年春断然退学，在保定参加国民党左派，指导民众运动。

戴培元在石家庄期间，他和孙云鹏、袁子贞等人将总工会的基层组织重新进行了整顿。总工会为执行委员会，下设秘书、交际、教育、会计、庶务、交通、调查、纠察8个股。每股设正副主任、候补正副主任各1名，以及办事员若干。基层工会组织14人为一组，设组长1人，每15组为一队，设队长1人。各组、队一律听从执行委员会指挥。这是自1923年2月10日总工会被查封两年来，公开建立组织、开展活动。每天，工会大院里工人们熙熙攘攘，大家看书、读报、论时势、谈政治，这里又成了"工人之家"。

当时，由于山西省境内仍在晋系军阀阎锡山控制下，阳泉、太原两个分工会尚未恢复。阎锡山派人到太原正太铁路工人中收买拉拢少数工贼，妄图另立工会。袁子贞及时赶到太原，与社会主义青年团太原地委取得联系，粉碎了阎锡山的阴谋。

1925年2月7日至10日，中华全国铁路总工会在郑州召开了第二次全国代表大会。正太、京绥路都派一名代表参加。这次大会通过16项决议，10项方针纲要。即：

（一）恢复各路工会；

（二）整顿已成立工会；

（三）力谋工会之大统一；

（四）确立工会经济基础；

（五）解决失业及救济问题；

（六）实行要求之所得条件；

（七）力谋工人切身利益；

（八）继续争自由；

（九）加入国民运动；

（十）训练并教育工友。

（见1925年2月17日北京《晨报》之《全国铁路工人大联合详记》）

在会上，各路工会代表做了发言。《正太路代表报告》中说："……正太路线，系直隶的石家庄直达山西的太原府，计长480余里，全路工人有3400人。自1922年，全路工人因感觉着本身的生计困难，与乎法国资本家帝国主义的压迫，乃急起组织工会。全路共分三分会：石家庄为第一分会，阳泉为第二分会，太原为第三分会；复由全路代表会议议决，乃设总工会于石家庄。"在报告了1922年12月15日和1923年2月7日罢工取得胜利和遭到的挫折后，对将来的计划和组织方法提出了以下7条：

（一）此次政变，山西阎锡山因运输军队，感着许多困难，他想从太原方面入手组织工会。业已派人要收买少数工人，从太原起，先行组织工会。

（二）本会基金，现在各代表手中，并未集中，在最近的将来，应如何（设）法使基金交出才好。

（三）洋人恐工会的势力扩大，难以应付，先用收买工人手段，收买工人，复用开除工会的热心分子压迫工人，我们对此急需宣传和应付。

（四）因"二七"罢工被开革者，已四十余名，并未恢复工作。虽曾集合许多失业工人选开会议，上呈请求当局恢复失业者工作，延无效果，应如何设法？

（五）石家庄厂中煤渣，由工会赁与别人，每年可得收入九百元，因款作为本会基本金，将（来）可以列为消费合作社、图书馆、学校及新剧团等公共事业。

（六）本应极力注意并着实进行工会的基础工作。

（七）本会应要组织，其组织大意如下……（略）

这次大会针对正太铁路工运情况，作出了4条决议：

（一）应注意及早成立太原、阳泉两分会，并防止工贼暗中活动；

（二）向工友宣传阎锡山想利用工人组织工会之阴谋，务使工会系由工人自己组织；

（三）反对洋人虐待工人；

（四）代表保管基金应速清理交出，救济失业及工会工作。

（原载《中国工运史料》1958年第4期）

◎ "二七"纪念词

孙云鹏作为正太路总工会代表，参加了这次大会并向大会报告了正太铁路总工会工作。在这次大会上，共选出中华全国铁路总工会第二届执行委员18人，孙云鹏当选为中华全国铁路总工会的执行委员。

1925年2月，为纪念京汉铁路工人大罢工两周年，中华全国铁路总工会编辑了《"二七"两周年纪念册》。在这个纪念册里，孙云鹏撰写了《"二七"纪念与正太工会》的文章。正太铁路总工会发表了《"二七"纪念词》，指出："我们无产阶级的人们，应当反对全世界的帝国主义、资本家和军阀，结合全世界的无产阶级和被压迫民族，图谋世界大革命，和全人类之解放；我们为了这个大目的而死，亦复何憾；愿我们在生的同阶级的人们，努力奋斗，以完成死了的同胞未竟的事业。"

第二十四回　全路投身五卅洪流　掀起沪案后援高潮

　　五卅运动的导火线是1925年5月间，上海、青岛的日本纱厂先后发生工人因反抗资本家残暴剥削进行罢工，遭到日本资本家和北洋军阀疯狂镇压，5月15日上海日商内外棉第七厂发生枪杀工人、共产党员顾正红的惨剧；受上海日本纱厂大罢工的直接影响，5月25日青岛的大康、日清、内外棉厂等都一起发动罢工，以至于激起1925年到1927年的中国大革命[①]。

　　5月28日晚，中共中央和上海党组织召开紧急会议，决定5月30日在租界内举行大规模的反帝示威活动。中共中央同时决定成立上海总工会，由李立三、刘华等主持。5月30日，上海各大、中学校学生2000余人分散到公共租界繁华的马路，进行宣传、讲演和示威游行，又有100多人先后被捕，关押在南京路老闸捕房。被激怒的群众冲向捕房前，要求释放被捕者，不料英国巡捕突然开枪，打死13人，伤数十人，这就是举国震惊的"五卅惨案"。当天深夜，中共中央再次举行紧急会议，决定由瞿秋白、蔡和森等组成行动委员会，具体领导斗争，组织上海民众罢工、罢市、罢课，抗议帝国主义屠杀中国人民。6月1日，上海人民开始了声势浩大的反对帝国主义的总罢工、总罢课、总罢市，同日，上海总工会成立。在中国共产党的领导下，五卅运动席卷全国。五卅运动是中华民族直接反抗帝国主义的伟大运动，它冲破了长期笼罩全国的沉闷的政治空气，大大促进了群众的觉醒，给了帝国主义和军阀势力一次前所未有的打击[②]。也是在五卅运动掀起的

---

①　邓中夏. 中国职工运动简史（1919—1926）. 北京：人民出版社，1953：143—144.

②　中共中央党史研究室. 中国共产党历史：第1卷，1921—1949：上册. 北京：中共党史出版社，2011：129—134.

◎ 1925年6月15日的北京《晨报》关于沪案后援会的新闻报道

大革命的高潮中，正太铁路工人的斗争又一次掀起高潮。

　　这时的正太铁路，正处在奉系军阀的高压统治之下，正太铁路总工会不能公开活动。共产党员袁子贞、张廷瑞组织发起成立正太铁路工人"对英雪耻会""沪案后援会"两个组织，带领工人投入五卅运动洪流之中。总工会积极与石家庄商会、学生会联络，于6月16日，在石家庄大石桥广场召开了石家庄各界沪案后援会成立大会，到会者有3000多人。大会由石家庄商会会长段祺勋主持，并向参会人员报告了开会宗旨。上海学生代表在会上介绍了"五卅惨案"情景，讲得是泪随声下，触痛人心，大家听后很受感动。随后，各界代表相继演讲，一致同意立即成立石家庄各界沪案后援会，办公地点设在正太饭店，并决定除了积极募捐援助上海工人外，即日起草发表宣言，电促国民政府向英、日两国严正交涉。

　　这一天，正定七中学生、共产党员高克谦，率领正定学生、工人、商人队伍，赶来参加石家庄各界沪案后援会成立大会。他们高举着"援助沪案"的旗帜，浩浩荡荡来到会场。与此同时，奉系军阀李景林也派军警将会场团团包围，阻止大会召开。

　　尽管如此，高克谦是临大敌而不惊，遇险阻而无畏，他昂首阔步地登上了讲台，痛斥李景林不顾民族利益谄媚帝国主义的可耻罪行，并揭露了"五卅惨案"的真相。他说:"工人们!同胞们!必须团结起来向帝国主义、封建主义开展斗争,否则我们是直不起腰来的,将永远受帝国主义欺侮,永远给资本家当牛马。上海工人顾正红所以惨遭屠杀,就是为了我们工人、农民的自由解放!为了中华民族的独立富强!大家要联合起来,支援上海、青岛工人兄弟的斗争,坚决做他们的后盾,不达目的誓不罢休!……"

高克谦的发言,针针见血,句句是力量。群众的怒火被点燃起来了。"打倒帝国主义!""打倒反动军阀!"的口号声接连不断,就连在场的军警也被深深打动。奉系反动军阀见群情激愤,不敢轻举妄动,只得把军警悄悄撤走。会后,党组织决定将高克谦留在石家庄正太铁路总工会工作。

石家庄各界沪案后援会成立大会之后,6月20日,正太铁路及其附属工厂的全体工人举行集会,抗议日、英帝国主义的暴行,并于6月24日通过北京《益世报》向全国发出通电,予以声援。通电说:"中华民族不甘愿死在这惨无人道的帝国主义宰割之下而起来反抗,这般帝国主义谓我们系排外赤化。我们此次反对英、日帝国主义之屠杀工人、学生,是为谋中华民族之独立解放,争取我们的人权与自由,这是赤化吗?全国各界同胞们,我们为救中国不致变成列强的殖民地崛起奋斗,为救我们自己不致做了帝国主义强盗的奴隶、牛马,而起来谋解放,这是被压迫民族应有之举动,这是我们应尽之使命。我们决不听这般文明强盗之狂吠,我们只有联合全国各界同胞和全世界被帝国主义压迫下的民族及各国的无产阶级,一致起来援助上海各地罢工工友,反对英、日帝国主义在中国之野蛮的行为。这是全中国国民目前应做的工作,我们正太路全体工友是愿做这支尖兵与各界同胞一致合作的。"随后,正太铁路石家庄总机厂全体工人还每人自愿捐出一日工资计480元,以实际行动援助上海遇难工人家属和学生。

但是,萧连发、谢恩霖等六工贼,却竭力破坏声援五卅运动。他们到处造谣诽谤工人"要烧洋货店",是"义和团复活"等,并主动要求奉系军阀派军警进行镇压,正太铁路广大工人对此非常气愤。

6月26日早晨上工时,工会积极分子史青山、王四在总机厂门口向工人们宣传六工贼破坏五卅运动的罪行,散发六工贼5大罪状的传单。法国资本家闻知,派铁路护勇将史青山、王四拘捕起来,押往石家庄警察厅。事件发生后,更加激起

◎　当年报纸上关于罢免萧连发等人工人代表资格的新闻报道

了广大工人的无比愤慨。总工会立即组织600余名工人，包围了正太铁路管理当局办公大楼，一致要求立即释放史青山、王四；取消谢恩霖等六工贼的工人代表资格，开除并永不叙用。石门警察厅厅长吕朝正急忙赶来调停，他见工人群情激愤，为缓和局势，当即将史青山、王四释放，将谢恩霖等六工贼带走看押，并答应罢免六工贼工人代表资格。但对于开除要求，吕朝正说："恐难以做到。"然而大家意志坚决，表示不开除六工贼工职决不罢休。高克谦等决定立即召开全体工人大会，讨论解决办法，选举各厂新代表，恢复正太铁路总工会。

1925年6月29日下午6点，在总机厂八号门外路南角的普安胡同北口路西院内，召开了石家庄全体正太铁路工人选举大会，参加会议的有700多人。大会由高克谦主持，他宣布开会后，进行总投票。当场选出工人代表18名，其中候补1名。他们是：

　　铁工厂：刘友林　刘振和　李锡德　王照仪

　　修车厂：史青山　张德胜

◎ 1925年7月的北京《晨报》对正太铁路工人选举大会的情况进行了报道

锯木厂：崔庆瑞 李德存

机器厂：赵玉祥 王凤书

对车厂：孙长明 孙云鹭

翻砂厂：赵玉珍

铁炉房：赵永庆 赵恩庆

工程处：杜永贵 李庆元

锯木厂候补代表：魏景清

接着，选举产生正太铁路总工会执行委员会，一致选举施恒清为正太铁路总工会执行委员长，王凤书为副委员长。袁子贞、张廷瑞、高克谦为总工会秘书。正太铁路总工会第二次公开恢复，全体工人热烈欢呼"工会万岁！"的口号。

这次大会通过以下3条决议：

（一）通知路局即日开除谢恩霖等六工贼出厂，永不叙用；

（二）令谢恩霖等六工贼向代表会交代经济账目，交还工会基金；

（三）恢复正太铁路总工会，呈请警察厅立案，要回工会旗帜。

铁流激荡

1925年7月1日，正太铁路总工会为了推动五卅运动深入开展，召开了全体工人大会。会上，请上海学生总会派来的3名代表张毅德、梁栋、肖伯严做了演讲。驻石奉军旅长窦连芳和石门警察厅厅长吕朝正得知后，派军警10余名，强令总工会代表到警察厅"谈话"。窦连芳对工人代表们说："尔等尽日作工，没有成立工会之必要，仅可在厂内组织一俱乐部。"并说什么："倘有轨外行动，即按军法从事。"

由于地方反动当局的阻挠，正太铁路总工会虽然恢复，仍无合法地位。但是，在中国共产党的领导下，总工会的活动一天也没有停止过，利用各种机会，与法国资本家和其豢养的六工贼以及反动当局进行着不屈不挠的斗争①。

---

① 中共石家庄市委党史研究室. 中国共产党石家庄历史：第1卷，（1921－1949）. 北京：中共党史出版社，2016：81.

第二十五回　里外工会相互抗衡
总工会夺回买米权

　　1925年3月12日，孙中山在北京逝世。噩耗传来，举国无不悲痛。正太铁路总工会、正定七中学生和驻正定国民三军中的中共党组织，在正定第七中学联合召开了孙中山追悼大会。天津早期党团组织的重要负责人、首任天津地委书记于方舟在会上发言，正太铁路总工会代表袁子贞、赵玉祥、冯德跃等也讲了话，大家决心继续将国民革命运动进行到底。

　　但是，在孙中山追悼会开过没几天，疯狂镇压革命运动的奉系军阀取代了冯玉祥的国民军，占领了石家庄。法国资本家可算有了仗势，大小总管、工贼们尾巴翘得足有丈把高，整天歪戴礼帽，挥舞着文明棍，在厂子里逛逛游游，找碴儿寻事儿。正太铁路的法国资本家和六工贼，很快便与奉系军阀勾结在一起，向总工会发起反攻。3月27日，奉系军阀石门警察厅派军警闯入正太铁路总工会，逮捕了孙云鹏，掠走了工会旗帜。

　　袁子贞闻讯后，立即找总工会的其他委员商议办法，决定先派梁长起等一些纠察队员到警察厅附近观察动静，防止敌人将孙云鹏押走。后又联合总机厂五百多名工人齐集大桥街，包围了警察厅，索要工会旗帜，要求释放孙云鹏。经总工会代表崔庆瑞等与警察厅反复交涉，一直到夜里9点多钟，警察厅厅长吕朝正才不得不释放孙云鹏。他让孙云鹏写了"爱众和群" 4个字，然后宣布将孙云鹏驱逐出石家庄。从此，孙云鹏走上了职业革命者的道路①。

---

① 中国南车集团石家庄车辆厂志编审委员会. 历史铭记着：中国南车集团石家庄车辆厂大事记（1905－2001）. 2002: 8.

谢恩霖、萧连发等六工贼，利用正太铁路总工会被查封的时机，在法国资本家的唆使下，在北京南城菜市口北半截胡同九号，成立了一个所谓"中国各省区工会联合会"，并在总机厂八号门内的"五号酒楼"另立了一个所谓"工联会"，妄图打击孙云鹏，搞垮总工会。他们在厂里胁迫诱惑工人加入他们的"工会"，说什么这是经"政府"批准的"合法"工会，入会者是受"政府"保护的，并有每天提前半小时下班等多项福利，以此与正太总工会争夺工人群众。但是，他们用尽卑鄙伎俩，绝大多数工人并不买账，加入这个"工会"的也不过四五十人，而且多是一些工头。

于是，总机厂出现了两个彼此相抗衡的工会：在中国共产党的领导下，由袁子贞、张廷瑞等领导的正太铁路总工会，设在总机厂八号门外西横街，工人们称之为"外工会"；在法国资本家卵翼下，由谢恩霖等六工贼操办的所谓"工会"，设在厂里，工人们称之为"里工会"或"鸟笼工会"。

孙云鹏获释后，袁子贞连夜赶到北京，向中共北方区委赵世炎等汇报情况，筹商办法，并于30日夜又返回石家庄，隐身于进步工人李永顺家中。因戴培元险些被捕，已经暴露，故迅速调离了石家庄，党组织重新改派张廷瑞来石家庄和袁子贞一起任正太铁路总工会秘书。接着，孙云鹏赶赴北京参加了国民会议促成会。当谢恩霖等六工贼发现孙云鹏已去北京，又追到北京，向京师警察厅密告陷害孙云鹏。他们在1925年4月27日所写的《报单》上说：

> 正太铁路革除工人孙云鹏，自民国十一年被举为本路工会会长，即"投入共产党"，本路曾经两次罢工，具因该党诡谋……近乃（仍）不知悔悟，密乘曹吴失势，工人恢复工会之机，潜赴石家庄、勾通失业工人中之十余人，霸占会场，欺压群众，肆意蛊惑工人共产，经当地警察厅查实，驱逐出境，代表等除请法厅通缉，追究骗款外，所有本路工会会务，完全归在职工人负责，此后孙云鹏如在北京盗窃本路名义，招摇撞骗，谨乞拘拿归案，并恳通令全国各报馆，凡有以孙云鹏名义冒充本路代表一切文字，不得登载，其登载者，应负交出孙云鹏之责……

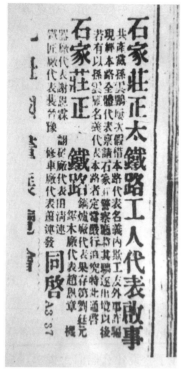

◎ 谢恩霖等六工贼又在北京《京报》发表的《启事》

4月29日，京师警察厅分别向各区、署、处发出通令，要求"一体注意严防共产党人孙云鹏假借正太铁路工会名义招摇撞骗"，并通令行政处"至应严予防范，以免滋扰，除分别办理外，相应函请贵处查照。对于报纸登载，务希注意检阅，俾得防范"。然而，六工贼的这些卑劣伎俩，均未能得逞。5月1日，孙云鹏又到广州参加了第二次全国劳动大会，并当选为中华全国总工会经济部长①。

5月8日，谢恩霖等六工贼又在北京《京报》发表《启事》声称："以后若有以孙云鹏名义代表本路者，定将严行追究。"正太路工人们对六工贼的卑劣行径异常愤慨，决心斗垮"鸟笼工会"。

1925年6月29日，原太原团地执委负责人李毓堂，受共青团中央派遣到石家庄，调查正太铁路总工会团组织状况，他于7月10日给团中央的报告中写道："石之C.Y.视工会而起落，简直等于没有一样。""到石家庄这天，正逢恢复正太（铁路）总工会，这时只有袁（子贞）、张（廷瑞）二人做工会工作，因人手太少，帮不了几天忙。"②对此，中共北京区执委采取了一些组织措施，将张廷瑞调往他处工作，于8月25日派遣太原团地执委书记、共产党员傅茂公③（彭真）与夫人侯秀梅（共

---

① 摘自1925年7月10日李毓堂"致中央局信"，原件存中央档案馆。

② 同上。

③ 傅茂公为彭真在石家庄期间所用的化名。

产党员）一起来到石家庄，以正太铁路总工会秘书的身份，与袁子贞、高克谦一起领导石家庄的工运和党的工作①。

傅茂公来到正太铁路后，深入铁路工人中间，宣传革命思想，维护工人权益，组织领导了争夺买米权的斗争，团结带领工人群众坚决反对法国资本家的剥削和压迫。

当时，法国资本家眼见自己成立的"里工会"不得人心，真是伤透了脑筋。于是想出了一条诡计：每月免费拨给一趟车，由"里工会"出面，到山西给工人买米。他们以为这件事办好了，工人们就会掉过脸来乖乖就范，就能把"外工会"搞垮。

当时山西的粮食比石家庄便宜，工人们愿意少花钱多买粮食。"里工会"就利用这个机会，施展其欺骗伎俩，每月发工资时，由他们先扣了钱，派人到山西去买粮食。法国资本家满以为利用这点儿小恩小惠拉拢工人，但是，多数工人不肯相信洋人这一套，一些工会积极分子怀疑地说："他们是黄鼠狼给鸡拜年——没安着好心，老虎拉磨——不听他那一套，不让他们扣钱。"但是，也有一部分工人在"买米"这一点上，被敌人的花言巧语迷惑住了，说什么他们去买米，工人省了钱，有什么不好，横竖不入他们的工会就是了。为了揭露洋人的阴谋，提高工人觉悟，"外工会"专门召开了一次工会积极分子会，傅茂公、袁子贞、高克谦等和积极分子们一起研究对策，傅茂公在会上分析说："这帮见财忘命的黑心狼，还能放过这把油水？要设法抓住他们的赃证，狠狠整他们一顿！"众人听罢，连声称赞。当下傅茂公派两个工友，尾随运粮车，前往山西打探详情。

几天以后，两个工友乐呵呵地从山西回来了，下了火车，三步并作两步地奔向工会，一见到傅茂公，就开始迫不及待地你一言我一语："好了，好了，这回狐狸的尾巴可叫咱抓住了！……"

原来，"里工会"的人在寿阳买的面粉每袋两元三角钱，面粉商人为了包揽这宗大买卖，每买百袋，另赠两袋。这些买粮的人除私吞赠送的以外，每袋还按

① 中共石家庄市委党史研究室．中国共产党石家庄历史：第1卷，（1921—1949）．北京：中共党史出版社，2016：50．

两元五角高价售给工人。

这两个工友还气愤地说，在榆次买米，去的人吃饭由粮店请客，装粮的麻袋已算在粮价之内，还要让咱们掏饭钱和麻袋钱。傅茂公一听，点头说："好哇！我们把买米权夺回来！"袁子贞说："我们一定要把买米权夺过来，不过现在反动势力很嚣张，斗争要讲策略，要先礼后兵。"

7月6日，正太总工会推举崔庆瑞、王凤书等几位代表找路局交涉，揭发工贼吃私贪污，要求将车皮拨给总工会。崔庆瑞等代表见了拉伯黎，义愤填膺地把工贼们的无耻勾当一股脑儿端了出来，义正词严地提出由总工会去买米的要求。拉伯黎见买米丑行被揭露，恼羞成怒，当即把脸一翻："从这个月起，谁去买米也不给车皮了！"拉伯黎的卑劣嘴脸引起了工人们的强烈愤慨，为了争回买米权，总工会决定组织领导总机厂工人举行一次罢工斗争。

次日凌晨，厂里、厂外、墙上、树上、电杆上，到处张贴着醒目的大字报，上面写道："洋人工会借给工人谋福利之名，贪污粮款，大发横财！"工会积极分子把法国资本家和"里工会"买米捣鬼的事向大家一说，一传十，十传百，迅速在全厂传开了。

当时，"里工会"派出到寿阳县买米的是李文兴，因为李文兴经常不剃头，留着长发，人送外号"长毛李"。总工会委员、"土诗人"李德存把这件事编成了数来宝，教给工友们到处传唱：

长毛李，心不善。

寿阳县，买米面。

义香居，去吃饭。

吃了饭，把心变，厂子里头把道劝。

"代表"一见心欢喜，派了你个总干事。

总干事，白效劳，外号人称狗长毛。

狗长毛，去买米，外号人称长毛李。

……………

工人们你也唱，我也唱，厂里唱，厂外唱，把"里工会"唱得更臭了……

7月7日一大早，上工汽笛拉过了，工人们虽然照常上班，但机器不响，马达不转，全厂工人坐在机器旁或工棚里，谁也不干活儿。

拉伯黎见厂里的马达不响了，机器不转了，工人不干活儿了，便火烧火燎地向奉系军阀窦连芳求援，要求派军队镇压。

不一会儿，窦连芳的部下王科长气势汹汹地领着一群士兵来到厂里。崔庆瑞喊了一声："兄弟们，军队来了，我们迎上去。"千余名工人一齐围了上来，聚集在厂洞子门外的月台下，向士兵们怒目而视。

只见王科长歪戴着军帽，板着一张磨盘脸，几步跳上月台，右手"啪，啪"地拍了拍腰里别着的驳壳枪，不问青红皂白，张口便训斥：

"给你们开工钱，还给你们去买米，你们吃现成的，还不好好干活儿，这不是想造反吗？"

这时崔庆瑞不慌不忙地踏上月台，回答说：

"我们罢工是不让他们给买米，'里工会'买米从中贪污，榨取我们的血汗，我们要自己去买，资本家不给车皮，没得吃怎么干活儿。"

"对，没得吃，不能干活儿。"大家喊起来。

王科长一看工人们态度强硬，不好惹，说话的口气立即变了："如果是这样，我和总办去说说。"便慌忙地走了。

这次罢工整整进行了一天。最后，拉伯黎只好答应拨给车皮由工人自己去买米。

这个月，总工会派李德存、刘瑞增等代表去寿阳买的米，花的钱又少，买的米还好，工人们可高兴了。但在发米时，李德存记的账与实物差了一包米。有些工人向李德存发火，可把李德存急坏了。傅茂公一方面劝说工人们不要着急，一方面帮助李德存查对，终于找对了。原来，李德存是用烟卷盒记的账，他在烟卷盒背面记不下了，只好在正面记了一个人的名字。对账时，只看背面，不看正面，差一个人。经冷静下来，仔细查对，才把盒子正面记的人名也找出来了，账物相符了。通过买米斗争，总工会在工人群众中的威信大增，许多工人纷纷加入了"外工会"。

下个月，当总工会要车皮时，拉伯黎却说："买米的事必须由'合法'的工会（'里工会'）办理，工人们不相信他们，可派工人李大眼（傻子）为代表同去进行'监督'，否则不给车皮。"工人们一听就火了，个个摩拳擦掌，要求再干一场。

傅茂公、袁子贞、高克谦为此事专门召开了工会会议，征求大家的意见怎么办。有的说："资本家是软的欺、硬的怕，得给他们点儿厉害看看。"有的人就说："资本家就是这样，牵着不走打着走。愿换整砖，不愿换半截砖。"

大家你一言我一语，都憋着劲儿要干一场。傅茂公分析了有利和不利条件，提议进行请愿斗争，大家都说傅先生（当时这样称呼）说得对，就这样决定了。

第二天上午11点，汽笛一响，千余名工人从各个厂房蜂拥而出，傅茂公、袁子贞、高克谦扮作工人模样，挤在工人队伍里，指挥行动。王凤书、崔庆瑞两人带头跑在最前面，带领着工人们迅速包围了办公大楼，工人们一个个手持榔头、扳手、白蜡杆等工具，群情激愤、振臂高呼：

"我们要车皮！"

"我们要买米！"

…………

看着楼下黑压压的愤怒人群，听着一声高过一声、一浪猛过一浪的阵阵呐喊，拉伯黎吓得魂飞魄散，脸色惨白，顿时浑身筛糠般打起了冷战，急忙吩咐手下将办公楼的门窗紧锁，龟缩在里面不敢露面了。

工人们正喊着要砸门冲进去时，窦连芳、吕朝正领着大批全副武装的军警赶到了，将手无寸铁的工人包围起来，拉伯黎等几个法国资本家也从屋里钻了出来。原来请愿队伍一来到办公大楼，就把他们吓坏了，急急忙忙给窦连芳和吕朝正打电话无中生有地说："共产党煽动工人暴动，砸坏了机器。"于是，这两人便亲自带兵赶到了。窦连芳登上一个高台，先是没头没脑地骂开了："你们不干活儿要造反，真该一个一个地毙了。"这时，崔庆瑞看到高克谦朝他点了点头，就走到窦连芳跟前，把买米的事前前后后一五一十说了一遍，并问："拨车皮买米这是工人的福利，为什么过去给这次不给了？"没等崔庆瑞说完，躲在窦连芳身后的资本家钻出来插嘴说："你们捣乱，给你们买米你们不让去。"崔庆瑞指着他问道："你们派人去买米，为什么贪污工人的钱，你们的鬼把戏被揭穿了，为什么又要派个

◎ 崔庆瑞

傻子去当工人代表？"一席话问得资本家无言答对。

窦连芳是个东北人，黄头发、黄眼珠、黄胡子，不仅脸黄得像纸钱，还长了一脸刺瘊，他掏出手枪对着崔庆瑞恶狠狠地骂道："妈了个巴子的，谁傻？大桥头上挂着的（军阀杀人后挂头示众）都是俏的！"指着手枪问崔庆瑞，"这是干什么的？"

崔庆瑞愤怒地回答了他："我们工人无罪。"

紧接着高克谦领导着大家喊起口号来："没有吃的不干活儿，工人无罪！"

王凤书毫不示弱地大声反驳："厂里工会派个傻子当代表监督！我们不同意！"

窦连芳扯着嗓子喊道："妈了个巴子的，你们当一个工人，比我的一个排长还强，你们再不好好干活儿，还捣乱，统统都枪毙！"

他蛮横地在工人们面前晃了晃驳壳枪，一边扣下扳机，一面歪斜着脖子威胁崔庆瑞和王凤书："小子，枪子儿不长眼睛，碰上谁是谁，你可别活腻歪了往咱枪口上撞！"

见此情形，工人们像是滚油锅里泼了一瓢凉水，顿时炸开了锅，大家毫不畏惧地纷纷冲上前去，手挽着手，肩靠着肩，挺起胸膛，将崔庆瑞、王凤书挡在身后，在穷凶极恶的窦连芳面前铸成了一道高大密实的人墙，人们怒喊着：

"工人无罪！"

"还我们福利！"

"没吃的不能干活儿！"

…………

窦连芳那张长满刺瘊的黄皮脸，憋得像紫茄子一样，只见他气急败坏地把手枪往空中一挥，恶狠狠地叫嚷："就是不给你们车皮，不干活儿就把你们都给枪毙了！"

警兵们呼啦啦地端起上着明晃晃锋利刺刀的步枪，无数黑洞洞的枪口对准了在场工人们的胸膛。

"咔嗒，咔嗒……"前排的警兵们虎视眈眈地一齐端平了步枪，一个个的手指在拉着枪栓。工人们眼不眨、眉不皱，身体像长在地上一样，向前方怒视着，身体一动不动，与凶残的敌人对峙着，一场血战眼看就要打响！

在这样极为不利的情况下，为了不和敌人发生正面流血冲突，避免工人群众不必要的牺牲，准备将来进行更大的斗争，袁子贞等总工会负责人只好指挥大家撤回了工房，工人们暂时忍痛复工。

请愿斗争失败后不久的一天上午，天空灰蒙蒙的，一直在下着毛毛细雨。窦连芳突然派大批士兵到厂里强行抓走了崔庆瑞、王凤书、邢文才、魏景清、孙云鹭、赵玉祥、李焕德、李德胜、史青山、杨树芳、张春和、李庆元、刘瑞、朱永和等14名工会积极分子。这些工人被关押在石家庄三才里窦连芳的警备司令部里，连午饭也不让吃。

眼看日头偏西了，还不见邢文才等人返回来，可把大伙儿急坏了。傅茂公、袁子贞、高克谦等同志紧急商量对策，下午五点来钟，先派工人张文林到警备司令部给他舅舅刘瑞送伞，并对刘瑞说："你们回不去，工人们就都来了，非把你们救回去不可。"这话被一个护兵听见了，大家都埋怨张文林年轻莽撞，不该泄露机密。就在这天晚上，一个科长对崔庆瑞等人进行审问，问谁是共产党，大家都说不知道什么叫共产党。眼看着问不出什么口供来，这个科长就不三不四地开了腔儿："中国和俄国不一样，不能闹什么共产党国际派，不许你们听学生(指傅茂公、袁子贞、高克谦)的话，不许你们闹工会，今后再有不干活儿的就是你们闹的，找你们算账。"到半夜一点钟就匆忙把他们放了。

崔庆瑞等人回来后才听说：他们被捕后，工人们都急了，要去劫狱。经过总工会研究，决定先对窦连芳提出警告，不放人再采取行动。张文林去说的那几句大家认为是泄密的话，就是总工会指示他这样说的。果然护兵听见后，马上告诉了窦连芳，窦连芳一方面慑于工人的力量，另一方面又找不到这些工人是共产党的证据，不得不把他们放了。

这场斗争，虽然最后没有保持住工人们的买米权利，但是揭发了法国资本家欺骗工人的恶行，孤立了"里工会"，进一步提高了中国共产党与正太铁路总工会在工人中的政治威信，锻炼了工人群众的斗争意志，广大工人更加紧密地团结在总工会的周围，继续斗争着。

第二十六回　高克谦舌战吕厅长
　　　　　　恶军阀狠心下毒手

　　争夺买米权斗争过后，几经较量，奉系石家庄反动当局深知正太铁路总工会名亡实存，又有"学生"高克谦在工人中间领头闹事。于是，法国资本家和奉系军阀为了镇压工人运动，便与六工贼勾结在一起，向高克谦下了毒手。

　　高克谦，字允恭，生于1906年，河北省无极县南池阳村人。1920年毕业于本村小学，同年考入无极第二高小，1922年考入保定育德中学。受五四运动的影响，成为反帝反封建运动积极分子。1923年转入省立正定第七中学，被选为学生会秘书。

　　高克谦学习和生活的所在地正定，地处京畿要塞，古代曾设常山郡，清代设府治，辖14个县，自清末起先后设正定中学堂、直隶省立第七中学、师范讲习所、直隶省立第八师范学校，大革命前是直隶省中部的政治经济文化中心，发达的文化教育带来了当时较为先进的进步思想。正定七中每年都有学生考入北大、清华等高等学府，所以当五四运动的消息很快传到这里，学生们群情激昂，一呼百应，开展了轰轰烈烈的爱国运动。

　　1924年10月，第二次直奉战争爆发，冯玉祥发动北京政变，开始倾向革命。中共北京区执委抓住时机，派遣大批共产党员到国民军中。其中，于11月派共产党员张兆丰、郝久亭到冯玉祥部所属国民第三军第三混成旅做军运工作，分别担任参谋长和军需处长。同月，该旅进驻正定，旅部就驻扎正定七中的西院。张兆丰、郝久亭二人经常给学生讲国民革命、工人运动、学生运动，讲革命形势。高克谦、邢克让、杨天然等一部分有着强烈革命要求的青年学生，在张兆丰、郝久亭的耐心帮助和引导下，对共产主义事业和中国共产党有了进一步的认识，他们萌发了追求光明和解放的思想，决心用热血和生命彻底改变中国。

◎ 高克谦

◎ 高克谦出生地

　　此时，国内正值国民党和共产党第一次合作时期，共同任务是反帝反封建、打倒北洋军阀。根据上级党组织的指示，以国民第三军第三混成旅参谋长张兆丰的名义，号召党、团员以个人身份加入国民党，并于1925年初建立中国国民党正定县党部。这是第一次国共合作时，共产党在石家庄地区帮助国民党建立的最早的县党部①。共产党员以个人身份加入国民党，以双重面目开展工作。按照"先入国民党后入共产党"的方式②，张兆丰先介绍高克谦等学生以公开身份加入国民党，经过一段时间考察培养后，2月，经张兆丰、郝久亭介绍，高克谦、尹玉峰、杨天然、裘树藩、于华锋等5人又秘密加入了中国共产党，同时组建成立了中共正定第七中学支部委员会，杨天然任书记，尹玉峰、高克谦分任组织、宣传委员。

　　1925年5月30日，震惊中外的五卅运动在上海爆发，并很快席卷全国，这是在中国共产党领导下，中国工人阶级登上历史舞台的重要标志。

---

① 中共石家庄市委党史研究室. 中国共产党石家庄历史：第1卷，（1921—1949）. 北京：中共党史出版社，2016：62.
② 中共石家庄市委党史研究室. 石家庄市党史人物（内部发行）. 1990：77.

◎　张兆丰

◎　正定七中西院

　　五卅运动的浪潮影响着年轻的高克谦，正定党组织领导建立了正定各界沪案后援会，高克谦任总务主任，主持全面工作。1925年6月16日，他率领正定群众来石家庄参加了石家庄各界沪案后援会成立大会后，按照党组织的决定，留任正太铁路总工会秘书。此时，进取、革命的精神在高克谦的心中激荡，他与结识的袁子贞、张廷瑞一起领导总机厂工人恢复了正太路总工会，又和袁子贞、傅茂公一起领导了争夺买米权的斗争，在革命浪潮中经受了锻炼，挫败了反动当局和法国资本家的卑劣伎俩。因而，敌人把高克谦视为眼中钉、肉中刺，恨之入骨，必欲除之而后快。

　　9月的一天，石门警察厅厅长吕朝正突然派人把高克谦带到了警察厅的会客室，吕朝正假装殷勤地给高克谦端茶递烟。

　　高克谦问："你们把我找来干什么？"

　　吕朝正奸笑着说："青年人最宝贵，我非常喜爱学生。你原是正定七中的学生，为什么不在学校念书？现在石家庄工人气焰太横了，正因仗着你的威势，现暑假已过，高先生还是早回正定去，好让大家休息一会儿。"

　　高克谦没有理睬他。吕朝正自以为得计，接着说："好吧，你去吧，赶快回正定念书吧！"

　　从警察厅出来，高克谦当即把情况向傅茂公、袁子贞做了汇报。大家经过研究，为了掩护党组织，坚持城市工作，傅茂公和袁子贞转移到了石家庄西边的一个偏僻又肮脏的大粪场（现石家庄市第二中学以北、和平路南侧）住宿办公；高克谦仍以学生身份进行秘密的革命活动。

一天，正定七中校长来信，叫他立即返校，信中说："长期下去有生命危险。"高克谦一笑置之，并立即决定自动退学，专职搞工会秘书工作。

不久，高克谦第二次被警察厅传去。只见厅内警卫森严，刀枪林立，一片杀气，高克谦无所畏惧，昂然就座。吕朝正开口就问："高先生何不早日回正定，怎么还逗留在石家庄……"

高克谦气愤地质问："我有居住自由，为什么不能自由活动？"

吕朝正无言答对，又问："你为什么给工人办事？"

高克谦指点着吕朝正，大声质问："工人为什么受剥削压迫？你住的房子，你戴的帽子，你用的茶碗，你享受的一切，都是工人造的。连你公子、小姐的学费也都是剥削工人的血汗！我为工人办事，就是要为改善工人生活而斗争！"

吕朝正登时脸红一阵，青一阵，只好转移话题说："谁承认你们的工会？"

高克谦说："上海工人有工会，商人有商会，我们这儿的工人为什么不能成立工会？"

高克谦的一番义正词严，训得吕朝正张口结舌。厅内一军官狠狠地扫了高克谦一眼，厉声说道："高某你还能速离此险地吗？现限你三日回正定，要不然咱们就动野蛮了！"

高克谦看透了敌人的狼子野心，出了警察厅后，行动更加警惕，住所一再变动。今天住普安胡同，明天住"花子店"，有时扮成吃饭的客人，到解占魁等"二七"失业工人开的饭馆去开小组会；有时就在工人党员家里开小组会，把革命道理讲给大家，教育大家团结得紧紧地，充满信心地进行斗争①。

9月12日早晨，警察厅侦探伪装成送信的邮差，摸到高克谦的住所，骗诱高克谦出门，乘机将他拘捕。与此同时，警察厅派出大批警察悍然闯进正太铁路总

---

① 中共无极县委党史研究室. 高克谦（内部刊号082）. 1991: 31.

◎ 石家庄市原大粪场旧址，高克谦在此被捕

工会，大肆搜查，捣毁、封闭了总工会。

高克谦被捕后，警察厅司法科的王科长对他进行了审讯，企图逼迫高克谦承认煽动工人闹事。

高克谦当即戳穿其阴谋，愤怒地戳着王科长的鼻子骂道：

"一切不用问了，你们贪赃枉法，无故陷我。要是说理就拿出证据来；要是撕了法律，索性抛下假面具。我高克谦干就不怕，怕就不干，跟其他人没有任何干系。现在任你们摆布，你们也须提防，我后面还有团结的群众……"

高克谦的这番话，彻底激怒了王科长，他气急败坏地喝令差役将高克谦毒打一顿，钉上镣铐，押入了大牢。

在监牢中，戴着沉重镣铐的高克谦被关押在一间不足十平方米的阴暗、潮湿的黑屋里，墙角处平放了一扇劈了很多道裂缝的废弃门板，上面零乱地撒落着一些干枯的稻草。牢饭只有馊了的米饭和看不见一丁点儿油星的菜叶子。

极端残忍的敌人企图用酷刑将高克谦屈打成招，皮鞭、夹棍、老虎凳、竹签子、烙铁等各种刑具在高克谦身上用了一遍，面对敌人的严刑拷打，高克谦以一名共产党员的钢铁意志挺过了敌人的残酷摧残，始终坚守党的秘密，没有暴露自己和其他同志的身份。为了保全傅茂公、袁子贞等其他革命战友，高克谦义无反顾地扛下了所有的指控。

◎ 石家庄东里村葬坟场，高克谦在此英勇就义

　　高克谦被捕的消息传出后，正太铁路的很多工人前去监狱探望，他无所畏惧、坦然乐观地对工友们说："被敌人公开逮捕，虽死犹荣，假设遭到敌人糊里糊涂的暗杀，那才没意思呢！"石家庄各界人民推举代表与警察厅交涉，并举行游行示威。国内的外地工会也纷纷发来电报表示强烈愤慨和抗议，一致要求立即释放高克谦。反动军警当局恐慌不安，借口吕朝正去了天津，不肯接待群众代表，还欺骗群众说："不日即可释放高克谦。"

　　实际上，吕朝正这时已决定秘密杀害高克谦。

　　1925年9月24日凌晨两点，天还没亮，吕朝正的狗腿子，那个王科长来到牢房，只见他阴鸷的双眼不怀好意地盯着高克谦，阴森森地冷冷一笑：

　　"高克谦，你的案子清楚了，一切俱已完结，今天送你往天津去……"

　　此时，受尽酷刑折磨，遍体鳞伤，体无完肤，已无法站立的高克谦吃力地用戴着手铐的手掌撑住地，伸直双臂，挺起胸膛，倔强地昂起头，竖起两道剑眉，两眼喷火般冷蔑地瞪着王科长，连睫毛也不动一动，高声怒喝道：

　　"走狗，你们这一群走狗，到而今还骗我老高吗？我高某致死的原因，自己知道得比你们更清楚，我是反抗军阀政治而死的！我是反抗帝国主义而死的，可是我的主张毕竟要实现，我的全部生命是不死的，可怜你们这一群走狗的走狗，拿杀人骗饭吃，自以为得意，瞧吧！革命势力即刻要随我的死涌到你们眼前了。奉系军阀即刻要被我们的同志打倒了。你们这辈怯懦的可怜虫，早些预备你们的死法吧！……"

高克谦的慷慨陈词，像是当空霹雳震得王科长连连倒退了好几步。色厉内荏的王科长不敢让他再讲下去，赶紧一摆手，身后的四名警察扑了上去，随即用一块手帕塞嘴，粗暴地把高克谦双臂架起，拖出了牢房，推上了一辆东洋车，直接拉到了石家庄西南东里村北的葬坟场，当看到敌人就要对自己下毒手时，高克谦用力挣掉嘴里的布团，最后大声高呼：

"工人兄弟们团结起来，为争取自由而斗争！"

"打倒军阀！"

"打倒帝国主义！"

…………

几声枪响，高克谦倒在血泊之中，他年轻而又宝贵的生命永远定格在了19岁。高克谦是正太铁路和石家庄第一名牺牲的共产党员，他用鲜血和生命捍卫了崇高的共产主义信仰。

警察厅方面，自知杀害高克谦将引起外间绝大反响，严禁消息外露。一星期后，当时参与惨案的一名警察良心发现，借机来到正太铁路总工会，讲述了高克谦就义前坚贞不屈、视死如归的英雄壮举，令在场人士无不为之伤感动容！随后，总工会安排李永顺等人在高克谦的遗体掩埋处筑起土堆，还在坟头上插了一块写有高克谦名字的木牌，并将此噩耗通知了无极县的高克谦家人。

事后查明，高克谦之死，原来是法国资本家以7000元之巨款贿赂警察厅厅长吕朝正，并由六工贼中刘廷元、裴洛臣等直接参与谋害的。工人们得知此情后，气愤异常，决心寻机报仇。

高克谦就义后，党组织调袁子贞到京奉铁路领导工人运动，傅茂公在石家庄继续坚持秘密的革命活动。

傅茂公平时是和高克谦住在一起的，高克谦被捕时，傅茂公正巧不在家。当他回到住所时，发现门口有陌生人转来转去，立时警觉起来，绕道去了孙云鹏的家。孙云鹏有事不在家，孙云鹏的妻子高登五机智应对，她不慌不忙地让傅茂公躺到床上，用被子捂了个严严实实，又手脚麻利地将屋子弄得乱七八糟，把尿桶摆到屋子的中央。不一会儿，敌人闻风而到，高登五机警地说："床上躺的是我老伴儿，得的是伤寒病，正病得厉害。"敌人谁也不敢上前，灰溜溜地离开了。随后，高登五紧急联系上崔庆瑞，安排他一路护送傅茂公到柳辛庄脱险。

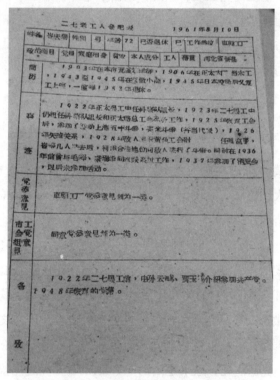

◎ 崔庆瑞的《"二七"老工人登记表》

第二十七回　国民军进驻石家庄　群众大会激发斗志

1925年11月，冯玉祥的国民军赶走了奉系军阀李景林的军队，占领石家庄。冯玉祥同情和支持革命，在他的官兵中也有一些人是共产党员。因此，国民军一到，石家庄的形势立即大为好转。

12月4日，傅茂公领导总机厂工人第三次恢复了正太铁路总工会。同时，中共北方区委和中华全国铁路总工会派王警昆（王鹤寿的化名）来石家庄，建立了京汉铁路总工会石家庄分工会。傅茂公负责石家庄党的工作，王警昆任京汉路石家庄分工会秘书，并兼任共产主义青年团石家庄特支书记。

正太铁路总工会恢复后，便积极筹备高克谦追悼大会，开展反对日本帝国主义侵占中国东北的群众运动。

1926年1月10日，为了欢迎国民军进驻石家庄，庆祝正太铁路总工会恢复和京汉路石家庄分工会建立，由正太路总工会、石家庄京汉路分工会和驻石国民军联合召开了群众大会。

下午3点，在热烈的掌声中，大会召开。大会由正太铁路总工会执行委员长王凤书主持。他首先宣布开会宗旨，他说："我工人久处于奉系军阀等压迫之下，任帝国主义之欺压，军阀、资本家之宰割，敢怒而不敢言，默默受酸，苦诉奋斗。虽已觉得工会之必要，但终为环境所不容，未竟如愿。'五卅惨案'发生，我工人本愿借此机会迅速组织工会，期援助我罢工工友和应自己之要求，执意组织则已就绪，万恶之奉系军阀竟诬我工人不守本分，派大队狼兵将工会封闭，并逮捕我极诚恳英勇之高克谦君，施以毒刑，并终之以枪毙于9月23日夜（实为9月24日凌晨）之际，斯时各工友虽欲一逐贼兵，但终为事所不能。此次国民军一打起反奉战旗之后，我工人到处帮忙。终于用我们的力量将他打倒，我们的工会也就

165

及时恢复了。在这个时候，我们除庆祝工会之成立外，今天刘旅长到会，我们要表示欢迎之意。"

中央暂编陆军第三混成旅旅长刘樾西登台演讲，他说："今天承正太、京汉的工友欢迎，我是很荣幸的。我在民国初年即从事革命，先曾与吴禄贞先生过石几遭不测，今天又得以与诸工友聚说，更是很荣幸的。石家庄工友在军阀压迫之下苟延残喘，能够努力地到现在将工会恢复，尤其是兄弟欣喜佩服的。以前军阀压迫工人，欺负工人是下贱的。但兄弟以为工人是最高贵的无产阶级，是世界上的主人，劳工是神圣的。各工友能不馁于恶军阀、臭官僚、假国民党之荼毒，而毅然能够恢复起来，更是表示工人都是英雄。我们要求幸福，就要团结组织工会，最后我们还要打倒一切反动军阀、无聊政客以及非真正的国民党。效法俄国，建立劳动政府。我不是帝国主义所造出来的什么名词'赤化''过激派'。就是要革命，要和工人联合。今天工友欢迎我，是欢迎我的主义。最后，我希望工友努力地向前干。只要有理，工人什么都不怕！"广大工人听了之后，纷纷报以热烈的掌声。

会上，京汉铁路总工会石家庄分工会秘书王警昆讲了话，他说："现在中国内有军阀祸国，外有帝国主义虎视侵略，卖国媚外的军阀复与侵毒万恶之帝国主义互相勾结，相依为命，狼狈为奸，卖我主权，宰民众之血肉，期沦中国于绝境。眉虞之前，我中国即将一劫不复矣。幸者我工人受尽怜惨之苦痛，日有觉悟。'五卅惨案'以来，工人更一表其异乎别阶级之精神，一日千里的进步。全国各地工会、农民协会纷纷成立。近者反奉战起，工人更用了自己真实的力量，来帮助尊重民意的国军作战，以争得自由与解放，遂构成了武力与民众结合的反奉战线。这次战争，我们知道不是以前恶军阀争地盘的战争，而是参加了我们民众的力量。我们这次所要求的也就是自由与解放，和争工人的人格。我们更知道只有民众的力量，尤其是无产阶级的力量是强大的。国民军逐张贼于关外，所至无敌的也就是工人的力量。"

王警昆接着说："工友们，我们要认清我们的地位，看清我们的力量。更努力地团结，团结在工会之下，争我们的一切自由与解放。更希望国民军真正地拿出革命的行动，来歼灭一切反动势力，使国民军成了革命的军队。因为我们知道，帝国主义是最好雄的，如果不将他们根本打倒，我们是不会得到永久解放的。在此又提到了日本帝国主义之出兵满洲。帝国主义是强沦的狠暴，他见了中国民众之日趋觉悟，而不惜费了许多金钱，并派大兵数万到了中国东省。为了中国的辽州，这是如何的可耻可恶啊！在南满路等地带处处制卡东北国民军，而以实力帮助最残狠、最阴险、最反动的张作霖，直接地摧残民众势力，使国民军旷师日久延长战祸，而扶植日暮途穷、静候就束的张贼死灰复燃，不失他在东省昼夜盘算阴议的一切恶利。凡我血性公民即宜亟起整顿我们的力量，以革命的手段与帝国主义拼个你死我活，争得我们最后的胜利。"

王警昆最后说："工友们，努力巩固我们的组织，发扬我们的革命情绪，尔后才能彻底地得到解放！"

正太总工会秘书傅茂公作总结讲话，他说："我们为什么极深痛地讨骂军阀？所谓军阀，乃是带了好些军队，不但不给民众办事，而且极力压迫民众，摧残民众。所以对这些军阀，我们是毫不客气地要打倒他！再说，我们为什么要欢迎国民军呢？不是与国民军的哪个军长感情好，乃是因为他是在民众方面的，他背后没有帝国主义指示。旅长说得好，是欢迎他的主义。他是尊重民意的，所以要欢迎他，极热烈地欢迎他！今天听到旅长的演说，我们可以得到两个要点：第一，他说劳工是神圣的这句话，各工友要切实记在心中。世界上的人，唯有工人是神圣的。假使没有了工人，就没有了世界。"讲到这里，全场人员激动得热烈鼓掌，连声高呼"劳工神圣""劳工神圣"……

傅茂公接着说："第二，他说中国要求解放，必须打倒帝国主义，打倒媚外军阀。在世界上能够帮助我们做此工作的有两个朋友：第一是全世界的无产阶级的国家苏俄；第二是全世界的弱小民族。因为他们是受世界帝国主义者剥削压迫的，我们的仇人就是他们的仇人。可是，这不过是我们解放的初步。彻底的解放，是非效法苏俄，根本推翻资产阶级，实行无产阶级专政不可的……这是旅长所讲的大意。望请工友，本此宗旨，努力向前奋斗，肃清一切反动势力，以谋中华民族之自由、独立与解放……"傅茂公讲话后全场人员起立，高呼打倒"帝国主义""打倒军阀"等口号。

接着，正太铁路工人代表张国栋、任凤鸣、李庆元、施恒清和京汉工人代表马德根相继发言。全场2000多人高呼"国民革命万岁！""与民众结合的武力万岁！""工农兵学大联合万岁！""打倒一切帝国主义万岁！""无产阶级解放万岁！"等口号，大会开至下午5点30分散会。

第二十八回　敢死队严惩狗工贼
　　　　　　高烈士英魂笑九泉

　　1926年1月10日召开正太铁路总工会和石家庄京汉路分工会联席大会之后，正太铁路总工会即决定于1月17日召开高克谦烈士追悼大会，并加紧进行大会的准备工作。

　　由于谢恩霖、萧连发等六工贼狼狈为奸、助纣为虐，破坏五卅运动，陷害高克谦、孙云鹏等，正太铁路总工会决定在追悼高克谦之际，在正太铁路总工会纠察队中成立一支敢死队，严惩六工贼，为高克谦报仇雪恨。纠察队员们一听说要拿狗工贼开刀了，大家都争抢着加入敢死队。经过总工会的严格筛选，这支敢死队共有13人组成：刘士元任队长，队员有陈梅生、张春和、梁长起、孙大、李焕德、任凤鸣、刘永和、姚来祥、王顺兰、任大福、魏景清、李德存（敢死队成员名单根据"二七"老工人任凤鸣回忆）。敢死队成员个个年轻力壮，人人会一身好拳脚，其中：队长刘士元，河北高邑人，自幼习武，经过高师指点，左手持九节鞭、右手握钢刀，精通地趟拳（俗称就地十八滚），比武较技，鲜遇对手；陈梅生也是一个练家子，平日里惯使一把鲨鱼皮鞘的柳叶刀，刀柄系红黄两色绸带，舞动起来，上下翻飞，快如闪电，虎虎生风，三四个人难以近身。

　　活捉六工贼这一天，总工会下达命令：今日下工一律出十号厂门，其他厂门禁止通行。下班前，锯木厂工人、敢死队员魏景清和李德存，紧盯上了本厂工贼赵恩章，他走到哪里，魏、李二人便跟到哪里，寸步不离。

　　赵恩章总感觉身后有人盯梢，心里直犯嘀咕，回过头疑惑地问他们："你俩老跟着我，上哪儿去呀？"

　　李德存说："下工呗！"

　　赵恩章知道不妙，想跑吧，他俩又寸步不离，难以脱身，只能乖乖地朝厂口

◎ 陈梅生使用过的柳叶刀

走去。出了十号门，走进大桥街，往路北胡同一拐，可把赵恩章吓坏了，只见前边胡同口上，已被几名膀大腰粗、两眼怒瞪、手握钢刀的纠察队员堵死了。他扭身就想往后跑，李德存、魏景清把胳膊一伸，怒喝道："上哪儿去，今天你小子是跑不掉了！"刘士元一阵风似的扑了上去，抢起两只蒲扇般的大手，照着赵恩章瘦小干枯的脸颊上啪啪左右开弓一边一个大锅贴，两记响亮的耳光顿时就把这小子打得嘴角流血、眼冒金星，没有了还手之力。接着，赵玉祥又使出一招儿扫堂腿，把赵恩章踢了个两脚离地，屁股撞地，四脚朝天，五六个纠察队员一拥而上，把赵恩章拳打脚踢一顿，捆粽子般将他五花大绑，押送到了总工会。

这天夜里12点，敢死队队长刘士元带领12名敢死队员从总工会出发，来到了任栗村南的一条胡同里。敢死队员分为两组，一组由组长陈梅生带队，将谢恩霖的院子团团包围，堵住大门，防止他跑掉；一组由组长任凤鸣带人翻墙进院，堵住屋门，正好把谢恩霖堵在屋里，谢恩霖出来一看，房上、院里、大门口全是敢死队员，知道跑不了了，便乖乖地束手就擒了。同一天，敢死队还活捉了工贼田清连。

这一次，总工会原计划要一起活捉6个工贼和正太路弹压刘绍棠。不料，萧连发、裴洛臣、刘廷元和刘绍棠已经闻风而逃。过去当过县长的刘绍棠，从此离开了石家庄，吓得跑到了北京，在街头摆起了卦摊，当起算命先生了，这也是他作恶多端，得到的应有下场。

◎ 正太铁路总工会敢死队义勇奖章

接着，正太铁路总工会将被擒的3个工贼押送到由共产党员张庆华任警备司令的国民军石家庄警备司令部进行关押。中共石家庄特支和正太铁路总工会为了表彰敢死队员的革命精神，由傅茂公向13名敢死队员每人颁发了1枚银质五星义勇奖章。敢死队长刘士元将这枚奖章珍藏多年，临终时传给了他的后代，石家庄解放后献给了厂工会。敢死队员梁长起将奖章一直珍藏20多年，后捐献给中国革命历史博物馆。

1926年1月17日，在中共石家庄特支的领导下，以正太铁路总工会和京汉铁路石家庄分工会的名义，在石家庄车站广场隆重召开了高克谦烈士追悼大会。参加大会的有12000多人，高克谦父亲高同刚应邀出席，中华全国铁路总工会代表史文彬、京汉铁路总工会代表康景星、京奉铁路总工会代表袁子贞也来石家庄参加了大会。会场布置得十分庄重，搭有两丈多高的彩棚、彩楼，棚中挂着高克谦烈士的遗像。遗像上面，挂着正太铁路总工会送的悼旗，旗上写着"高烈士，我们誓死踏着你鲜红的血迹，去肃清一切反动势力"。高克谦生前战友袁子贞送的挽联上写着："高克谦大烈士流芳千古，奉天系狗军阀遗臭万年"。棚内还挂着各团体送的悼旗、挽联数十副。会场内外有总机厂的纠察队员130多人臂戴袖章，维持秩序。

下午2点，振铃开会。大会由正太铁路总工会委员长王凤书主持，他首先宣告开会宗旨。正太铁路工人孔玉林介绍高克谦生平事迹和遇难经过，高同刚代表

◎ 高克谦烈士追悼大会场景

烈士亲属致谢词，史文彬、康景星、袁子贞先后讲话。最后，由总工会秘书傅茂公讲话。大会作出了两项决议：（一）由各团体负责捐款，为高克谦烈士铸铜像，建坟墓；（二）由各团体代表联名请石家庄警备司令部，严惩已捕之工贼谢恩霖、田清连、赵恩章，并逮捕漏网之凶犯裴洛臣、萧连发及刘廷元等人。

下午4点，宛如长龙的追悼队伍开始游行。队伍的最前面，人们高举着"高烈士追悼大会"的横幅和口号旗，旗帜后面是来宾及各团体代表，随后是正太铁路扶轮学校学生会和正太铁路总工会队伍。正太铁路工人队伍每10人为一团，各团举红色团旗1面，每团由纠察队员一人维持秩序。最后面是石家庄京汉铁路分工会、大兴纱厂工人、市民群众的队伍。游行队伍有一公里长，步伐整齐，秩序井然，群情激昂，边行进边高呼："打倒帝国主义！""打倒军阀！""铲除工贼！"等口号。在当时的石家庄召开12000人的大会，还是有史以来第一次。高克谦的父亲回到无极县后，感慨地说："我儿子虽然死了，但死得光荣！"①

---

① 中共石家庄市委党史研究室．朱琏诊所：陶希晋同志一家在石家庄的革命活动．北京：研究出版社，2014：122．

◎ 北京《晨报》报道高克谦追悼会盛况

　　高克谦壮烈牺牲的噩耗很快传遍了无极，他在国家多难之秋，为了民族的解放，工人的生存，置个人安危于不顾，领导正太铁路工人向法国资本家和奉系军阀进行顽强的斗争，他那出类拔萃的反帝爱国英雄形象，不仅为政界人士所敬仰，尤其为广大群众所尊崇。

　　1926年，无极县早期的共产党员解学海积极倡导为高克谦烈士在县城立纪念碑。他的建议于1931年，由南池阳村曹丙文等呈报国民党县党部，经县长耿之光同意，以国民党县党部名义起草碑文，由县公安局局长陈鼎芬书丹，责成罗庄村石刻技工张小元镌刻，并预定将纪念碑立在国民党县党部门口。纪念碑落成后，耿之光觉察高克谦不仅是国民党员，还可能是共产党员。以至于，对纪念碑立在何处，久拖不决。由于当时高克谦的遗骨已从石家庄东里村北的葬坟场迁回无极县南池阳高家祖坟，最后，由高克谦父亲高同刚提议，将高克谦烈士纪念碑竖立在了高克谦烈士的墓前。

附:

高克谦烈士纪念碑碑文

高君克谦，字允恭，邑南池阳人。幼而歧嶷，冠抱大志，年甫十六，肄业育德中学。服膺革命，无少忝怀，尝慨然以改良政治、收拾人心自期，奔走呼号不遗余力，而名以大噪。

沪案发生，国权频危，高君耻青年之梦梦，慨国事之沉沉，起而组织沪案后援会，正定石门间学子工人翕然景从，民气为之一振。乃豪恶生妒忌之心，军阀肆摧残之技，竟于十四年九月二十三日遇难石门，不屈而死，时年二十。呜呼，烈矣！惨矣！十九年春，中央政府颁赐三百金，恤其家族，聊以加慰幽魂，表扬忠烈。然世变纷沓，人情诡诈，所谓爱国望治者流，率多假托名义，利用时会以攫位攘权，胜则争功，败则引避，结果徒夺吾民而已。

求知高君之光明磊落，言行一致，成败不计，威武不屈，殆如晨星不可多觏。为感化世风、激励气节计，则君之悲壮事迹诚有不容湮没者在焉。县党部倡勒石之议，请铭于余，余叹世路崎岖，人情险之，无以立表率而资改善也，爰为之铭曰：壮哉高君！惟志之求，行不避险，名乃以售，权强所忌，奸慝所仇，顽廉懦立，俗正风休。生为国瑞，死重泰邱，斫兹碑石，以永传流。

中国国民党河北省直属无极区党部立石

无极县县长耿之光撰述

无极县公安局长陈鼎芬书丹

中华民国二十年十二月①

---

① 中共无极县委党史研究室. 高克谦（内部刊号082）. 1991：27.

◎ 高克谦烈士纪念碑

　　1958年，高克谦墓迁至石家庄华北军区烈士陵园，党和人民政府为高克谦修建了花岗岩陵墓。

　　为悼念这位工人阶级的伟大战士，缅怀其伟大的历史功绩，1984年，石家庄车辆工厂（前身为正太铁路石家庄总机厂）在庆祝建厂八十周年前夕，工厂的广大职工提议为高克谦烈士建筑铜像，以告慰烈士的英灵，了却六十年前的夙愿。提议得到了石家庄市委和市政府的大力支持，由铁道部、铁路总工会、河北省总工会和石家庄市工、青、妇等12个单位和团体捐款，为高克谦烈士建筑铜像。河北师范大学美术系副教授阎明魁、河北师范学院艺术系副教授线天长等人承担了高克谦烈士塑像的总体设计和雕塑。

　　1985年10月8日，中共石家庄市委、石家庄市人民政府在石家庄火车站北侧的大石桥旁为高克谦烈士纪念碑奠基。时任中共中央政治局委员、全国人大常委会委员长的彭真同志亲笔题写了"高克谦烈士纪念碑"的碑名。

　　1985年12月12日，彭真同志莅临石家庄车辆工厂视察，再次回到了曾经战斗过的这个工厂，与工人们亲切交流座谈，深情回忆起当年与高克谦等战友们的革命往事；在石期间，彭真同志亲自选定了高克谦烈士塑像小样，并给予了肯定。

铁流激荡

　　1986年11月12日,石家庄解放39周年纪念日这天,石家庄市隆重举行了高克谦烈士纪念碑的铜像落成典礼,党和国家有关部门的领导王鹤寿、毛铎、陈用文等来石出席典礼仪式。纪念碑高4.2米,主体为烈士的半身铜像。彭真同志亲笔题写的"高克谦烈士纪念碑"七个大字贴金镶嵌在墨绿色的大理石基座上。碑基左侧是高克谦烈士生平介绍。如今,这里已成为石家庄的爱国主义教育基地之一。

第二十九回　工农联合燃旺火种
陈梅生回乡斗土豪

在1925年1月召开的中国共产党第四次全国代表大会上，党中央根据共产国际关于"共产党必须致力于建立工农联盟"和农民问题是"中国共产党的整个政策的中心"的指示，提出了减租、反对土豪劣绅、反对苛捐杂税等保护农民利益的要求。1926年，毛泽东亲自领导了湖南农民运动，并发表了《湖南农民运动考察报告》，进一步强调了开展农民运动，建立巩固的工农联盟的问题。

正太铁路石家庄总机厂的工人，绝大多数来自农民。有些工人家住农村，天天进厂上工，所以工人和农民有着密切而又天然的联系。总机厂的共产党员们从实践中逐步认识到，工人阶级要夺取全国胜利，必须联合农民作为可靠的同盟军，建立起巩固的工农联盟。因此，正太铁路的党组织便及时地把革命斗争从工厂扩展到了农村。

1925年冬，已回到阳泉农村生活的正太铁路"二七"失业工人梁永福接到一封信，让他到石家庄去领取救济金。梁永福来到石家庄北后街普安胡同北口路西的一个小院里，傅茂公亲手交给了梁永福12块大洋，并给他讲了许多革命道理，鼓励他要在农村积极宣传革命真理，把农民兄弟团结起来，继续开展革命斗争。

自1926年2月大兴纺织厂罢工失败后，中共北方区委开始注意在农村中发展党员，建立党组织，领导农民进行反对地主封建势力的斗争。石家庄近郊的花园村是他们最早活动的农村之一。

花园村属获鹿县所辖，全村共有140多户人家，少数几户地主和富农却占有全村耕地的一半以上，且长期把持着村中大权。他们规定当村长、乡长必须有30亩以上的土地。这样，村长、乡长就自然在这几户地主、富农中间轮流转。村长、乡长操纵着土地买卖，把持着地价。村中有人买卖土地，必须给村、乡长交5分

（即卖户2分、买户3分）佣金；买卖棉花，他们也要从中抽肥；地租更是压得农民们喘不过气来，每亩地要交6至7斗粮食，几乎占亩产量的60%以上，穷苦农民辛苦劳累一年，也只能得到不足一半的粮食，遇上灾年，还得给地主贴租子。为谋求生存到正太铁路和大兴纱厂当苦力的陈梅生、宋公玉、陈联璧等人，就出生在花园村。他们在村里遭受地主、土豪劣绅的压榨，到工厂做工又受到资本家的盘剥和压迫，心里早已埋下仇恨的种子。

1925年10月，陈梅生、宋公玉等人先后加入中国共产党。根据党的指示，陈梅生经常回村进行革命活动，宣传党的政策，讲解革命道理。到同年底，陈梅生在花园村发展了史化民、潘墨林、张菊仁、史连生等6人入党，并建立起党小组。从此，他们开始在党组织领导下开展反对地主豪绅的斗争。

1926年春，花园村党组织根据村民的要求，决定发动一次竞选村长的斗争，确定由共产党员陈联璧、潘墨林、张菊仁参加村长竞选。之后，通过党员和群众积极分子的广泛宣传和串联，群众要求改选村长的呼声更加高涨。穷人竞选村长的消息传到地主富农那里后，他们如坐针毡，唯恐失去村中大权，于是，到处散布谣言，并威胁说，30亩地以上的人家当乡长当村长的规矩，是祖祖辈辈流传下来的，谁也别想改变。但这时人们已不再听信他们这一套了。

农历二月初的一天，花园村选举村长，陈联璧等人清点人数，足有100多人，还是不见地主富农的人来。史化民走到讲台前，对村民们讲道："多少年来，富户们把持着村中的大权，轮流着榨取我们穷人的血汗，他们把穷人关在村政权的大门以外，不许我们穷人过问村中大事。他们说穷人见了钱眼黑，没有30亩地就不能当村长，这完全是看不起我们，欺侮我们穷人。我们一定要当村长，做出个样子来给他们看看。"史化民讲完后，会场内群情激奋，纷纷表示："我们一定要选举棍棒子（指穷人）当村长！"党员们看到群众情绪高涨，马上进行了投票选举。经过大家投票，一致选举共产党员陈联璧当村长。

同年3月，晋系军阀向冯玉祥的国民军发动进攻，军阀到处派粮草、派军款、派差役，花园村也不能幸免。一次，村里派宋老永、陈德裕等地主和富农出车马去应差。地主宋老永想借此机会给陈联璧等人出难题，并从中捞取不义之财。于是，他廉价买了一头病弱骡子和一辆破马车，赶着马车出差了。但他在中途就把车马卖掉跑了回来，又串通其他地主一起，要求村里包赔一切损失。

村党小组了解事情真相后，决定发动群众揭露地主富农们的阴谋诡计，维护穷人村长的威信。党组织派党员和积极分子分两组到几户地主家，揭露他们的丑行，使他们再也不敢找村里包赔牲口和马车了。但他们并不甘心失败，又收买获鹿县衙，诬告陈联璧"聚众打人，抗差不缴"。陈联璧被县衙传唤后，当堂义正词严地揭露了地主富农们为非作歹，欺压群众，恶人先告状的卑劣伎俩，使县知事恼羞成怒，竟以搅闹公堂为由，把陈联璧扣押起来。为了把这次斗争进行到底，石家庄党组织负责人张浩古多次去花园村进行具体指导，陈梅生、宋公玉等共产党员也经常回村活动。党组织决定，一面继续揭露敌人的阴谋，鼓舞群众斗争的决心；一面给地方官府施加压力，迫使其尽快释放村长陈联璧。之后，党组织召开了群众签名大会，陈梅生在会上讲了话，向群众进一步揭发了地主富农勾结官府、仗财欺人的勾当，号召大家团结起来，把斗争进行到底。群众签名十分踊跃，全村120多户村民都签了字。接着，党组织乘势发动70多人，由宋公玉、张菊仁等人带领前往获鹿县衙示威请愿。示威群众在县衙门前高呼"打倒土豪劣绅，立即释放陈联璧"等口号。县知事见事情越闹越大，唯恐不好收拾，便派获鹿大劣绅李老珠、司法科长等人出面进行调解，与农民代表商议解决办法；地主富农们也向县衙递交了"合息状"要求和解。在此情况下，党组织提出：（一）立即释放陈联璧；（二）不出车马包赔费；（三）取消"地方门"轮流当村长的旧习，村中交易收益归村一半。经过多方调解，基本实现了各项条件。至此，花园村反土豪斗争取得了最后胜利①。

在中国共产党的领导下，这次斗争使党组织和党员经受了一次考验和锻炼，提高了党在人民群众中的威信，在农村大地和有觉悟农民的心中燃旺了革命的火种，进行了勇敢的革命探索与实践，产生了广泛的影响，为我党开展农民革命运动积累了宝贵的斗争经验。

---

① 中共石家庄市委党史研究室. 中国共产党石家庄历史：第1卷，（1921－1949）. 北京：中共党史出版社，2016：75－76.

第三十回　傅茂公险境闹革命
　　　　　李永顺赤胆献工运

　　随着正太铁路工人运动的复兴，到1926年初，党组织经过对正太铁路工人中党团组织的整顿、训练，使这些党团组织又得到了进一步地发展壮大，一些进步工人相继加入了党组织。

　　这个时期，正太铁路石家庄总机厂工人中的共产党员，除在京汉铁路大罢工前入党的施恒清、王凤书、赵永庆、李国庆、李庆元、孙云鹭、崔庆瑞等以外，加入党组织的还有任凤鸣、张春和、张德胜、赵玉祥、姚来祥、邢文才、梁长起、宋公玉、张大中、李永顺、陈梅生等，其中：崔庆瑞于1922年由孙云鹏、贾纡青介绍入党，李永顺于1925年由傅茂公介绍入党，陈梅生于1925年由张浩古、阎怀聘介绍入党，梁长起、宋公玉、邢文才于1925年由傅茂公介绍入党，任凤鸣于1926年高克谦追悼大会后由袁子贞宣布为共产党员，姚来祥于1926年由陈梅生介绍入党。

　　1926年1月，中共北方区委又派王光宇（曾用名王斐然）来石家庄，和傅茂公一起建立了中共石家庄特别支部。

　　1926年4月间，冯玉祥的国民军在反奉战争中失利，国民军退到山东，阎锡山的晋系军队占领石家庄，他们把工贼谢恩霖、田清连、赵恩章等放了出来，第4次封闭了工会，并到处抓捕共产党员。

　　在日益严重的白色恐怖之下，石家庄一片肃杀之气。为了安全起见，李永顺置个人安危于度外，将傅茂公转移到自己的家中，在普安胡同1号的小小四合院里，继续秘密开展地下革命工作。

　　李永顺是傅茂公亲自发展的共产党员，政治上靠得住，对革命工作信仰坚定、赤胆忠心。李永顺全家人对傅茂公在生活上关心照顾得无微不至，傅茂公十分爱吃李永顺

◎ 李志强向本书作者忆述爷爷李永顺的革命经历

妻子做的可口饭菜。

据李永顺的孙子李志强（中车石家庄车辆有限公司退休高级工程师）回忆，1948年初，他看到4个挎着双枪的解放军战士开着美式吉普车把爷爷和奶奶接走了，二老回来后很高兴，说是彭真请他们过去叙叙旧。爷爷李永顺曾对他多次说起过，解放后，彭真同志只要到石家庄视察工作，他就带着警卫员到家里做客，有时还会邀请爷爷、奶奶和家里人到小白楼或是住地吃顿便饭，在餐桌上还笑言着想吃上几口老嫂子亲手做的饸饹面。

当年，李永顺对傅茂公的人身安全十分上心，平日里警惕性一直很高。傅茂公搬到李永顺家里不久，一天深夜，李永顺突然听到在隔壁屋睡觉的傅茂公喊了一声，他顾不上夜里寒凉，连衣服也没穿，从蜂窝煤炉子旁边，随手抄起一根一米来长的"通条"（通火炉用的铁棍），跑到院里没有看到人，随后又踩着搭在房檐的木头梯子，几步就爬上房顶，猫着腰转圈仔细查看院子四周的情况，直到没有发现可疑人员后才回屋休息。

那时的工人运动已由正太铁路发展到了石家庄全市范围，傅茂公秘密发动并领导了大兴纱厂第一次大罢工。在罢工到一周左右时，大兴纱厂的资本家气急败

◎ 普安胡同

坏，勾结土豪劣绅在晋系军阀的支持下，不但封闭了大兴纱厂工会，还下令通缉和追捕傅茂公等人。傅茂公在工人的掩护下指挥若定，使这次罢工坚持了20多天。

有一天，傅茂公同三五个工人代表正在粪场的住处开会，会才刚刚开始，突然来了两个警察，在门口放风的工人进去通报已经来不及了，情急之下只好在门上重重地敲了敲，算是报信。情况紧急，一起出去，目标明显，危险太大，大家当即决定让傅茂公先走。

傅茂公走到门口时与迎面走来的警察撞了个正着，"嗨，你，给我站住，里面有没有个叫傅茂公的人？"一个矮胖的警察边用手枪顶着大盖帽檐，边板着脸、翘着下巴盯着傅茂公盘问道。傅茂公不慌不忙地回答："不太清楚，你们还是进去问问他们吧。"

两个警察进到屋内，扯着嗓子大声问："谁叫傅茂公？刚才走的那个人是谁？"工人们异口同声地说："刚才出去的那个人啊，是粪场的工人，我们不认识什么傅茂公啊！"为了拖延时间，大家又是递烟又是倒水又是让座，好让傅茂公走远些。就这样，傅茂公化险为夷，躲过了一次抓捕。

晋系军阀见仍压不住工人运动，便下了毒手，首先逮捕了大兴纱厂工会领袖张新和、李文郁等4人，及至搜捕傅茂公时，却找不到人了。原来，正太铁路工

◎ 李永顺老年照

人李永顺、张大中假扮成农民，先敌人一步，赶着马车护送傅茂公安全转移到了正定城里的党的联络站（裕华鞋庄郝清玉处），与王光宇会齐，二人停留数日后，一并离开正定去北方区执委例行分配工作。

自傅茂公走后，石家庄的铁路工人运动更加艰辛曲折。正太铁路总工会被迫搬到了三庆里，租了一间房子，把家什物品存放在里面，由李永顺看守。此时的工会就没有什么活动了，门口不能挂旗、挂牌，只是有这么个地址。王凤书、施恒清时常到这里看看，由于他们和党失去了联系，虽然有重新把工人组织起来的愿望，却心有余而力不足。因工会收不到会费，连给李永顺开支的钱也拿不出来。到了1928年，工会就更困难了，李永顺只好晚上看门，白天锁上门去当小工，挣个一毛两毛钱。由于交不起房租，这年，工会把现有的一些家什物品都折价分给了厂里的工人，李永顺用这笔钱还了房租，又借钱到北后街西头路南离西横街小庙不远处开了一家"永顺记"杂货铺，平日里由妻子经营，勉强维持生活。李永顺还请擅长书法和篆刻的孙云鹏刻制了一枚长方形的"永顺记"硬木印章。

1926年夏，在傅茂公、王警昆、王光宇离开石家庄不久，上级党组织又派张浩古、阎怀聘（正定南豆村人，原正定七中学生）到正太铁路石家庄总机厂领导工人运动，他们和李永顺、宋公玉、张大中等一些工人党员接上了关系。

这时，由于晋系军阀驻扎石家庄，对敌斗争环境十分艰苦，中共地下组织派来的同志很难站住脚。李永顺和王凤书、陈梅生、李德存等进步工人见此情况，内心十分焦急，他们只要一有时间就聚在李永顺的杂货铺里商量对敌斗争的万全之策。不久，晋军在石家庄的三才里的一座楼房里开设了招兵处，李永顺、陈梅生合计一番后，他们认为最危险的地方往往也最安全，于是大胆、巧妙地把党的工作机关设在了招兵处的楼上，在敌人的眼皮底下，利用招兵处的牌子，掩护了共产党的机关，便利了党开展地下工作，保证了党组织的安全。

李永顺经营的"永顺记"杂货铺此时也派上了用场，发挥了重要作用。当时，石家庄的反动当局规定，外地人来石家庄的客栈住宿，必须要有当地店铺做担保，俗称为"铺保"。于是，只要有外地党的同志来石家庄，李永顺就会在他们的行李包裹上面加盖一个红色的"永顺记"店铺印戳，正是在李永顺的出面担保下，张浩古、阎怀聘等同志才顺利地住进了客栈，地下党的同志们都亲切地赞誉李永顺的那枚小小的印章为"石门红色通行证"。

第三十一回　国民党插手正太路
另行成立"黄色工会"

1926年2月7日至15日，中华全国铁路总工会在天津召开了第三次全国铁路工人代表大会。正太铁路总工会代表傅茂公、邢文才、李庆元参加了这次大会。在这次代表大会上，孙云鹏再次被选为全国铁路总工会执行委员，施恒清被选为候补执行委员。会上对正太铁路总工会一年来的工作给予充分肯定和高度评价，会议指出"正太铁路以石家庄为主脑，从第二次代表大会到反奉战争，该路工会虽受奉系军阀高压，没公开恢复，但该会很努力活动"，等等。（详见1926年《铁总年鉴》）

大会对各路工运都作了简要总结，其中正太总工会组织情况为：现该会太原、石家庄两处的分会已告公开恢复，共有纳费会员1500余人，每月收费390元，其受工会影响者约千人。石家庄工会以大厂、车务、工务为基础，未加入工会只3人。工会下层组织，系遵照铁总公告，按工作部分，一体组织，工厂小组共有40余组，每组人数少者6人，多者180人，均按时交纳会费。在工头指挥下所组织的工人研究会，现已令工头退出会，并入工会。工贼所把持炉灰费（每年收入1000元左右），亦归工会管理，并在法国资本家卵翼下的工人俱乐部（员司及一部分机务工人所组织）原分3处，太原、阳泉各60人，石家庄百余人，现大部分已从醉梦中惊醒，知道工会是他们的保障，而要求加入工会。工会有纠察队130人，训练极佳。并出有《正太工人周刊》，每期印百份。俱乐部在筹备中。唯阳泉工会因在晋阀高压之下，并受当地官绅及工贼的包围，仍未公开恢复。

1927年，蒋介石悍然发动"四一二"反革命政变，挥舞屠刀，疯狂捕杀共产党人和革命群众，中国共产党在正太铁路辛勤培养起来的工会组织也遭到了严重破坏，一批进步工人被开除，不少共产党员、工会干部和积极分子被捕入狱，甚至遭到杀害。

国民党政府为了加强对工人的统治，于1928年6月开始，在国内各铁路局建立国民党特别党部（正太铁路因未接收，于1938年建立）。同年8月开始，成立以铁路局为单位的御用工会——"铁路工会整理委员会"（俗称"黄色工会"），归特别党部领导。"黄色工会"的称谓由来是这样的：1887年，法国蒙索明市的一个厂主，为了防止工人罢工，私下收买了工会，于是工人们愤怒地砸碎了工会会所的玻璃窗，工会就以黄色纸裱糊挡风遮阳，从此工人们就称其为见不得人的"黄色工会"。一般而言，"黄色工会"指资本主义国家和旧中国被资本家或反动政府收买的工会，主张工人阶级与资产阶级实行"阶级合作"，为了维护资产阶级的利益，破坏罢工，分裂工人阶级的团结的组织。

1929年10月20日，国民党政府公布的"工会法"规定：工会职员由国民政府委派、指定、监督……禁止工人罢工、怠工及一切所谓轨外活动，国家行政、交通、军事、工业、国营产业、教育事业、公用事业不得组织工会及提出任何要求，绝对不得罢工……所谓的国民党的工会法，哪个人违反或反抗，便要罚款200元，拘捕坐牢，以致枪毙（见《中国工会历史文献第三卷》第304页）。

当时，工人们的一举一动都受到警察、特务和工贼的监视。正太路总工会也再次被查封。王凤书等工会负责人不得不转为秘密活动。这时，王凤书的家就成了党员和工会负责人的活动地点，一些重要革命信件也存放在了王家的炕洞里①。为了掩护革命工作，1926年，王凤书特意把妻子和儿子王敏从长辛店接到石家庄，将13岁的王敏转入石家庄第二扶轮学校上学。小小年纪而又机警灵活的王敏开始替父亲捎话传递消息，王凤书经常让王敏到住在栗村的马福来（马当时是火车房的机器匠）家送信和取信。为了保密，王敏从来不去看信里边的内容，只是看到父亲他们拿到信后就开会商量事情。施恒清等人到王凤书家里开会时，王敏就在门口望风放哨。王凤书的妻子是个家庭妇女，经常劝丈夫："别搞这害怕的

---

① 根据1960年6月3日刘一身、王连印在郑州访问郑州铁路局机务处计核科科长、王凤书之子王敏的手稿记录整理。

事了，让人天天提心吊胆。"王敏回忆说："我当时因为小，还不懂什么道理，也跟着母亲一起数落父亲，父亲就骂我'不争气'，当时我还弄不清什么算'不争气'，经常反复地想，后来弄清了，原来革命就是争气，这三个字使我印象最深，它时刻地勉励着我，要争气要革命！"[①]在父亲的影响下，王敏于1929年到总机厂上了班，父子二人积极团结进步工人群众并肩战斗在了一起。

1928年以后，国民党的势力逐步延伸到了石家庄，并开始在工厂办工会。北方的许多国民党组织多是在第一次国共合作时期由共产党帮助建立起来的，因此，国民党党部里边有许多是共产党员。这时办工会的有些人是企图以"办工会"为名，控制工人，为反动势力效劳；有些人受共产党的影响，沿袭了共产党搞工人运动的方法。1928年11月，徐英彦、张怀现、翟宗林等来石家庄，建立了国民党石门市党部和石门市总工会筹备委员会，并派陈昭武为特派员到正太铁路石家庄总机厂进行"整顿"，建立了"正太铁路工会"（亦称"黄色工会"）。根据党的指示，共产党员陈梅生、王凤书、施恒清等巧妙地打入了这个工会，并利用"黄色工会"委员的身份积极开展活动。

陈梅生的地下工作主要是搞宣传，宣传的方法就是在总机厂各个角落里写标语，内容是"打倒军阀、打倒'黄色工会'"等等。陈梅生文化水平低，这些字一开始不会写，他就整天光练这几个字，很快就会写了。于是陈梅生利用一切机会到厂里的角角落落写这些口号，甚至还到厕所里去写。为避免被人发现，他就早早上班，趁人们还未上工时去写。法国资本家发现这种情况后，就将工人上班时翻的铜牌改装了一下，只要工人在上班时一按这个牌，就能显示工人的上班时间。法国人想利用这个办法来发现谁来得早，便把谁抓起来审问。然而，这个小伎俩却被陈梅生识破了。上工前，陈梅生偏偏不去翻牌，而是先到厂里去写标语，等快到上工时再去翻牌，结果法国人还是"丈二和尚摸不着头脑"，愣是查不出标语是谁写的。

一次，"黄色工会"开会决定，工会委员值班发饭费。陈梅生因回家吃饭没

---

① 根据1960年6月3日刘一身、王连印在郑州访问郑州铁路局机务处计核科科长、王凤书之子王敏的手稿记录整理。

有参加开会，第二天得知后表示坚决反对，他找到工会说："尽管你们作出了决议，我也不同意。我不要值班饭费，如果给我，我就买成物品交工会。"由于陈梅生的坚决反对，工会只好把决议推翻。领了饭费的委员也把饭费退了回去。工人们对陈梅生的做法非常拥护。但厂里的法国资本家却妄想分裂工人队伍，收买陈梅生。厂公事房先生把陈梅生叫去，拿出白花花的30块大洋，"关心"地对陈梅生说："知道你家里不富裕，这钱你拿去花吧。"接着又说，"你在工会工作那么好，也有人骂你。有了罪，只能自己受，别人站在旁边看笑话，别干了。"陈梅生气呼呼地把钱推给公事房先生，说道："钱，我不要。不管别人说什么，我掏出心为工人办事，问心无愧！"说完拂袖而去①。

徐英彦、陈昭武等依靠一些共产党员，沿袭共产党搞工人运动的方法，于1929年2月组织石家庄大兴纱厂工人向资本家开展斗争。结果，招致国民党反动势力不满，于是国民党河北省党部将石门市党部和石门市总工会筹委会改组，后来还以"共产党嫌疑"的罪名将徐英彦逮捕。陈梅生、王凤书、施恒清等仍利用"黄色工会"进行秘密斗争。

1929年，正当国民党在北方大办"黄色工会"之际，共产党员张昆弟、孙云鹏等在天津开始逐步恢复中华全国铁路总工会的工作。中华全国铁路总工会决定进一步加强对各铁路工人运动的领导。对于有工会组织的地方，要加强联系和领导，对于没有工会组织的各铁路地方，如唐山等地，由孙云鹏利用亲戚、朋友、同乡、同学关系，向那里派遣共产党员进厂工作，并派李培良到石家庄领导正太铁路工人运动。

1929年4月，中方将正太铁路监督局改为正太铁路管理局，此时已由玛尔丹接替拉伯黎担任总工程司，但铁路管理权仍操控在总工程司手中。由于国内物价飞涨，通货膨胀，正太铁路的工人工资很低，生活难以维持。1929年7月27日，总机厂等正太铁路沿线工人由工会出面，向玛尔丹写信要求增加工资，展开了一场要求增加工资的斗争，信中说："……现在还要率全体会员，有一件重要的

---

① 中共石家庄市委党史研究室. 石家庄市党史人物（内部发行）. 1990: 112—113.

◎　正太铁路管理局办公楼

事来向总办要求，就是全体会员远离家乡，率妻携子来到这生活程度很高的石家庄工作。谁也感觉到生活困难的一个问题要解决，这个问题不能不要求总办先生垂鉴我们的苦况，尤其是先要明了石家庄生活程度与日俱增，我们工资有限度，有定率，哪里能够应付这种生活呢？要想应付这种生活，不能不请总办先生提高工资。提高工资，换一句话说，就是提高工人的生活。如果提高工人生活，则工作上当有莫大的增进，和种种有利于铁路者实非浅鲜。盖人们的生活是向上的，即是痛快的。如果以有限制的和有定率的工资，在无论哪一个国家里面，也难应付一种有进无上的生活。此次属会职员，是以至诚恳的心理和极和平的手段，来向总办要求普通加薪一次，以安慰生活困难的工友们。或者工人知识虽低，受了总办若干的恩惠，工作上当然十二分的努力和奋勉。非特工人一方面之利，铁路方面无形中的利益，概可想见。但是我们代表全体会员，要先声明一句，这次要求普通加薪，完全出于自动感受生活上的痛苦而来的，更要希望总办知道我们的痛苦在什么地方，用什么方法去解决？自然是提高工人生活和增加工人工资。为急要之图，敬祈总办详细考察一下，早日施行……"

中华全国铁路总工会和中共顺直省委从1929年7月28日的天津《益世报》上看到这一函件后，认真地进行了研究。认为正太铁路这次工潮，是由和平渐趋激烈化的，国民党与"黄色工会"必定要出卖工人的利益。因此，对这次正太工潮确定了3条原则：

（一）要使这次斗争成为群众的直接行动，以防国民党的出卖。就是说我们的同志固然要在工会里同工贼委员们争领导，揭破"黄色委员"的阴谋，但是特别重要的还是到下层群众中去用功夫，使群众了解斗争的口号，自己为这些口号而奋斗。只有这样，才能够防止国民党的出卖。

（二）我们要想法扩大这一斗争。铁总要号召各路工友起来援助正太路的斗争。必要和可能时，正太路也要找出积极的工人分子，在我们同志的领导之下，组织代表团到各路去求援。

（三）积极做好宣传鼓动工作，出版小册子，在可能时也要多写标语、贴标语、开会讲演等。

中华全国铁路总工会于8月5日就此事专门向中华全国总工会作了报告，并决定派共产党员、铁总常务委员刘俊才到石家庄就地指导这一斗争。中共顺直省委对这次斗争十分重视，专门发出通知，要求北平、唐山、太原、张家口等地党组织推进和援助这一斗争。中共石家庄临时特支也做了必要的组织准备工作。但是，1929年8月1日，石家庄大兴纱厂失业工人李文郁等数十人组织飞行集会，控诉该厂"黄色工会"出卖工人利益的罪行；8月2日，他们到国民党石门市党部去请愿讲理，并一举砸了大兴纱厂"黄色工会"，国民党石门市党部逮捕了6名工人，引起了国民党地方当局加强防范和警戒，正太铁路要求增薪的斗争，亦由于"黄色工会"的出卖和国民党反动派的镇压，而未能获胜①。

1931年1月，正太铁路当局根据国民党中央执委会的指示，依法改组工会，呈报立案。因当时正太铁路尚未接收，路权操控在法国总工程司之手。法方即函告国民党中央执委会：本路对于工人所组织之工会，向未予闻，且亦未予以正式

---

① 中共石家庄市委党史研究室. 中国共产党石家庄历史：第1卷，（1921—1949）. 北京：中共党史出版社，2016：137.

承认……7月，又经铁道部应准立案，并发图章为"铁道部直属正太铁路工会之图记"，始为成立，正太铁路管理局并对常务理事、工会经费、会址等作了具体规定。但是，法国总工程司仍持不承认态度。

第三十二回 陈梅生任市委书记 广暴宣传首战告捷

　　1927年4月，以蒋介石为首的国民党反动派发动了"四一二"反革命政变，大肆屠杀共产党人和革命群众，疯狂镇压革命运动。1928年6月，奉系军阀退往山海关外，直隶省改称河北省，处于蒋介石南京政府统治之下，中国共产党内坚持和国民党妥协的早期领导人陈独秀等人，不但不揭露国民党反动派的反革命罪行，反而一再妥协让步，使中国大革命受到严重摧残。据不完全统计，从1927年3月到1928年上半年，被杀害的共产党员和革命群众达31万多人，全国工会会员由280余万人锐减到几万人，国内的工人运动顿时陷入了前所未有的低潮。

　　此时，在正太铁路石家庄总机厂内部，工人们中间虽然有些人产生了悲观情绪，但是，广大党员、进步工人依然坚信党的领导，坚信革命一定会胜利，坚定地跟着共产党走。共产党员陈梅生、王凤书、宋公玉、张大中、李德存、李永顺等，始终一如既往，坚持斗争。这个时期，上级党组织先后派张浩古、阎步洲、李清汉、薛银棣等到石家庄领导革命斗争，并紧紧依靠总机厂工人中的党员作为骨干进行革命活动。

　　为积蓄革命力量，使党能在极端困难的条件下开展工作，陈梅生想方设法筹建党的秘书机关，与孙振州合营开了一个"孙家饭馆"，作为党的秘密机关，让阎步洲以饭馆厨师的身份作掩护，秘密领导革命斗争。陈梅生还利用对石家庄情况熟的有利条件，帮助中心市委领导人阎兴汉取得了户籍，并从家里拿出了3块2毛钱给阎兴汉买衣服穿，使阎兴汉打扮成小商贩模样，以卖粉条为业开展工作。

　　正当革命危急的重要关头，为了挽救革命，中国共产党中央于1927年8月7日在汉口召开了紧急会议（即八七会议），确定了实行土地革命和武装反抗国民党反动派屠杀政策的总方针，向全党指出了斗争的方向。

◎ 陈梅生

　　根据八七会议精神，为了加强对石家庄工作的领导，1928年7、8月间，中共顺直省委派邢克让（又名邢予洪、邢予宏）到石家庄。邢克让原为正定七中学生，在五卅运动时曾来过石家庄，与正太铁路工人建立了良好的关系，对铁路工人比较熟悉。他到石后，紧紧依靠铁路工人中的党员和骨干分子，根据中共中央关于"积极地征求党员，继续引进工人同志的积极分子加入党的领导机关，务使指导机关工人化"的精神和省委的指示，对石家庄市委进行了充实和调整，市委成员明确了分工。正太铁路石家庄总机厂工人党员陈梅生任市委书记，邢克让、李卓然分别任组织部部长和宣传部部长。

　　新的市委组成后，根据形势和国民党统治区的工作特点，按照顺直省委7月扩大会议精神，确定了市委的主要工作任务是加紧发展党员，扩大党的组织和党的外围组织，加强对工人运动的领导。具体从以下两个方面开展工作：一方面抓紧考察原来的积极分子，条件成熟或可靠者重新接上组织关系；另一方面积极培养新的积极分子，经过一段工作考验后，吸收入党。同时，整顿正太铁路、大兴纱厂和郊区马村、花园村党支部。市委把领导正太铁路、京汉铁路、大兴纱厂和井陉煤矿等地的工人斗争作为工作重点，逐步向四周县城、农村延伸。为便于开展工作和出于安全需要，邢克让对外以新闻记者的名义出现，李卓然以国民革命军李生达师部便衣作掩护，进行革命活动。任务明确后，市委委员们分头深入下去，通过与自己联系的党员和积极分子串联其他人员，慢慢形成了一个工作网。

◎ 访问"二七"老工人陈梅生的记录

花园村史化民开设的药铺、张大中的家里都成为市委的办公地点和活动场所。①

1960年7、8月间，陈梅生在接受访问时回忆说，1928年由邢予宏来石家庄组织市委，市委委员有邢予宏、李卓然、张大中、陈梅生，还有一个人名字记不清了，共计是5个人，在分工时，我说我搞宣传，可是邢予宏非让我担任书记，结果推来推去，还算是我的书记，邢予宏担任组织委员，李卓然担任宣传委员，其余几个委员分工记不清了。那时，我们的重点工作就是秘密地大搞宣传，启发

---

① 中共石家庄市委党史研究室. 中国共产党石家庄历史：第1卷，（1921—1949）. 北京：中共党史出版社，2016：96.

教育土豪劣绅的子弟，把他们争取过来对我们的工作很有利，他们往往起来反对自己的反动父亲、祖父等。

为了扩大党的政治影响，石家庄市委于1928年12月7日，在殷家胡同7号共产党员张大中家，由邢克让主持召开了一次市委扩大会议（根据陈梅生回忆），研究部署广州起义一周年纪念活动。为了组织好这次活动，顺直省委还派交通员乔国祯来石帮助开展工作。市委决定通过散发传单，开展一次大规模的宣传活动，并由邢克让负责起草了以下3份传单：

（一）《告工人书》主要内容是：反对压迫剥削工人，打倒工贼，打倒"黄色工会"，打倒军阀，取消不平等条约；

（二）《告农民书》主要内容是：号召农民组织起来，成立农民协会，抗捐抗税，武装起来，打倒土豪劣绅；

（三）《告市民书》主要内容是：号召市民、商人团结起来，反对苛捐杂税，并号召店员、洋车夫等受苦的人团结起来进行斗争。

后来，陈梅生回忆说："那时，我们在市面上，重点是抓军警里边连长以下的人员，洋车夫、小徒工、理发员等，利用这些人当中的积极分子掩护我们。"

1928年12月11日，是广州起义一周年。为了纪念这个革命的日子，几天前，邢克让就将编写好的《告工人书》《告农民书》《告市民书》等革命宣传材料，提前刻在了蜡纸上，准备印成传单。陈梅生在《纪念广暴宣传与市委遭破坏的情况》的文章中回忆：油印的费用是从我们村（花园村）借了10块钱，散发传单用了6块，余的4块以后因市委特别困难，作为市委经费用了[①]。为了解决宣传材料印刷难题，共产党员张大中从休门村小学借来一架油印机。

12月10日傍晚时分，张大中家，阴冷狭窄的地窖里，点起了一盏小小的煤油灯，陈梅生、张大中、薛仁弟在昏暗的灯光映照下，手脚麻利地打开墨迹斑斑的油印机，有的用锋利的小刀裁好纸张，有的轻轻地夹好蜡纸，有的仔细地调好油墨、快速推动滚筒……三人花了将近4个小时，用了2刀多红绿两色纸，终于油印

---

① 中共石家庄市委党史研究室. 中国共产党石家庄历史：第1卷，（1921—1949）. 北京：中共党史出版社，2016：96.

完成了几千张传单。

晚上10点多钟，天已完全黑了下来，散发传单的准备工作已经就绪。天空阴沉沉的，也看不见星星，除了偶尔几声狗叫，市区里一片寂静。在市委的统一指挥下，陈梅生、张大中等人穿上大棉袄，把一沓沓的传单和熬好的糨糊小心翼翼地揣进了棉袄的夹层，用胳膊夹得严严实实，趁着街上路人稀少，利用夜色作掩护，顶着刺骨的寒风，兵分六路到市内和郊区进行张贴，有的就直接将传单撂到路边地头。

第一路是李卓然，散发地点是市内南大街、同乐街、木场街（中山路）。

第二路是陈梅生、张大中，散发地点是北后街、西横街、菜市街、东焦、北焦、高柱、东西柏林庄，最后到吴家庄，并事先确定在吴家庄村东口一个小庙里和宋公玉会合。

第三路是宋公玉，散发的地点是柏林庄、义堂、吴家庄，宋公玉把传单散发完后，时间相差不多，大家就在吴家庄的小庙里会合。

第四路是史化民、施恒清，在南翟营、北翟营散发。这天夜里，南翟营正在唱大戏，看戏的人在戏台底下发现了很多传单，人们纷纷传说，这是无声飞机散的。史化民为了掩护也搭讪说："真是无声飞机散的吗？"据宋公玉回忆，当时，史化民和施恒清挤在戏台底下看戏的人群里，悄悄地把传单贴在了看戏人的后背上。施恒清还被特务给盯上了，但他机智灵活地把特务甩掉了。

第五路是李庙村、薛仁弟、邓端杰到大兴纱厂及纱厂周围散发。

第六路是石家庄孙村的梁志宏，散发地点是石家庄南边的几个村庄。孙振州（后来死在了日寇统治的南兵营内）的散发地点是孙村、南焦村一带。

除此之外，市委还把部分传单送到石家庄周边农村，让农村的一些党员和积极分子分片散发。

一夜之间，红红绿绿的传单飞遍市内大街小巷和郊区的村庄。散发传单的行动迅速惊动了石家庄的反动当局，夜里10点左右散发传单，到12点就全市戒严，增加双岗，到处进行搜查。第二天报纸上就登载新闻说石家庄有三千共产党员。

这次散发传单的行动，是中共石家庄市委首次成立就胜利打赢的一场宣传战，揭露了国民党的罪恶和"共产党不复存在"的谎言，提出了我党的政治主张，号召各界人民不要对国民党抱有幻想，只有团结在共产党的周围才有出路，号召人民起来斗争，打倒国民党反动派。

散发传单之后，对石家庄反动当局和正太铁路的法国统治者造成了极大震慑，在扩大了中国共产党在社会各界的革命影响力的同时，也使广大铁路工人和市民群众更加认清了国民党反动派叛变革命的反动本质，使他们在白色恐怖笼罩的茫茫黑夜看到了光明和希望。邢克让后来回忆说，当时获鹿县党部一个姓孙的和我们有联系，对我们说："传单对我们启发很大，使人民知道了共产党并没有被消灭，而且有它的政治主张。"①

---

① 中共石家庄地委党史办公室，中共石家庄市委党史征编室. 中共直中特委（1928—1937）（内部发行）. 1988: 38.

第三十三回 叛徒告密多人入狱 绝食斗争取得胜利

纪念广州起义的宣传活动，虽然使广大人民群众更加认清了国民党反动派的反革命本质，看到了尽管蒋介石残酷地屠杀共产党员，但共产党人仍在浴血奋斗的事实，扩大了党的影响。但是，也引起了反动当局的警觉和仇视，过早地暴露了刚刚恢复不久的党组织。此次活动之后，国民党石家庄当局就在市内和郊区四处搜查收缴传单，搜捕党团员。

1928年12月15日深夜12点，大兴纱厂工人、叛徒邓仁杰带路，一群荷枪实弹的警察突然砸开了张大中家的大门，一阵翻箱倒柜的大肆搜查之后，没有搜出什么证据，只是从桌子底下搜出了几张和传单同样大小的红绿纸，随后强行抓走了张大中；另一路警察也直扑花园村，在宋公玉与史化民合开的中药铺，将宋公玉抓走，同时被捕的还有史化民的一个弟弟和宋公玉的两个弟弟以及药铺里的中医大夫[1]。

张大中、宋公玉等人的这次被捕，起因是李庙村等人的告密造成的，致使石家庄市委由此遭到了极大的破坏。

1960年7月26日，张大中接受访问时回忆了这次被捕经过，他说："那时，大兴纱厂有三个我们的人，即李庙村、邓仁杰、周成林，这三人都叛变了，特别是李庙村还早就参加了国民党的市党部，但我们事先没有发觉，还利用他们散发传单，结果他们把我们全给告密了，共告密了七个人，有我、陈梅生、张香书、宋公玉、李卓然、薛仁弟、史化民，其中陈梅生、张香书、薛仁弟脱险。"当夜，张大中就被押解到了石家庄警察局，刚一收监，他的手掌心就被半米多长的竹板

---

[1]　1960年7月26日时任石家庄长安公园主任宋公玉接受范双琴访问时回忆。

◎ 宋公玉

◎ 张大中

敲打了50多下，手肿得握不住拳。受审时，警察局长问他是不是共产党，散传单是不是他干的，石家庄有多少共产党员，张大中都说不知道，又问他怎么家中会有印传单的红绿纸，他说是在殷家湾拾的。

第二天，张大中又被解往获鹿县衙门扣押，过了几天，宋公玉也被押解到了这里。

那时，李卓然、史化民都在已开往阳泉的晋军杨效欧的部队里当密探，他二人见张大中、宋公玉被捕后，还想去找部队，托关系把张大中等救出来，可是李庙村早已把李、史二人的情况向部队告密，故他二人一到阳泉随即被捕。

张大中、宋公玉在获鹿待了一个来月，也没有什么事，和宋公玉一起被捕的那几个村里的人由于证据不足被放了出去。当时国民党有个惩治犯人条例，第一条就是政治犯由高级法院审判，像张大中他们这样的都算是政治犯，于是获鹿县衙门便把他们押送到了保定，可是保定法院也仅是个地方法院，在保定待了3个月，张、宋二人又被押往天津高级法院。到达天津高级法院后，他们先是住在看守所里（犯人没有判决前都关押在看守所），虽然不挨打，但是生活相当艰苦，每顿饭只给一个窝头或是一碗小米饭，还都是臭的。在看守所里，被关押的人得了轻些的病就让吃大锅药（即在大铁锅里熬的中药，有了病都吃这种药），这个大锅里的药是去火的，病人身上若是有寒气，吃了药病会更重，就被关在一个屋里等死。平时，除去一天放两次风（去厕所），就是在又脏又臭的屋里待着。

在看守所待了五六个月后，张大中和宋公玉分别被判了3年和2年徒刑。为什么拖了这么长时间才判罪呢？原来，张、宋二人过堂受审时，他们的答复还是和在石家庄警察局的说法一样，法院问不出口供，又无证据，凭那几张红绿纸也没法定罪。后来，法院又传证人李庙村，李也没去，这就更不好判罪了。可就在这时，李卓然在山西经受不住严刑拷打而招供，把张大中、宋公玉供出，于是天津高级法院由太原取来了李卓然招供的档案及判决书（李卓然被判刑8年），法院以此为证据，才给张大中和宋公玉定了罪。

获罪的张大中、宋公玉被单独关押在第三监狱的一个牢房里，他们是监狱里的第一批政治犯。到了1929年冬天，监狱里的政治犯就陆续多了，最多时达到了130人，这时彭真、刘秀峰等同志也被关押进来了。由于政治犯增多，第三监狱成立了一个新监，专用于关押政治犯。新监的牢房分东南西北4栋，十字形的中间地带有一个瞭望台，狱警就站在上面看守。狱方为了避免犯人互相串通，犯人每天放风时，采取一栋一栋地放，先放了南栋的犯人，再放北栋的，放了西栋的再放东栋的。张大中后来回忆说，当时我们已秘密地建立了党支部，但谁是支部的负责人，我不知道，因为这是绝对保密的，怕出现叛徒告密，所以根本也不让任何人知道，我只是知道建立了党支部，不过据我分析党支部负责人有可能是彭真同志，同时我们也与天津市的党组织有秘密联系。

在第三监狱秘密党支部的领导下，在押犯人秘密串联开展了绝食斗争。串联的方法是一栋房串另一栋房，即在南栋放风时，故意留下两个人蹲在茅房里，就说拉屎还没拉完，这样狱警等不及犯人拉完又接着放北栋，北栋人进茅房便可与留下的人串联，之后，北栋串西栋，西栋串东栋，取得行动一致，同日进行绝食。

在绝食斗争中，共提出如下条件：

1.增设西医给犯人看病；

2.开放监门；

3.增加洗澡次数（由一月一次改为一周一次）；

4.成立图书馆；

5.增加电灯、火炉；

6.给犯人增加衣、被并去掉脚镣；

7.窝头改馒头，小米饭改大米饭并得让吃饱。

解放后，宋公玉回忆说："在绝食前，我们准备了食盐，绝食后就喝盐水，这样可以坚持得时间长一些。"

张大中在后来的回忆中也提到了一些绝食斗争的具体情况："由于我党在监狱外面有关系，所以我们绝食的第二天，天津的报纸上就用大字登着'第三监狱政治犯为改善生活、反对虐待而全体绝食'的消息，引起了社会上的很大反响，在绝食中，全体政治犯非常齐心，没有一个吃东西的。法院当局，看到我们的绝食斗争闹大了，就想破坏我们的斗争，他们的方法是分散我们的力量，从监狱里提出了18个犯人用汽车押往陆军监狱，其中就有我、宋公玉、刘秀峰、彭真等同志。我们在汽车上沿途高喊口号，所喊口号的内容是揭露法院的黑暗，无根据地乱判罪等。"

虽然张大中等18个人被换监，但是第三监狱内的绝食斗争还在继续。当绝食到第7天的时候，天津警察局长曾彦义迫于压力，端出了牛奶、面包让大家吃，答应了绝食斗争所提出的全部条件。在押犯人每人给了两床被子，发了鞋，吃上了做熟的牢食，做饭用的米面全部换成了好米好面，买米面时犯人派代表跟着去，质量次的不要。警方还将提到陆军监狱的18名犯人送回了第三监狱，政治犯的脚镣去掉了，监狱牢门也开放了，每天早6点开门，一直到晚上9点才锁门，这次绝食斗争取得了胜利。

白天的时间里，政治犯们在监狱范围内可以自由活动了，大家可以随便到图书馆看报，也可以到监狱的俱乐部里娱乐，秘密党支部分别成立了识字班和研究班，在识字班有老师（文化较高的政治犯）教大家识字学文化；研究班里集体研究理论，学习哲学等。张大中和宋公玉所识的字大多是在此期间学会的。

张大中说，那时候，我们里边指定了一个跑号的，专门与外边秘密联系，购买进步书籍，以及探听法院的情况，通过跑号的弄了好多进步书籍，党内的刊物也能看（看党内刊物是秘密的，进步书籍可在监狱中公开地看）。在炎热的夏天，彭真住的那房子也照常生着炉子，这是为了防止出现叛徒或是搜查时烧秘密文件用的。就这样一直到1930年，法院当局要搜查我们的监狱，说是有人告发我们这里有手枪，并要取消绝食斗争所答应的条件，因而又引起了第二次绝食，这次绝食共计4天，就胜利了。

1932年春天，监狱里的政治犯已很少了，只有张大中等23人了（此时，宋公玉已刑满释放出狱），也都快刑满了，但法院却不让他们出狱，反而又从监狱里提了5个人（张大中、张玉、杨恒安、吴子清、陶少廷）送往山东反省院。

1934年2月，张大中被释放回到石家庄。当时，由于地下党组织遭到破坏，张大中与党组织失掉了联系，中断了革命活动，正太铁路总工会已被国民党的"黄色工会"所控制，他找了多次也不让上班，只好在家以经营鱼虾，做点儿小买卖为生。1944年12月，因叛徒告密，日军1417部队（特务队）以共党嫌疑为名把张大中、宋公玉抓捕，关押起来。张大中后经家人变卖财产及亲友资助，花了6万元伪币打通关节，才取保出狱。宋公玉经过数次审讯始终未暴露身份，一年后敌人只好将他释放。

宋公玉于1947年11月进入石家庄市建设局卫生队工作，担任副队长。1948年9月任石家庄市第六区政府副区长，11月任石家庄市第六区政府区长。1949年，他出席了石家庄市首届人民代表大会，并被选举为石家庄市人民政府首届政府委员会委员。1953年12月，任石家庄市郊区政府副区长。1956年10月，任石家庄市农林局副局长，11月任石家庄市人民公园主任。1959年7月，任石家庄市长安公园主任。1963年，任石家庄市园林管理处副主任。1968年6月26日，宋公玉因突发脑溢血逝世，终年75岁。

中华人民共和国成立后，石家庄市委审查了张大中的全部历史，认为他在两次被捕中没有变节行为，没有出卖组织和同志，在与党失掉联系期间，也没有做过危害革命和人民的事情，经石家庄市委批准，石家庄铁路分局党委于1948年6月1日恢复了他的组织关系，保留"二七"老工人的光荣称号，并分配了工作，先后担任石家庄市总工会生产科科长、二七合作社经理等职。1972年12月，张大中在石家庄铁路分局退休。1981年12月3日，石家庄铁路分局党委按照有关规定，落实了他的老干部待遇。1983年，张大中因病逝世，终年77岁。

第三十四回　陈梅生施计避他乡
与党失联初心不改

　　1930年5月至10月，蒋介石与阎锡山、冯玉祥、李宗仁等在河南、山东、安徽等省发生了一场新军阀混战，又称"中原大战"。中共顺直省委利用军阀矛盾加剧，对地方控制有所放松之机，积极恢复和发展党组织。

　　这一年，受中共顺直省委派遣，柏玉生来到石家庄领导党的工作，陈梅生帮助柏玉生以理发匠的身份作为掩护。临近冬天了，柏玉生还没有棉衣，陈梅生又买来棉花，帮助柏玉生把夹裤做成棉裤[1]。

　　10月，柏玉生重新组建中共石家庄中心市委，又称中共石家庄中心县委、中共保南市委，柏玉生任书记。陈梅生任市委委员，负责正太铁路工人运动，并经常在总机厂和工人住宅区利用贴标语、散传单，进行革命宣传。

　　自从上次散发传单后，有些人开始威胁拉拢陈梅生。花园村的大地主宋向南就"好言"相劝陈梅生："别干这个危险的事了。"并告诉他，"你们这次有57个人都叛变了，你们还闹什么？！"但是陈梅生不听他那一套，依然"我行我素"，坚定革命的决心不动摇。总机厂的法国资本家也在拉拢利诱陈梅生，有一天，厂里的法国人翻译霍书香拿着30块大洋非要塞给陈梅生，并劝诱道："你不干那个（指共产党的工作）了，钱有的是。"陈梅生不但没有收他的钱，还义正词严地说："我办事是为了工人，为了大伙儿，不是为了自己，几个钱算什么！我不要，我也没有办什么坏事，怕什么！"霍书香只好灰溜溜地走了。

　　1930年12月，以同仁街上开的一间杂货铺为掩护的市委机关被军警破坏，市委一个李姓秘书被捕，同仁街一个卖烧饼叫喜子的也被捉走了，因市委的房子

---

① 中共石家庄市委党史研究室. 石家庄市党史人物（内部发行）. 1990: 113.

是他给找的。陈梅生听信儿后，便马上赶了过去，见到市委门口已有军队站上了岗，他便没有再往前走，就顺便从喜子的烧饼铺买了一个烧饼，拿着烧饼装作行人边走边吃地走开了（此时是喜子老婆在那里看着烧饼铺）。

卖烧饼的喜子被捕后，便把陈梅生给供了出来，反动当局派警察到厂里抓陈梅生。一个和陈梅生关系较好的法国人得到消息后急匆匆地跑来告诉陈梅生："现在厂里正指着你陈梅生的名字捉你呢。"陈梅生一听事不好，便赶忙说："好，那我就跑了。"那个法国人还说："你先别跑呀，快开支啦，双薪也快开啦！"陈梅生说："都不要啦！"陈梅生回到家中，和父亲商量准备离开石家庄到乡下躲避。对于陈梅生做的这些事情，家里人是不同意的，父亲、叔叔们曾劝陈梅生踏实工作，过安稳日子，但他知道自己做这些事的意义。陈梅生也担心连累家人，就和父亲合演了一出戏。为了掩人耳目，陈梅生当夜先将行李偷偷地运走，第二天他就故意到街上聚集人多的茶铺里去歇着。不一会儿，陈父气呼呼地赶到茶铺里，当着众人脱下布鞋，边大声骂着边用鞋底把陈梅生搂了一顿，陈梅生拔腿就跑了。不知道真相的人都说陈梅生是和父亲吵架气跑了。反动当局没有抓住陈梅生，气急败坏地把他的父亲关押起来，逼问陈梅生的下落，陈父年老体弱禁不住敌人的酷刑，惨死狱中。陈梅生被迫离开总机厂，潜往外地住了几个月才回来。老父亲的惨死是陈梅生一生中最大的痛苦，他对父亲始终是心存愧疚。

1931年10月5日，石家庄（石门）中心市委撤销，中共顺直省委派李嘉年（黎玉）着手组建中共直中特别区委员会。11月，李嘉年任中共直中特委书记兼宣传部部长，直中特委委员王怀德以总机厂临时工的身份，继续领导正太铁路工人进行革命斗争。这是石家庄地方党组织自建立以来，机构最健全、人员最整齐、工作较活跃的时期之一①。

1932年初，全国铁路总工会调陈梅生到太原铁路委员会工作。到太原以后，正太铁路弹压又跟踪到太原追捕陈梅生。于是，党组织又派他到天津工作。陈梅生离开太原，步行到石家庄，借了路费乘火车到天津找到铁总机关，与栗再温、

---

① 中共石家庄市委党史研究室．中国共产党石家庄历史：第1卷，（1921—1949）．北京：中共党史出版社，2016：144．

胡锡奎接上关系。由于河北省委遭到破坏，他到天津后还没开展工作，敌人就发现了他和胡锡奎的住址，为了保护天津党组织，陈梅生和胡锡奎不得不立即转移到北平。到北平后，因与栗再温、胡锡奎失去联系，陈梅生返回了石家庄。这时，石家庄党组织也遭到破坏，陈梅生只好隐蔽在家里。1933年8月15日，反动当局又下令通缉陈梅生，他又潜往北平。冬天，陈梅生回到石家庄后，与共产党员李汉三取得联系，并一起开展工作。1935年冬，李汉三被捕，被押送到获鹿。1936年3月28日，李汉三被押回石家庄惨遭杀害，陈梅生、史化民等凑了30多块钱买了口棺材，把李汉三安葬。当时，敌人发现陈梅生回到石家庄，又继续抓他，他不得不再次离开石家庄，潜往太原。但当他再次返回石家庄后，与党组织失掉了联系。就这样，几年来陈梅生四次遭追捕和通缉，被迫潜往外地，但他始终毫不畏惧，坚持为党工作①。

---

① 中共石家庄市委党史研究室. 石家庄市党史人物（内部发行）. 1990: 114.

第三十五回　正太主权收归国有
王懋功恢复总工会

1932年，正太铁路借款合同期满三十年，全部债款已经还清。10月25日，法国将正太铁路归还中国，归属南京国民党政府铁道部管辖，成为官僚资本企业。王懋功受国民党政府委派就任正太铁路管理局第一任局长，并主持了接收典礼仪式①。

正太铁路移交中国后，正太铁路管理局将法国资本家开办的正太铁路法文学校改成了正太铁路职工学校，并要招聘一批教员。这时，中共山西特委趁此机会派共产党员毛诞登（毛铎的化名）来到石家庄，在正太铁路职工学校以教员身份开展工作。毛诞登利用给工人上课的便利条件，对工人进行阶级教育，联系先进分子，很快就发展了夏光禄、贾进宝等数名工人党员，建立了党支部。到1933年春季（或夏季），党员人数又增至10名左右，可靠的群众也已有10名左右，于是在党支部的基础上，成立了中共正太铁路工作委员会，书记由毛诞登担任，委员有夏光禄等，直属山西特委领导。此时，阳泉地区党的组织由朱效成负责，他的公开身份是教员。

正太铁路党组织建立后，经过毛诞登和其他共产党员的积极活动，把国民党用来对工人进行奴化教育的职工学校变成了进行革命活动的阵地。1935年，中国共产党北方局又派李衡到正太铁路工作。到1937年，正太铁路已有50多名党员。党利用这一有利的阵地，向工人进行广泛深入的革命教育，传播了马克思列宁主义，大大提高了工人的阶级觉悟。

---

① 石家庄市政协文史资料委员会，石家庄铁路分局路史编辑办公室．正太铁路史料集（内部发行），1992：46—47.

◎ 毛铎（毛诞登）

◎ 王懋功

◎ 正太铁路举行接收典礼合影

◎ 正太铁路管理局制发的铜镇纸（石家庄
锦古影像博物馆王熙收藏）

正太铁路归还中国之后，国民党的势力统治了正太铁路。

在正太铁路的国民党反动势力内部，有一部分人属于蒋介石集团的国民党右翼，为了加强对正太铁路工人的政治统治，他们向正太铁路派了一批CC系、蓝衣

◎ 正太铁路职工学校（法式建筑）

◎ 正太铁路管理局制发的铜墨盒（石家庄锦古影像博物馆王熙收藏）

社的特务，成立了正太路特别党部，下属1个区党部，2个区分部，并出版反动刊物《从石家庄到太原》《汽笛》，建立国民党员训练班、党义研究会，培养其反动骨干；一部分是国民党左翼，其代表人物是正太铁路管理局局长王懋功。据马庆昌回忆：王懋功原是孙中山老粤军许崇智部下的一个师长，和汪精卫、廖仲恺等国民党左派关系较好，大革命时当过广州的警备司令，因故得罪了蒋介石，被赶出了军界。曾到苏联东方大学留学，担任过汪精卫的秘书。蒋汪合流后，王懋功对汪精卫的所作所为深恶痛绝。因此，当王懋功来到正太铁路管理局担任局长之后，仍继续坚持反蒋不反共的立场，并依靠职员陶希晋、马庆昌（马次青）、郭树栋、罗青、朱琏等一批进步知识分子以及工人中的王凤书、施恒清等一些暂时中断了组织关系的共产党员，积极组织建立工会，为工人谋福利、办实事，赢得了正太铁路广大工人的赞誉。

在中国共产党的领导下，王凤书、施恒清等排除王明"左"倾冒险主义路线的影响，积极联合进步职员，利用工会这一合法组织，积极反映工人的意见和要求，组织工人开展合法的斗争。到正太铁路任职不久的青年爱国知识分子陶希晋、马次青也积极向王懋功建言，并受王的委派，开始着手恢复正太铁路总工会。

◎ 陶希晋和朱琏

　　陶希晋，又名陶国华，江苏溧阳人。1929年，因对国民党反动派不满，陶希晋曾经发起组织溧阳农民举行了一次暴动，一度攻下溧阳县城，当了县长，但由于国民党反动派的残酷镇压而失败，他逃往上海避难。1932年，经许闻天介绍，陶希晋和夫人朱琏到正太铁路管理局工作，陶希晋在文书科当科员，朱琏在铁路医院当妇科医生。

　　马次青，又名马庆昌，河北人，曾在保定育德中学读书，与高克谦是同学。马次青曾回忆："1924年纪念'二七'时，高克谦把当时用的一个小册子（册名记不清了）给我看，给我讲'二七'斗争等。因此我党训所毕业时要求到石家庄，有为高复仇的思想，有为工人办点儿好事的愿望。"1929年4月底或5月初，马次青由中国国民党河北省党务训练所分配到石家庄正太铁路实习工运，在石有一两个月时间，于同年7月离石。1932年正太铁路收归国有，王懋功到正太铁路任局长，他曾与王（国民党改组派）之前共同反对过蒋介石而发展成朋友关系，因此又于1932年10月初应王之邀再到正太铁路工作。

陶希晋、马次青受王懋功的委派在正太铁路办工会时，沿袭了大革命时期我党领导工会的路线和方针，他们二人深入工人群众当中，主要依靠施恒清、王凤书、崔庆瑞等一些老工人、老党员以及田珍、罗智、赵国强等进步青年，积极开展活动，经常赴沿线工人较多的站区与工人座谈，了解员工们的需求，随时了解员工的生活和动态，积极反映了工人的意见和要求，帮助工人建立全线统一的总工会。王懋功派马次青任正太铁路沿线工人生活视察员，派陶希晋任正太铁路石家庄机厂（即原石家庄总机厂，收归国有后变更为此厂名）的工运指导员，很快就将工人组织起来了，并于1932年9月25日第五次恢复了正太铁路总工会。

正太铁路总工会恢复后，主要做了以下8项工作：

第一，捐资购机，雪耻救国。九一八事变后，正太铁路员工都认为"凡属中华民族均有一份责任，苟非冷血之徒，绝不能视国亡而不救"。1933年2月21日，正太铁路总工会捐献10万元，购买"正太号"飞机一架支援抗战[①]，并捐出7000余元慰劳抗日将士。

第二，为"二七"失业工人复工。1923年京汉铁路工人大罢工失败后，正太铁路当局共开除进步工人40余人。十年来，虽然经过正太铁路总工会带领工人向正太铁路管理局多次交涉，反复斗争，但失业工人一直未能复工。正太铁路收归国有和恢复工会后，1933年初，正太铁路管理局在扶轮小学召开了复工大会，王懋功讲了话，答应了工人们的复工要求，将孙云鹏、梁永福等23名"二七"失业工人（死亡、辞职者除外）全部复工。1960年7月31日，时任北京市大兴区黄村镇人民公社村主任的马次青接受访问时回忆说："我们一到工会就提出了这件事情。我和陶希晋同志就找王懋功谈工人复工的事，说王，你这局长到了正太还不为工人办点儿好事？开始王有顾虑，后来他找了铁道部总务司长谷正鼎后就允许了，登了报召回了'二七'失业老工友。1933年1月复的工，开了会，王懋功讲了话，孙云鹏代表工人也讲了话，还照有纪念相片。"

第三，实行8小时工作制。过去，石家庄总机厂的工人们每日工作10小时，

---

① 中国南车集团石家庄车辆厂志编审委员会. 中国南车集团石家庄车辆厂志（1905—2004）（内部发行）. 2005: 6.

虽经多次斗争，要求实行8小时工作制，但一直未得实现。正太铁路总工会恢复后，经工人多次要求和斗争，机务工人实行了8小时工作制，但车务、工务工人仍未实行。

第四，修建工会会址、浴池及宿舍。经工人要求，修建了工会办公会址、浴池。山西的阳泉、太原等地，为工人修建了宿舍，正太铁路路局还答应拨款在石家庄分期修建工人宿舍。

第五，录用已故工人子弟。第一批登记已故工人子弟13人，录用10人，其余3人因年龄小未能录用，答应待成人后录用。第二批登记19人，路局只答应按一般招工办理，有的被录用，有的未被录用。

第六，筹备开办消费合作社。工会认为"消费合作社是社会的科学组织，有减轻生活负担及谋解放的可能"。故从1933年6月开始筹备，10月筹备就绪。

第七，要求实行特假及事假。经工会一再要求，未能实行。

第八，其他事项。如正太铁路医院增设中医、增加工人福利煤的供应数量等。

1933年10月1日上午9点，在石家庄第一舞台（解放后为石家庄新中国影院）召开了正太铁路总工会第六届第一次全路代表大会，共出席代表68人，上届理事、监事共16人。施恒清、王凤书分别担任大会执行主席和副主席。毛诞登以大会记录员公开身份参加了大会。施恒清致开幕词后，由王凤书报告了第五届工会工作概况，田珍报告了第五届工会财政收支概况，杜文明报告了监事会工作概况，施恒清报告了工会沿革。

最后，马次青发言并代表陶希晋讲话，他说："两千几百个工友三十年如一日的含辛茹苦，也不过得到个奴隶代价。"他讲到一年来工会做了大量工作后说，"劳工是神圣的，尤是交通工人是革命的主力，国民革命就是反对帝国主义和封建势力的长期斗争，无理的横暴是压迫，（对）这种压迫，工友们自然应以合法的方式，无畏精神来反抗，求自由，争人格。"他还指出，"工友们应知道中国社会是万恶的，多病的，试看本路行车人员，哪个不在天天和那污浊的社会来拼命，我们工友们应一致奋起，共同奋斗。"

选出的大会理事：李庆元、张杰、王凤书、施恒清、杜文明、崔庆瑞、田珍、王凤岐、李书祥；候补理事：窦斌、李绍陵、任二月；监事：李保和、赵国强、

◎ 正太铁路公墓内景

朱荣和；候补监事：赵国玺、邢文才。

　　这一年的10月，正太铁路管理局在石家庄郊区吴家庄购买了27亩土地，建筑正太铁路公墓。公墓划分男、女、儿童三个区，有围墙、花木等设施。

　　为了纪念正太铁路路权收回，铁道部修建了"正太铁路接收之纪念碑"，碑文为陶希晋所书。正太铁路接收纪念碑的修建地点原本在正太铁路管理局门外，后来又认为此处不妥，就将纪念碑转移至正太铁路同人会的花园内。纪念碑于1934年1月奠基，3月开始施工，6月11日举行了纪念碑的揭幕典礼。

　　碑文如下：

　　正太铁路接收纪念　中华民国二十二年十月二十五日为正太铁路接收一周年纪念日全路员工请勒石志庆爰书数语以志崖略本路于纪元前九年贷法款兴筑历三十稔而约满债清遂于去年今日实行收回一载以还继往开来幸无殒越考其成绩改进多端树碑纪念亦固其顾来日方长职责綦重于国家多难之秋懔建设救亡之急必也发扬蹈厉精进靡前始克有济凡我员工其共勉旃

　　　　　　　　　　　　　　　局长王懋功 撰　　副局长朱华 书

◎ 懋华亭

　　1935年6月，为纪念正太铁路路权回归的胜利，表彰时任正太铁路管理局局长王懋功、副局长朱华的功绩，正太铁路的职工募捐修建了纪念亭，取王、朱二人名字中各一个字，命名为"懋华亭"。懋华亭坐落在河北省石家庄市中华北大街西侧石家庄运输学校后院操场东北隅，亭高9米，钢筋混凝土结构，在直径5米的水泥台基上，8根八角形的柱子撑起圆如阳伞的尖顶，顶上矗立着一个造型别致的尖锥。正北面的横额上镂刻着"懋华亭"三个篆书大字，8根八角柱上刻有四副楹联，亭内上部柱间的汉白玉嵌板上刻着隶书《懋华亭记》，记叙了修建该亭的经过。亭上文字为时任正太铁路管理局职员、中共地下党员陶希晋所书。新中国成立以后，石家庄市人民政府将该亭列为市级重点文物保护单位，后又被列为河北省第五批文物保护单位。

第三十六回　消费合作广受欢迎
读书运动传播马列

正太铁路接收开始后，路内有一些员工请求创立消费合作社，以调剂改善员工的生活条件。当时，因为路权没有正式收回，这件事情没有办成。

正太铁路完全收回后，员工们又倡议开办消费合作社，王懋功两次提交局务会议进行研究通过，决定由副局长朱华牵头，会计处处长吴仁甫、车务处副处长陆振轩、机务处处长邓矩方、工务处主任谢海鸿、总务股处员陶国华（即陶希晋，解放后曾担任国务院副秘书长）、秘书罗青（解放后曾担任北京市人大常委会副主任），及工会常务理事施恒清、王凤书等12人组成员工消费合作社筹委会。筹委会由12人组成，他们是：吴仁甫、陆振轩、谢海鸣、邓矩方、陶希晋、罗青、薄言、王凤书、施恒清、李庆元、张杰、王恩祥，下计文牍、事务、财务、调查、宣传等5个组。

消费合作社在筹备过程中，起草了《社章》《招股简章》《流动售货车简章》《董事会办事规则》《监察会办事规则》《社员代表大会代表选举条例》《征求总经理办法》《职员训练班章程》《招考学员简章》《营业科办事细则》《会计科办事细则》《员工服务细则》《奖惩规则》《工员请假规则》等文件①。

制定招股简章，每股1元，按工资高低规定认股数额，凡工资在6元至20元者认购2股；20元以上，工资递增10元，多认购1股；工资100元至115元者，认购11股；115元以上，工资递增15元，多认购1股。在最低限额之外，可以自由认购，但至多不得超过2000股。当年，正太铁路管理局共有员工3000名，集资25000元，社员所纳股金给予五厘保息（周息），年终如有盈余以50%作为红利，

---

① 中共石家庄市委党史征编室．正太铁路工人斗争史（内部发行）．1985：103．

按股份多寡比例分配。

1933年7月1日，在《正太日刊》第78号发表的《本路员工消费合作社筹备委员会启事》中指出：良以处此资本主义经济制度发达时代，社会生活日趋困难，欲图补救，唯有施行此种合作制度，实现经济同盟，方足免除剥削，维护生存也。消费合作社的成立，会给正太铁路员工直接带来三方面的好处，1933年7月17日的《正太铁路消费合作社筹备委员会告全路员司工警书》中，作了详细阐述，原文摘录如下：

一、替大家由一部而至全部的免除以前商人之利润的剥削，而无形中代为储蓄；

二、替大家由一部而至全部免除以前商人货品的减克和作弊，从而做到货真价实；

三、尤其能启发多数人生活上新的意识，而矫正以往种种非科学不合理的生活心理和方式。

1933年11月14日，筹备工作准备就绪，正太铁路消费合作社社员代表大会召开，选举产生了董事会和监事会。

董　　事：吴仁甫　李振坤　陆振轩　施恒清　刘佐宸
　　　　　杜文明　张　杰　罗英俊　王凤书
候补董事：田　珍　郭树栋　李庆元　王治曾　李书祥
监　　事：陶希晋　孙瑞林　崔庆瑞　王凤岐　赵国强
候补监事：李保合　孙跃五　王文海

各个机构组成以后，正太铁路消费合作社正式开办。消费合作社开张营业时的社址位于新开路东头路北，社里有前后两个大院，前院是商店，后院是管理机构。商店里有米面组、百货组、布匹组、油盐酱醋组、煤炭组，都是些与员工生活密切相关的商品。合作社内设有调查组，负责调查全国各地商品价格，经过反复对比，选物美价廉者购回。合作社对销售商品也有明确的规定：

一、本社消费物品发售之价格，应将购买原价加入所付运费、税款及其他开销后再参照市价定之，但售价不得低过市价百分之十五；

二、社员购买物品应以本身及家属需用之数量为限，不得转卖他人；

三、社员向本社购买物品，以现金为原则，如需记账，其记账额不得超过该员月薪三分之一，并通知管理局会计处于每月发薪时扣清；

四、本社对于居住外站社员另订函购办法，交由消费合作车运送供给。

自消费合作社开张以来，顾客盈门，生意兴隆。据1936年统计，全年营业额达到35万元，社员分得红利2万元，获股息2000元，平均每人7元。平时买得便宜物品，年终又分到现金，深受广大员工和家属欢迎。

罗青编写了一首《消费合作社歌》，发表在《正太日刊》第13号上，歌词写道：

> 资本家，与商人，
> 睁眼就知赚钱文；
> 不问好货与坏货，
> 不合他算买不成。
> 我工友，与员司，
> 收入总不够开支；
> 绞完脑汁与血汗，
> 生活还是难维持。
> 合作社，真不错，
> 每人至少入二股；
> 一股只有一元钱，
> 拿钱可买便宜货。
> 货又真，价又贱，
> 压倒公司与商店；
> 他们赚钱入腰包，
> 我们生活求改善。

讲经济，谈储蓄，

丢开合作没根据；

大家努力快促成，

将来人人都宽裕。

到年终，有分红，

他的利益真无穷；

不问职员与劳工，

同样都是主人翁。

1937年七七事变后，日寇从卢沟桥向南进犯。8月，保定失守，石家庄吃紧。为了避免损失，在主任王冠英、潘仲照的指挥下，合作社全部物品装火车运到阳泉（石家庄是总社，阳泉、太原是分社）。10月底，日寇占领娘子关要塞，国民党军队闻风丧胆，纷纷西逃，正太铁路完全瘫痪，消费合作社至此结束。①

1934年7月20日出版的《正太日刊》第393号上曾经在登载过这样一条消息：

工友们！快到工会图书室去！！同志们：咱们的生活实在是太枯燥了！谁都希望，在咱们每天辛劳之余，还能得着另外的养素；咱们相信，读书运动才是咱们亟要实践的新生活运动！咱们相信，知识与技术，更是有密切的连带关系。咱们必须先求知识的进步，然后才能求技术的进步，然后才能求生产的进展！同志们！快到工会图书室去！这里，预备着各种报纸、杂志，供咱们浏览！这里，预备着详细的图书目录，供咱们选阅！这里，更预备着香茗与鲜花，助咱们的清兴！同志们，开卷有益，快去吧！

这是怎么回事呢？原来，就在正太铁路工委建立后不久，陶希晋、马次青、

---

① 石家庄市政协文史资料委员会，石家庄铁路分局路史编辑办公室．正太铁路史料集（内部发行），1992：57—60．

铁流激荡

罗青、吴作民、郭树栋、朱琏、康瑞华、王书良、陆清廉等人与部分知识分子和进步工人办起了读书会，开展读书运动，学习革命理论，传播进步思想。

1934年仲夏的一天，正太铁路总工会的一个房间里开始热闹起来，一群身穿工装的青年人搬着一摞摞的书，抬着桌椅板凳进进出出。为了普及读书运动，在陶希晋的指导下，总工会图书室正式建立了，人群中，青年进步工人赵国强、罗智、王敏显得格外忙碌，他们具体负责图书室的日常管理工作。图书室的书籍，大部分是上海生活书店出版的进步书籍和抗日救亡书籍。书的来源是郭树栋（正太铁路管理局秘书主任，又名郭任之）列出书单，石家庄每当有进步书籍出版，郭就通知赵国强到石家庄文法书局去买。书多了，由陶国华帮助分类整理，有政治、经济、文艺、小说等四大架子书，并由罗智、王敏经常与上海生活书店秘密联系，订阅《生活周报》①。每天下班后，有许多青年工人来图书室借书、看书，读书会组织不断扩大，机厂里有50多个青年读书小组，工人们还经常三五成群地坐在一起谈读书体会。当年，图书室里涌动着革命思想，一批追求救国、强国真理的进步工人集聚在这里，在读书中，大家的思想觉悟不断提高，相互宣传和鼓励抗日斗志，揭露蒋介石的不抵抗政策，使大家的抗日情绪日益高涨。

中国共产党是马克思列宁主义同中国工人运动相结合的产物，正太铁路职工中一批又一批的共产党员，也是在这一结合中产生、发展、成长的。陶希晋、马次青、朱琏、郭树栋、陆清连、陶鲁笳等一批进步的知识分子，通过紧密地与工人相结合，恢复了正太铁路总工会，创办了消费合作社，开展抗日救国活动，举办读书会，把马克思列宁主义的先进革命理论同正太铁路的工人运动实践结合起来，为抗日救国运动的开展打下了坚实的思想基础，从而，既有力推动了正太铁路工运的蓬勃发展，又提高了工人们的政治觉悟，使他们由朴素的爱国主义者逐步发展为自觉的共产主义者。1935年后，陶鲁笳等人都先后加入了中国共产党。

邓发、李颉伯在《抗战三年来的华北职工运动》一文中关于正太铁路抗日战争前党的组织状况中指出："正太路支部三，党员二十七。"②

---

① 中车石家庄车辆有限公司. 铁血抗争（内部发行）. 2021: 186.
② 石家庄市总工会工运史研究小组. 正太员工的抗日反蒋斗争（内部发行）. 1981: 25.

第三十七回　工运活动举步维艰
王凤书受难身先去

1932年秋，中共山西特委乘正太铁路移交和正太铁路职工学校招聘之机，由一个姓解的同志和共产党员毛诞登（毛铎的化名）谈话，派他到石家庄的正太铁路，以职工学校教员身份开展工作。毛诞登到石家庄以后，主要是教工程处车房的工人，当时开展工作的主要对象也就是这些人。当时，毛诞登一是利用讲课的机会宣传共产主义，讲资本家的剥削，宣传党的政策，宣传工人阶级要争取解放的道理；二是晚上到工人家里个别做工作，向工人宣传共产主义社会的前景，讲大革命、京汉大罢工，讲共产党员应有的品德，等等。考察准了就个别发展。正太路职工学校教工李进文、火车房司炉夏光禄都是毛诞登发展的。经过一段时间，又发展了清道工贾兴保、梁永红等20人入党，并成立了党支部，毛诞登任书记，夏光禄任组织委员。1933年春季或夏季，毛诞登在党支部的基础上建立了正太铁路工作委员会，毛诞登任书记，委员有夏光禄等，直属山西特委领导。

正太铁路工作委员会建立后，领导工人开展了一些小型斗争，如支持工人要求实行8小时工作制，要求为"二七"失业工人复工，要求发放年终双薪等。

毛铎后来回忆说：那时的主要任务是，建立组织、向工人进行阶级教育和发动些小的斗争。在和工人群众接触中，我给工人们讲什么是经济法则、使用价值，工人们反映听不大明白。他们说，讲我们怎样养活资本家，资本家怎样剥削我们，这样说我们就明白了，从中我也受到教育。明白了知识分子（我是大学生）必须和工人运动相结合，才有前途的道理①。

---

① 中共石家庄市委党史征编室. 党组织的建立和发展：革命回忆录（内部发行）. 1985: 147—148.

◎ 1933年1月1日，"二七"失业工人复工合影，最后一排
左一戴鸭舌帽者为孙景铭（孙景铭外孙潘卫忠提供）

◎ 孙景铭工作照（孙景铭外孙潘卫忠提供）

◎ 孙景铭复工后全家福（孙景铭外孙潘卫忠提供）

　　1933年1月1日，失业已十年的正太铁路23名"二七"失业工人复工（已去
世和脱离铁路者除外），正太铁路管理局局长王懋功讲了话，孙云鹏代表复工工
人发言，大家还合影留作纪念。王懋功规定，今后在正太铁路内不准送礼、不准
叫老爷，年终双薪由一个半月增加到二个月二十天。

　　复工工人孙景铭外孙、石家庄市公安局退休干部潘卫忠在后来的回忆文章中
写道：当时工人恢复了工作就意味着有饭吃、有衣穿，喜悦之情溢于言表，孙景
铭高兴地带上全家人梳洗打扮换上干净的衣裳到石门同芳照相馆照了一张全家福。

此后不久，共产党员、正太铁路工作委员会书记毛诞登即与在正太铁路恢复了工作的孙云鹏接上了党的关系。

1934年初春，正太铁路警察局驻石家庄警察所的稽查员张昭（当时系进步人士，后来加入中国共产党）接到太原公安局一份公函，说宪兵司令部已下令逮捕共产党主要嫌疑分子毛诞登，希望协助。张昭立即与康瑞华一起让毛诞登看了这一公函，康瑞华、郭树栋马上帮助毛诞登收拾东西，准备迅速离开石家庄。为了安全，张昭买了一张到北平的火车票，让毛诞登步行到柳辛庄车站，张昭坐到那里下车，毛诞登上车代替他，安全到达北平。三日后，张昭才去找宪兵队逮捕毛诞登，宪兵队侦查发现毛诞登已离开石家庄，扑了个空。

毛诞登离开石家庄以后，中共山西特委认为正太铁路的斗争中心在石家庄。但太原离石家庄较远，不能及时了解情况，不便于领导，决定不再向石家庄派人，请求中共河北省委直接派人到石家庄领导正太铁路工人运动，但河北省委没有及时派人。从此，正太铁路工作委员会停止活动，孙云鹏及毛诞登在石家庄发展的一批共产党员便与上级党组织失掉联系。

从1934年初毛诞登离开石家庄后，正太铁路的党组织活动暂时中断。机厂的田珍、罗智、杨锡禄、赵国强、王敏等青年工人，在思想上追求真理，政治上要求进步，心里迫切希望得到党组织的直接领导。施恒清、王凤书、孙云鹏等一些建党初期入党的党员，虽然也与党的组织中断了联系，但他们和进步的青年工人、知识分子、职员紧密结合在一起，继续进行着革命活动。失掉党组织关系的党员天天盼望着找到党的组织，得到党的领导。青年工人和知识分子在思想上追求真理，政治上要求进步，更希望得到共产党的直接领导。因此，此时正太铁路虽然没有党组织，但已形成一股有一定凝聚力的进步力量。

"黄色工会"成立之初，国民党特别党部想利用陈梅生、王凤书、施恒清这些有威信的工人为"黄色工会"装饰门面，后来看到他们的活动越来越动摇着"黄色工会"的基础，正太铁路工会组织越来越"赤化"了，于是，国民党反动势力着手反击，收买了李庆元、李书祥、李保合等正太铁路工会理事，排斥施恒清、王凤书、崔庆瑞等共产党员，削弱田珍、赵国强等进步工人在正太铁路工会的影响力。1960年7月31日，时任北京市大兴区黄村镇人民公社村主任的马次青接受访问时回忆说："国民党的复兴社（也称蓝衣社）开始伸进工会，复兴社在正太路又成立了励志社、青年生活社等反动组织，反动气焰日渐上升。他们利用一些工贼坏蛋（车务处的李保合、会计处和材料厂的李书祥与史荣合），并收买利用了我们这方面个别工会委员（工务处的李庆元）与我们作对。"1934年12月，支持正太铁路总工会的王懋功辞去正太铁路管理局局长职务后不久，在国民党特别党部的授意下，正太铁路总工会选举产生了第七届工会委员会，施恒清、王凤书虽然还被选为理事，但未当选为常务理事；梁永福虽然被选为驻会常务理事，但平时的活动却受到监视。

随着国民党势力统治了正太铁路，被其收买的李庆元、李保合等工贼知道王凤书这样的老工人在群众中威信很高，就组织一些居心不良的反动工人公开与王凤书等进步工人作对，经常找碴儿捣乱。每次工会开会活动，一些不三不四的人总会跳出来，对王凤书等工会领导人进行人身攻击和污辱谩骂。除此之外，他们还时不时地纠集特务恐吓、威胁王凤书，甚至以查户口为名，让警察三番五次地到王凤书家中搜查，使王凤书白天黑夜不得安宁。

据梁永福回忆：王凤书为工会和工人们办事，从无怨言，家里的大事小情都不管不顾，只要是工会里的事，他一点儿也不含糊。自工会成立以来发生的事情，他都能记得住。正太路捐献"正太号"飞机这件事，是王凤书牵的头，当时他正在南京国民政府参加会议，会上决定各铁路捐款购买飞机支援抗战，王凤书代表正太路也捐了一架飞机。国民党特别党部揪住此事，指责王凤书个人独断专行，不为工人办事，煽动不明真相的工人群众张贴标语，对王凤书进行无端谩骂①。

当时，正太铁路上的工人们都风言风语地说要逮捕王凤书。王凤书的妻子听说后，焦急地劝他："吃不好，睡不好的，咱们家又是两人都上班了，别斗那气了……"在这样异常艰难的处境之下，王凤书仍坚强、无畏地多次对家人和工友们说："这又不是为的哪一个人或哪一家，一定要斗争到底！""工会是工人的组织，我是工人代表，只要我在一天，就不能让他们的阴谋得逞！"

---

① 根据1960年7月24日张志坚、刘连福访问时任全国铁路总工会副主席梁永福的手稿记录整理。

◎ 王凤书

　　在紧张繁重的工作和敌人迫害打击的双重压力下，平时不好喝酒、不会抽烟、身体一直很好的王凤书不幸罹患了难以治愈的"胃气痛"，每天承受着病痛的折磨。工友们看到，王凤书比以往更加夜以继日地坚持工作，白天他挣扎着在厂里上班做工，下班回到家时已是很晚了，他也总是看书、看报、看文件到深夜，经常还要利用晚上的时间和工会委员们商量事情，有时一聊就是半夜。以致最后，王凤书的病情已然严重到卧床不起的程度。王凤书在病重期间还很关心工会，有人一提起工会的事，他就很激动。所以人们去看望他时，他的儿子王敏都不让人们提及工会的事，以免加重他的病情。

　　工作上过度的忧心操劳，加上特务、工贼的恶意迫害和摧残，使得王凤书的病情日趋加重和恶化，不幸于1935年4月1日去世，年仅48岁。

　　王凤书的一生是为正太铁路工运革命事业奋斗终生的一生，他1917年进入正太铁路石家庄总机厂工作，这一年俄国十月革命取得了伟大胜利，中国国内的革命运动也随之风起云涌、方兴未艾。王凤书在席卷全国的革命风潮的洗礼下，积极投身反帝、反封建、反压迫的革命斗争，1922年经孙云鹏介绍加入了中国共产党，是我党在正太铁路成立的第一个党小组的主要成员之一。作为正太铁路总工会的重要领导人之一，他先后担任了正太铁路总工会石家庄分工会副委员长、正太铁路总工会副委员长和委员长，参与组织领导了正太铁路工人大罢工、正太铁路同情"二七"大罢工等工人革命运动，主持召开了高克谦烈士追悼大会，并在正太铁路收归国有后，协助正太铁路管理局着手恢复了正太铁路总工会，开办了正太铁路工人消费合作社，解决了工人不少生活困难。即使在他身处困境、疾病缠身后仍心系工会事业，秘密开展革命工作，得到了党组织的充分信赖和高度认可。王凤书病逝后，正太铁路的工友们自发地为他召开了追悼会。由于王凤书在正太铁路公开长期从事工会工作，在广大工人群众中享有很高的威望，当时的《石门日报》还用了一个版面介绍了他的生平事迹。

王凤书不幸离世后，正太铁路的进步工人势单力薄，总工会的革命力量明显削弱，无法正常开展革命斗争，陷入了停滞状态。

王凤书去世后不久，正太铁路总工会第八届工会委员会又一次进行改选，施恒清仅被选举为候补理事，田珍则被挤出了工会。这次改选的结果是：

常务理事：刘焕文 李保合 梁永福

理　　事：李庆元 间　富 赵国玺 程登云 李　二 高玉明

候补理事：李书祥 施恒清 李绍措

常务监事：张恩德

监　　事：朱荣合　邢昌福

候补监事：杨春华　王振山

正太铁路总工会第八届工会委员会下设4个股，每股都有常务理事或理事等兼任股主任、副主任。经过第七届、第八届的两次改选，总工会内被安插进了多名国民党反动势力中意的人选，不少进步工人被排挤了出去。

国民党反动分子挤进正太铁路总工会领导机关后，热衷于争权夺利，争抢着要当常务理事，甚至打群架、动刀子。国民党特别党部为了进一步削弱进步力量对总工会的影响，调和内部矛盾，提出了"三三轮流制"的办法，将总工会的12个理事分成三班轮流驻会工作，每班驻四个月。这个办法执行了不到一年的时间就停止了。1935年以后，国民党特别党部又搞了包办选举等反动措施，一步步地将总工会中的革命进步力量排挤出了工会领导机关。直到1937年，正太铁路总工会的领导权完全被国民党反动势力所掌控。

第三十八回　抗日怒潮风起云涌
　　　　　同人救国会当先锋

1931年，日本为了摆脱经济危机的沉重打击，缓和国内阶级矛盾，实现其蓄谋已久的霸占中国的野心，悍然发动了侵占我国东北的九一八事变。张学良的东北军对日本的侵略却采取了"绝对不抵抗"政策，这样，几十万东北军不予抵抗，撤到了山海关以内。因此，日军仅用了3个多月的时间，就侵占了我国东北全境。张学良1990年接受日本放送协会（NHK）（一般指日本广播协会）记者专访时说："我认为日本利用军事行动向我们挑衅，所以我下了不抵抗命令。我希望这个事件能和平解决……我对九一八事变判断错了。"

日本的悍然入侵，激起了全国人民的抗日怒潮，引起了国内阶级关系的新变化。中国共产党积极领导和组织了全国的抗日救亡运动。1931年9月20日，中国共产党中央联合日本共产党中央共同发表了反对日本帝国主义侵略中国的宣言。在中国共产党的号召和组织下，全国掀起了声势浩大的抗日救亡运动。正太铁路广大员工积极投入了这一运动，成为石家庄抗日救亡运动中的一支很积极、很活跃的队伍。

九一八事变后，石家庄正太铁路的部分爱国进步职员，主动发起成立正太铁路同人救国会。经过10天的筹备，于1931年9月29日，在同人会大厅举行成立大会，到会者100多人。大会通过了救国会总章，选举产生了执行委员13人：孟昭强、王幼光、唐名杜、张忠建、陈春霖、邱信烙、刘敏功、陈开孙、康三、李孔嘉、张文瑞、周德生、许庆泽；候补执行委员3人：吴灿曾、何谦、马超世；监察委员5人：李世仲、陈寿涛、王幼奇、许寿仁、陈东森；候补监察委员2人：刘庚生、王庆莘。石家庄、太原、阳泉成立了救国会分会。

随着东北国土相继沦陷，许多国民党军队望风溃退。10月，国民党东北军马占山部在黑龙江省率先抗日，与日寇孤军奋战，一时民气大振。为了慰劳马占山部抗日将士，正太铁路同人救国会除发出慰问电外，并发起募捐活动，共捐款1046.9元，将其中的整数1000元汇给该部队。1932年1月28日，日本侵略军进攻上海。在全国人民抗日运动的推动下，驻上海的国民党爱国将领蔡廷锴、蒋光鼐率领第十九路军奋起抗日，第十五路军继起增援。2月10日，正太铁路同人救国会决定募捐慰劳第十九路军，除发出慰问电外，当即以1000元汇到上海请生活报社转交第十九路军等部队。

正太铁路同人救国会的抗日行动激发了石家庄人民的抗日救国热情，许多市民和爱国民主人士纷纷要求加入救国会。上海"一·二八"事变后，这种要求更为强烈。在此情况下，正太铁路同人救国会决定扩大范围、广纳会员、壮大力量。于是救国会于1932年5月17日决定，将正太铁路同人救国会改组扩大。

1932年8月12日，正太铁路同人救国会改为正太铁路员工救国会。8月19日选举产生了领导机构，选举出执行委员15人：何谦、王凤书、顾维藩、孙怡仁、李茂祥、胡蒂荣、郭树栋、施恒清、周德生、唐亚琴、孟昭强、徐廷彦、邓矩方、张文瑞、郭兴周；监察委员7人：刘昆峰、邢文才、陈寿涛、王幼奇、王治安、刘佐宸、孙耀五；研究委员7人：田珍、赵国强、崔庆瑞、曾昌、陶国华、罗俊峰、关其超。

1933年1月上旬，日伪联合侵犯华北，宋哲元与孙殿英率部抵抗，在热河榆关血战。1月11日，正太铁路员工救国会作出5条决定：

（一）电慰；

（二）酌组慰劳队前往慰劳；

（三）征求慰劳品以便分送；

（四）募捐款项以资犒劳；

（五）举行化装宣传。

全路员工2830余人共捐款3000余元，当即向宋哲元部汇去了1000元，向孙殿英部汇去了500元，并决定制造钢盔1000顶，风镜若干副，并加购相应物品，酌送其他出力部队。4月16日，正太铁路员工救国会派出50余人的慰劳队，携带罐头、毛巾、香烟、牛奶、茶叶等物品，前往井陉、获鹿两个后方医院慰劳伤病员。5月14日，由罗青带队前往榆次第七后方医院慰劳伤兵。6月11日、12日，由正太铁路总工会代表以及罗青、徐廷彦率领慰问队，携带罐头、毛巾、饼干等慰劳品前往阳泉后方医院，看望慰问了受伤的抗日官兵。

东北失守后，早年曾赴日本留学，加入中国同盟会，并积极参加过辛亥革命的朱霁青，出关抗日，在热河成立国民救国军总监部，任总监，指挥热河、辽宁地区抗日义勇军，破坏北宁线铁路交通。正太铁路员工救国会为了表示慰劳和支持，也捐助了东北义勇军500元。

为了进行抗日救国宣传，正太铁路员工救国会组织了救国十人团、宣传队，分赴各村镇、车站、街道宣传抗日救国主张。与此同时，还对本路员工进行了军事训练，以备抗日杀敌。

1932年6月，正当日本继续向我国领土大举进军的时候，蒋介石集团纠集60余万兵力，向中国共产党领导的工农红军发动了第四次反革命"围剿"；1933年9月，又调集100万军队、200架飞机，向我根据地发动了规模空前的第五次反革命"围剿"。面对蒋介石的倒行逆施，正太铁路员工救国会多次向国民党南京政府、北平军事委员会以及阎锡山等致电，呼吁"停止内争，一致御敌"，为促进抗日救国运动的不断发展做出了积极的贡献。

第三十九回　党的力量发展壮大
　　　　　　　　"投石"带动爱国游行

　　从1931年的九一八事变到1935年的"一二·九"运动前，这是正太铁路工运发展的一个重要阶段。这个阶段的主要特点是：一大批爱国的进步知识分子在中国共产党的影响下，紧密地同广大群众相结合。通过恢复正太铁路总工会，创办消费合作社，开展抗日救亡运动，举办读书会，开设图书室，把马列主义同正太铁路的工人运动紧密结合起来，涌现出了一批共产党员，建立健全了党的组织。

　　随着中共直中特委、中共正太铁路工作委员会撤往农村或遭敌破坏，石家庄市内近两年没有党的组织，与党组织中断联系的共产党员朱效成、王一新、周家华、王凤书、施恒清等人仍在市内及正太铁路内部秘密开展活动。

　　1935年3月，中共北方局派李致光（曾用名李衡）到石家庄（石门）恢复和建立党的组织，任石门特委书记。

　　1935年9月，中共党员刘汉平来到石家庄，不久就与在正太铁路管理局任秘书的罗青取得了联系。在交通银行石家庄支行行长王治曾家的客厅里，以办日语训练班为掩护开展党的工作。

　　刘汉平，朝鲜人，原名张志乐，又名张明、刘清华、李铁庵、于志和、韩国刘，1920年到中国，曾任朝鲜革命青年联盟中央委员、朝鲜民族解放同盟中央委员，是朝鲜独立党的主要领导人之一；1925年，他加入中国共产党，1927年参加广州起义，1929年任中共北平市委组织部部长。刘汉平曾几遭逮捕，被引渡回朝鲜。但他冲破重重困难又来到中国从事革命活动，后因党组织内某些人怀疑他是"托派"、日本特务，对其进行审查，未恢复他的党组织关系。但他以高度的党性原则，坚持为党工作。

　　刘汉平到石家庄后，通过开办日语训练班，广泛接触正太铁路职员和工人，了解工人们的要求，对大家进行阶级教育，宣传马列主义。在刘汉平的不懈努力下，正太铁路广大工人和知识分子的政治觉悟不断提高，抗日救国的热情不断高涨。

为了有力地领导抗日救亡运动，刘汉平与在平汉路小学任教师的共产党员朱效成、周家华、周铭心接上了关系，建立了党小组。1935年冬，刘汉平介绍正太铁路的王书良、康瑞华、田珍、郭树栋、陶希晋、朱琏、陆清廉等进步人士加入中国共产党，直中特委书记李致光对刘汉平发展的党员进行了审查，并报呈中共北方局批准后，建立了党小组和党支部。同期，由王一新、陶希晋等组织了中共正太路工作委员会（简称正太工委）。

由于刘汉平在正太铁路积极发展党的组织，党的力量逐渐壮大。1936年初，中共石家庄市委员会建立，陶希晋任市委书记；9月，王凤书的儿子王敏由陶希晋介绍加入中国共产党。到1937年七七事变前，正太铁路在石家庄共建立了3个党支部。机厂工人中已发展共产党员27名，党支部书记是罗智，组织委员是田珍，宣传委员是杨锡禄。党组织在正太铁路职员中发展党员20多名，支部书记是李孔嘉，组织委员是糜镛，宣传委员是曾席九。职工学校和扶轮学校也发展党员20多名，支部书记是王书良。当时，正太花园、朱琏诊所等地方是党组织开展活动的主要场所。

1935年12月9日，在中国共产党的领导下，由北平学生发起了以反对日本帝国主义对华北的进一步侵略和国民党反动派的不抵抗政策为内容的"一二·九"运动，号召全国人民起来抗日救国。这一天，北平万名学生举行了声势浩大的请愿游行，遭到了国民党反动政府的无理阻挠。12月16日，又有3万多名北平学生、市民，举行了第二次大规模的示威游行，由于国民党政府对学生进行了血腥镇压，激起了一场全国性的"一二·九"运动。

石家庄与北平有着密切联系，几乎每天都有北平学生经过石家庄到山西去。"一二·九"运动的消息传来，进一步激起了石家庄工人、学生的抗日救国热潮。当时在平汉铁路扶轮学校任教的共产党员朱效成、周铭心、周家华向正太工委请示同意后，决定发动一次学生爱国运动。

在党小组会上，朱效成等3人对石家庄当时的形势和平汉铁路扶轮学校的情况做了具体分析，认为学生的抗日情绪异常高涨，易于发动起来。但是石家庄正处在蒋介石、宋哲元、阎锡山等反动势力的白色恐怖之下，学校大权掌握在国民党员及蓝衣社的特务分子之手，如果一小部分人上街示威游行，必然遭到国民党特务的镇压，这就需要发动全市学生、工人、市民、教职员工一同起来进行抗日活动。同时认为只要中学生上街，小学生就好办了。但这时与中学没有联系，事情又不敢弄得太暴露，几个人便研究出了一个"投石"宣传的方法，来秘密发动和影响中学学生上街参加斗争，从而掀起了一个全市性的抗日救国运动新高潮。

12月的一天晚上，天空阴沉沉的，西北风刮得呼呼作响，平汉扶轮学校学生会主席王桂田，带着三四名青年学生，怀揣着传单、标语等宣传品，出校门向东拐，顺着墙根一口气跑到了石门中学，几个人分散到石门中学的操场围墙四周，他们把写好的标语、印好的传单，一张一张地包裹在碎石头和小砖瓦块上，再隔着墙头嘭嘭地投掷进了石门中学院内。第二天清早，石门中学院内，书写着抗日救国内容的标语、传单被晚上的西北风一吹，刮得到处都是，学校当局看了传单后惊慌失措，唯恐学生上街游行，就提前放了寒假。

"投石"宣传后的一天，共产党员朱效成利用给扶轮学校六年级同学上自然课的机会，向学生们讲起了抗日救国的道理。他从九一八事变、"何梅协定"……讲到了北平学生不畏强暴，进行抗日救国请愿游行。教室里的学生们听得入神，个个精神振奋。这时，国民党蓝衣社特务、扶轮学校校长马荣九闯进教室，站上讲台对学生们讲："国家大事有政府来管，学生要埋头读书，读书才能救国……"共产党员周家华得到消息，也来到课堂，见马荣九还在胡说八道，心中怒火冲天，一个箭步跳上讲台，反驳道："同学们，现在是什么时候？眼看就要当亡国奴了，凡有点儿良心的中国人，能甘心让无数的父老兄弟姐妹被蹂躏在敌人的铁蹄之下而见死不救吗？只有那些汉奸卖国贼才能那样，我们都是青年人，我们要抗日救国，不甘心当亡国奴……"这些话都讲到同学们的心里去了，大家情不自禁地流下了热泪，五年级、四年级……学生们闻讯也都围拢而来放声痛哭，激发出了青年学生们胸中那一股不可抑制的抗日力量。此时，周家华等看到时机成熟，就指示被我党掌握的学生会组织，把事先准备好的标语、校旗拿了出来，听到"嘟——

嘟嘟——"一声声急促、响亮的集合吹哨声，学生们从四面八方蜂拥而来，排成了长长的四路纵队，准备上街游行。出发前，周家华又和正太扶轮学校、正太职工学校的地下党组织取得了联系，决定采取一致的游行活动。

临近中午时分，手持抗日救国宣传牌、标语的平汉扶轮学校的队伍从民生街出发，穿过大石桥，与正太职工学校、正太扶轮学校的队伍会合，组成了近千人的游行大队，队伍行进中，学生们振臂高呼着"打倒日本帝国主义！""反对华北自治！""争取爱国自由！""停止内战，一致对外！"等口号，大声高唱着《义勇军进行曲》《大刀进行曲》等抗日歌曲，并热情地向街上的行人散发着标语、传单。游行队伍穿过大街小巷，不断地和路上的群众会合在一起，呐喊声、歌声、口号声、旗帜呼啦啦声，像山洪暴发似的呼啸而来。一直到天色很晚，这次大规模的游行活动才胜利结束。

第二天是个星期日，在正太职工学校、正太扶轮学校的带动下，学生、教职员工、工人、市民群众等5000多人又联合举行了一场更加声势浩大的抗日救国示威游行，墙壁、电线杆、树干上贴满了红红绿绿的抗日标语，学校、工厂、商店、街头到处都能看到振奋人心的抗日传单，这次深入人心、家喻户晓的大游行使正太铁路和石家庄的抗日救亡运动又掀起了一个新高潮。

随着翌年初中共石家庄市委的建立，正太铁路的工人运动进入了一个崭新阶段。党领导下的工人运动，立足正太铁路，走向全社会，把正太铁路的工人运动扩展为石家庄市的全民抗日救国运动，形成了一股强大而又不可阻挡的革命洪流。因而，在红军入陕之后，人们把石家庄赞为"小延安"；到西安事变时，人们又把石家庄誉为"小西安"。

第四十回 红色伉俪正太情深
"朱琏诊所"暗立奇功

　　1932年，已运营30年的正太铁路从法国资本家手中收归国有，法方管理人员相继离职后，正太路管理机构急需补充大量中方管理人员，于是以国民党改组派王懋功为首的一批左翼知识分子和青年才俊纷纷从国内多个地方云集于此，这些人中间有两个只有20多岁、皮肤白皙、戴着近视眼镜、朝气蓬勃的青年男女尤为引人注目。他们平时为人低调质朴，衣着打扮得体，举止落落大方，言谈文质彬彬，大家常常看到两人在一起形影不离，经常带着苏南口音亲昵地说着家乡话。

　　原来，这一对年轻人是夫妻俩，丈夫陶希晋，原名陶国华，江苏省溧阳县人，1908年出生于一个农民家庭；妻子朱琏，字景雩，1909年12月生于江苏省溧阳县南渡镇，祖籍安徽。陶希晋早在青年时代在南京河海工科大学和中央大学法学院学习期间，就在进步思想影响下，积极参加了革命活动。朱琏于1927年考取了苏州志华产科学院，1930年3月，她以优异的成绩提前毕业，进入了上海普善医院担任产科主任兼司药主任①。1929年下半年，为反对蒋介石背叛革命，屠杀共产党人，实行独裁统治，陶希晋、许闻天等人在溧阳县领导了溧阳暴动。遭到蒋介石镇压后，陶希晋受到通缉，逃往上海避难。经同学引见，在上海工作的朱琏结识了避难中的陶希晋，陶希晋的反蒋精神和革命义举，令朱琏对这个面目清秀、性格儒雅、意志坚定的青年男子颇有好感，对他的生活困境深表同情，便慷慨解囊，帮助陶希晋安排食宿。由于有了思想上的共同点，促进了他们相识相熟、相知相爱，不久经许闻天夫妇从中牵线当红娘，二人结为革命伉俪。1931年夏，为

---

① 中共石家庄市委党史研究室. 朱琏诊所：陶希晋同志一家在石家庄的革命活动. 北京：研究出版社，2014：4.

了寻求光明，朱琏毅然辞去职务，离开上海，随陶希晋到安徽明光镇（现明光市）当了中学的校医和兼课教员。九一八事变发生后，陶希晋、朱琏夫妇立即组织明光镇各界群众和明光中学的师生成立抗日救亡组织，开展如火如荼的抗日救亡活动，他们是明光镇抗日救亡运动的组织者和领导者①。

1932年10月，正太铁路收归国有，国民党政府任命王懋功、朱华分别担任正太铁路管理局正、副局长。在接收正太铁路的过程中，经友人举荐，陶希晋先期来到正太铁路，担任正太铁路管理局文书科文书；同年秋，朱琏也随后来到石家庄，在正太铁路医院当了妇科医生。

陶希晋在当文书期间，帮助恢复了正太铁路总工会，促使参加京汉大罢工被开除的工人全部复了工，还为工人们办了不少好事实事，在工人们中间享有很高的威望。

据工人们回忆，朱琏身上带有几分男子的性格，快人快语、直率泼辣、果敢干练、雷厉风行，她到正太铁路医院后，虽然医术精湛，但是没有架子，十分平易近人，态度和蔼可亲，待工人如亲人。那时，医院对工人的剥削和压迫很厉害，为了限制工人看病，让去看病的工人生吃硫黄，朱琏就在这方面进行了斗争，以后取消了这种做法②。

她经常到铁路工人家里，给工人家属接产，给工人的孩子看病。"师傅，家里嫂子生娃娃，孩子们得了病，尽管来找我。""嫂子，坐月子期间，身体有不舒服的时候，可一定让家里人去找我啊！"……这一句句亲切的话语，不知给多少铁路工人和家属带来了宽慰和温暖。她在铁路医院当医生的几年里，工人家属出生的孩子，差不多都是朱琏接产的。有些难产的孕妇，经过朱琏接产，孩子顺利降生了。孩子们的父母为了感谢朱琏，让自家的孩子认朱琏当干妈，朱琏每当听到孩子们叫自己"朱妈妈"的时候，总是笑得合不拢嘴。平日里，工人们尊敬她，见面了恭恭敬敬地称她"朱琏大夫"；妇女们更是百般喜欢她，一声声亲切热情的"朱琏大姐""朱琏妹妹"时常挂在嘴边。几年来，陶希晋、朱琏夫妇与

---

① 中共石家庄市委党史研究室. 朱琏诊所：陶希晋同志一家在石家庄的革命活动. 北京：研究出版社，2014：5.

② 1960年4月29日，时任中央卫生部中医研究院副院长的朱琏接受访问时回忆。

正太铁路的工人和家属建立了深厚而纯朴的感情。

正太铁路是石家庄党组织的摇篮。石家庄第一个共产党员在这里成长,第一个党组织也在这里诞生。早在建党初期,正太铁路工人就在党的领导下进行了数次反压迫反剥削的罢工斗争。陶希晋、朱琏夫妇在与正太铁路工人们的深入接触和密切交往中,渐渐地和孙云鹏、王凤书、施恒清、田珍、赵国强、陈梅生、李德存等思想进步的革命工人相互熟悉了解,结下了牢固、朴素的革命友谊,经常听他们讲正太铁路工人大罢工和京汉铁路工人大罢工的斗争经过,在一次次的精神洗礼中受到了很大震撼。志同道合的夫妻二人,对正太铁路进步工人的革命斗争精神十分钦佩,思想觉悟不断提高,树立了初步的马克思主义信念。1935年,原北平市委组织部部长刘汉平(朝鲜人)避居石家庄,以开办日语训练班为掩护,宣传共产主义。同年冬,经刘汉平介绍,陶希晋、朱琏夫妇在石家庄加入了中国共产党,朱琏也就成了正太铁路以及石家庄的第一名女共产党员①。

1936年1月,河北省委派李致光(李衡)到石家庄恢复党组织,发现刘汉平在此发展了党员,并领导人民群众开展了一系列的活动,随即对刘汉平发展的党员和领导的活动做了全面考察,向省委做了汇报之后,省委充分肯定了刘汉平在石家庄的工作,批准了刘汉平在石所发展的王书良、康瑞华、陶希晋、朱琏、郭树栋、陆清廉、田珍等7人的党籍,决定以刘汉平发展的7名党员为基础,组建中共石家庄市工作委员会,属河北省委直接领导,其成员分工为王书良任书记、王一新(蔡友堂)任组织部部长、陶希晋任宣传部部长。同年3月,省委将中共石家庄市工作委员会改称为中共石家庄市委员会②。

这时,朱琏也接到了上级党组织交给的一个更为重要的任务,即以自己的名字命名,由她开办一家"朱琏诊所",作为石家庄地下市委机关,以便于上级党组织派人来传达指示,递送文件,召开秘密会议。朱琏两次向正太铁路管理局递交辞呈,工人们得知后写了联名信竭力挽留,朱琏耐心、诚恳地向大家解释:"我

---

① 石家庄市国家档案馆. 石门风云:(上卷). 北京:中国文史出版社,2007:101.
② 中共石家庄市委党史研究室. 中国共产党石家庄历史:第1卷,(1921—1949). 北京:中共党史出版社,2016:185.

◎ 朱琏（前排左一）、陶希晋（前排左二）、李衡（前排左三）等在朱琏诊所前合影

在医院为师傅们看病，开诊所同样也可以为你们看病，家里人身体生病了，尽管找我来……"

3月1日，"朱琏诊所"在西横街爱华里1号院开业，这天，锃亮的"朱琏女医士"的铜牌高挂在门口，石家庄各界人士和社会名流纷纷前来祝贺。这里，同时也是陶希晋、朱琏夫妇的住所。从此，这个小院里人来人往，来看病的、买药的、卖药的络绎不绝。来人中有上流人士、商人、教员、学生，也有熟悉的铁路工人。朱琏不仅在诊所应诊，遇到行动不便的病人，她不分地位高低，不论有钱没钱，只要脱得开身，甭管多远，背起药箱就上门出诊。直中特委书记王卓如等以挂号员、记账员的公开身份在这里工作，平汉线省委书记李菁玉、李雪峰扮作药商、病人出入"朱琏诊所"，在这里组织领导石家庄市和周围各县党的工作；各县党组织的领导也在问诊买药掩护下来诊所汇报工作；党的文件也存放在诊所里，由朱琏和陶希晋妥善保管。

让人想不到的是，这家诊所的街道对面就是国民党的特务机关。为了不暴露党的组织，陶希晋和朱琏等人想了许多办法迷惑敌人。那时，他们经常身穿做工

◎ 朱琏在新开业的诊所旁留影

和面料考究的衣着，打扮得很阔气，家里摆着麻将桌，朱琏以医生的身份和一些达官显贵、官太太、阔小姐交"朋友"，请他们来诊所里消遣聊天玩牌打麻将。石家庄美孚银行行长纪慕堂的太太难产，朱琏为她做了剖腹产手术，救了母女两条性命，纪家人把朱琏看作救命恩人，待为至亲。当国民党特务机关怀疑朱琏夫妇是共产党，要逮捕他们时，纪慕堂得知消息后马上找到警察局为他们开脱："共产党是穷人，他们是阔人，他们要是共产党，我女儿不也是小共产党了？"还花钱请了两名律师为陶希晋夫妇辩护。

到诊所看病的人当中，有些是警察，有的家里很穷，他们来看病买药有时朱琏就不收诊费和药费。这样一来二去，有些警察对朱琏也有了好感，有时敌人要抓捕可疑人等，只要对诊所不利，他们就把消息事先透露给朱琏，以便及时回避风险。有时，上级党组织派人来，需要经常掩护在诊所里，一旦遇到警察来查户口时看到有陌生人，朱琏就上前解释说是来看病的外地人，警察于是也就走走过场，到诊所各房间转一下，然后在门上贴上一张"查讫"的黄色字条，一走了之①。

作为石家庄比较有名望的妇科医生，朱琏通过看病、接生，与社会各界人士及其家属接

---

① 中共石家庄市委党史研究室. 石家庄市党史人物（内部发行）. 1990: 166.

触的机会多，不断地向他们宣传党的抗日救国主张和妇女解放的革命道理。朱琏组织的抗日宣传活动，一些上层人物主动携太太、小姐前来参加。另外，朱琏还配合石家庄公安局举办儿童健康竞赛会，编印《儿童健康简要》小册子，帮助实施地方卫生行政与卫生教育等工作，积极进行社会公益事业。由于她的医术精湛，热心解除病人痛苦，又善于做统一战线工作，团结了一切能够团结的力量，所以"朱琏诊所"切实承担起了"搞好医务工作，扩大社会影响，掩护党的工作"的革命重任，对于当时开展抗日民主运动，建立统一战线起到了重要作用。

陶希晋、朱琏夫妇加入中国共产党后，在中共石家庄市委的领导下，团结正太铁路管理局的一些进步知识分子和其他爱国人士，还以创办进步报纸为窗口，积极宣传中共政治主张，唤起更多的民众参加抗日救亡活动，以挽救中华民族的危亡。

1935年冬，陶希晋等人团结石门商会中具有抗日愿望的中小商户及其代表人物，以石门商会的名义创办出版了《正言报》。1959年8月18日和1960年7月31日，马次青在两次接受访问时回忆说："社长由进步律师赵进义顶名，实际我们掌握。""筹备出版《正言报》的那天，国民党特务在我住的房间门楣上写了正人而不能正己是社会之公敌，攻击我们。"1982年5月19日，陶希晋在回忆创办《正言报》时说："为了宣传救亡运动，我们创办了自己的报纸和刊物。""报纸有《正言报》，这个报纸是1935年冬天创办的。这个报纸名义上是商会的，实际上是我们党的报纸。负责办报的是我和马次青，马次青的哥哥马次溪（洪）也是这个报纸的编辑。" 1959年7月25日，曾任中共直中特委书记的王卓如在回忆文章中亦说："当时在市委领导下办了一个刊物，陶希晋、陶鲁笳兄弟负责，出版了一份报纸《正言报》。"《正言报》在石家庄及周围各县公开发行，周刊，主要摘发日常新闻，另辟有时事、法律、医药、青年、文艺、新文学运动等副刊。撰稿人多为中共党员和进步的知识分子。那时，《正言报》等报纸是在"朱琏诊所"的地下室里编辑、印刷和存放的。朱琏是报纸最主要的撰稿人之一，许多稿件都是她连夜赶写的。因此，"朱琏诊所"自然也就成了这些报纸的出版地。此外，朱琏还兼任了中共石门市委主办的《华北民报》的医药卫生副刊和妇女副刊的主编。《正言报》在宣传中共政治主张和传播科学知识方面起了很大的作用。

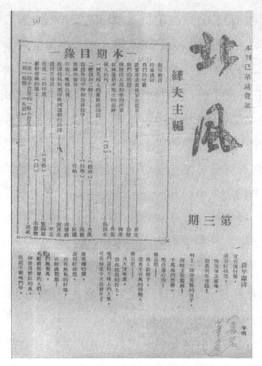

◎ 《北风》刊物

　　抗日战争爆发后，《正言报》发行约一年半后停刊。1936年10月，在石家庄市委的领导下，陶希晋等人又创办了《北风》半月刊。《北风》的刊名是正太铁路管理局秘书科员、中共党员郭任之请栗再温题写的。封面由马次溪设计绘制，画面内容为刮着飓风的冬天。《北风》之名取北方抗日之烈风之意，创刊的宗旨是反映人民大众"救亡图存"的要求，褒扬共产党的抗日主张，抨击对抗日救亡运动的各种非议。市委书记陶希晋以绛夫为名任主编，后由其弟陶鲁笳任主编。1936年12月，获鹿县国民党党部书记卢祝尧借口《北风》侮辱了回族并说《北风》的封面太凄凉，煽动不明真相的回族闹事，要砸《北风》编辑部，下令查封《北风》。1937年1月，《北风》改名《北光》继续出版。

　　在陶希晋、朱琏夫妇的影响和带动下，陶希晋的弟弟陶鲁笳、陶国萃和妹妹陶竞华，以及朱琏的侄女都先后投身革命，住在诊所里为党工作，其中：陶鲁笳独自承担《北风》报纸的编辑工作；陶竞华于1935年暑假在扶轮学校毕业后，放弃了升学的机会，在诊所里对外的工作负责烧水做饭，安排来人住宿，朱琏教会了她做配药、司药和接生等工作，对内是石门市委地下交通员，遇到通知施恒清、田珍等党员开会，就让她去联络；陶国萃当时正在扶轮学校读书，虽然年纪只有十四五岁，却早已是一名小地下交通员了，经常会受哥嫂的指派递送情报，为革命做些力所能及的工作。

陶希晋在正太铁路管理局任高级职员，每个月可以拿到100多元的薪水，朱琏开诊所也有着可观的收入，但是夫妇二人的日常生活私下里却过得非常简朴，甚至还很拮据。原来，他们把自己的薪水加上诊所的收入大部分都贡献出来，用作了党的活动经费以及交通费、宣传费和出版《正言报》等报纸的费用。为了节省日常生活开销，除了几件必备的日常交际用的高档服装，家里人穿的衣服、鞋子都是朱琏送走病人和来诊所打牌的太太小姐以后，在深夜里一针一线亲手缝制的，就连陶希晋和我党地下工作者平时戴的领带也是朱琏用旧丝袜精心改制的。

1937年后，"朱琏诊所"除了市委机关外，还成为平汉线省委、直中特委机关，平、津沦陷后，杨克峰、赵德尊、葛文等带领一批流亡学生到石家庄，有的在诊所从事地下活动，有的还在诊所入党，走上革命道路，新中国成立后大多成为党的各级重要领导。此外，诊所还承担了秘密交通站和联络站的作用，凡是从山西到河北或是从平津赴延安的同志，大多由诊所负责接待，其中就有后来牺牲在辽沈战役前线的东北野战军炮兵司令朱瑞同志。正太铁路不仅是朱琏一家的革命起点，也是一条培养、造就众多党的优秀儿女的红色铁路。

第四十一回　抗日歌曲唱响正太
激发救国救亡热忱

1931年九一八事变爆发以后，正太铁路广大工人和全国人民一样义愤填膺、同仇敌忾，很快就轰轰烈烈地掀起了全路抗日救国的革命浪潮。此时，在中国共产党的领导下，正太铁路的党组织发起成立了工人业余歌咏团，在铁路工人和人民群众中广泛传唱一首首脍炙人口、振奋人心、感人肺腑的抗日歌曲，在那个全民抗战的年代，在山河破碎、民族危亡的生死关头，对激励广大人民群众的爱国主义精神发挥了巨大作用。

正太铁路工人业余歌咏团由陶希晋、朱琏、吴作民等革命进步人士发起成立，团员有七八十人，最多时曾发展到数百人，积极分子有王凤书、王敏父子，以及田珍、赵国强、李德存等，陶鲁笳有时也参加。1932年来到正太铁路扶轮学校任音乐教员的赵子岳，发挥自己的艺术专长，经常到歌咏团义务教大家唱歌。当时唱的大部分是聂耳、冼星海的抗日歌曲，如《义勇军进行曲》等，其他的还有：《松花江上》《大刀进行曲》《救亡歌》。其中的《松花江上》，即《流亡三部曲》中的一部，是张寒晖于1935年在西安目睹了东北军和东北人民流离失所惨状，有感而发又出于安全考虑，秘密佚名创作的一首抗日歌曲。受当时条件所限，有人由西安学来时，只会唱没有谱子也不知道歌曲的名字和创作者，赵子岳就根据歌的音调谱成曲子，朱琏、陶希晋对一些词句进行了润色和修改，赵子岳请陶希晋给这首歌起个名字，陶希晋说："现在国民党到处都唱《桃花江之歌》，我们这个歌就叫个《松花江之歌》吧！他们唱桃花江，我们就唱松花江！"陶希晋和朱琏夫妇还自己出钱，油印了大量的歌片，邮寄到阳泉、太原等地，这首歌曲很快就在正太铁路沿线地区传唱开了。后来赵子岳除了教歌以外，还编辑整理了一本《大家唱》歌集的小册子，封面也是由赵子岳亲自设计的，里边收集了许

◎ 赵子岳、朱琏等参加抗日救国游行

多歌曲，其中就有上述歌曲。

歌咏团在石家庄的大街上也做过许多宣传，边走边唱，很带劲，有很多人来观看，人一多，赵子岳就带领团员们即兴演讲，宣传抗日救国的道理。他还组织正太铁路职工学校的学生排演街头剧，如《放下你的鞭子》《打回老家去》等，唤起民众，共同抗日。当时，特务头子李鲲生反对抗日，赵子岳、朱琏就把歌咏团队伍拉到他的住所门口，放声高唱抗日救亡歌曲。七七事变后，歌咏团搞了一次纪念九一八事变游行示威，陶希晋、马次青、朱琏、赵子岳等走在游行队伍的前面，他们带领着工人、学生列队唱歌、游行、演讲，参加游行的人越来越多，高潮时，游行队伍达到几千人。天虽然下着雨，但游行队伍情绪十分高昂①。当时国民党的随军记者看到后拍了纪录片。解放后，赵子岳在中央新闻纪录电影制片厂资料室发现了这部片子，其中就有他参加游行的一个镜头，《北影画报》1987年第4期登载了这个镜头的照片，上面还有朱琏等人。

1936年夏，张学良的东北军五十三军一一九师驻扎在石家庄附近，师长黄显声主张联共反蒋抗日，早与中国共产党有联系。一一九师六九一团团长是中共党员吕正操。

① 中共石家庄市委党史研究室. 朱琏诊所：陶希晋同志一家在石家庄的革命活动. 北京：研究出版社，2014：83.

◎ 正太铁路工人在进行抗日宣传

　　1936年8月，中共党员孙志远化名孙健到石家庄担任一一九师师部秘书兼书记处书记官、手枪队长，他与石家庄市委的陶希晋经常在"朱琏诊所"见面，策划在部队中开展党的工作。孙志远首先在石家庄、井陉驻防的两个团中都建立了共产党的基层组织，并在正定建立了教导营，有六七百人，学员都是从部队遴选的进步青年，以及北平来的一批进步学生，中共顺直省委也派来了多名共产党员，在营里建立了党支部。在抗日救亡运动中，部队和地方紧密配合，互相协作。赵子岳经常去这个部队教官兵们学唱《松花江上》等抗日歌曲。到部队教唱歌时，部队官兵特别热情，每当大家唱到"哪年哪月才能够回到我那可爱的故乡"这句歌词时，歌声总是戛然而止，东北军军官和战士们情不自禁地早已是泣不成声、热泪流淌，从而极大地唤醒了他们心底的抗日爱国热情，在当时的东北军中引起巨大反响。有一次，为欢送东北军北上抗日，赵子岳、朱琏拉着歌咏团的队伍到火车站高唱《松花江上》《打回老家去》，歌声雄壮激昂，激励着车上的官兵和前来送行的群众，顿时，车上车下一片歌声，歌声、口号声此起彼伏，抗日救国的浓厚气氛弥漫了整个火车站[1]。

---

① 中共石家庄市委党史研究室. 朱琏诊所：陶希晋同志一家在石家庄的革命活动. 北京：研究出版社，2014：32.

◎ 石门各界慰绥代表团慰问绥远将士时的合影

正当人们抗日救亡热情日益高涨之际，传来了一个振奋人心的好消息：1936年11月中旬至12月4日，国民政府绥远省主席兼第三十五军军长傅作义带领部队与日本支持的德王等蒙古分裂分子进行激战，收复百灵庙，取得了绥远抗战的胜利，挫败了日军西侵绥远的计划，全国人民开展了轰轰烈烈的援绥运动。石家庄市委遵照党的抗日民族统一战线的政策，领导人民积极参加援绥运动，并做了大量卓有成效的工作。石家庄组成了由石门商会、律师工会、学生联合会、商行经理、报界人士参加的石门各界慰劳前方将士联合会。共产党员朱琏、马次青成为联合会的主要成员。联合会成立后，组织了工人、商人、律师、学生、妇女等募捐队。朱琏带领妇女募捐队挨家挨户募集捐款，亲自登台参加京剧公演募捐。一些上层人物的太太、小姐也参加了妇女募捐队。各界选派代表组成了石门各界慰绥代表团，由正太铁路管理局职员马次青任主任。在马次青的带动下，他所供职的文书科的科员、收发、打字员、油印员都动员起来了，路局的行政工作他们做得不多，他们有的帮写标语，有的打字、刻字、油印，有的帮助给《正言报》等进步报刊写稿，慰绥大红锦旗也是在文书科里写的。1937年元旦，代表团带着慰劳品经太原到达绥远，傅作义在大同接见了慰问团，接受了锦旗，并请代表团成员吃了饭。

马次青于1959年回忆了这段正太铁路援绥经历："……国民党特务说路局文书科变成了共产党的司令部，并向南京写了个报告，向路局施加压力（这时王懋功已离开正太铁路），让局长镇压我们。有一天局长找我去谈话，说我是国家的职员，是有职业的人，闹得太不像话了，让我立即停止活动，不能到绥远去，并声言如果我要去绥远，就别要职业，想要职业就别去绥远。我把这些情况反映给驻军师长黄显声(又名黄警钟，中共党员、东北军第五十三军副军长兼一一九师师长)，也告诉了陶希晋。黄师长就让孙志远同志(当时名字叫孙健，是五十三军中党组织的负责人)给路局打了电话，大意是：黄军长让我告诉你们，慰劳前方抗日将士是石门各界的爱国行动，包括军队也包括你们，各界推选你们路局马次青率代表团去前方慰问，这是你们局最大的光荣，据说你们那里有人不让去，应该查一查这是谁办的事！这样我才去了。回到石家庄后，路局就把我由文书科调到材料场去了。"①

这次为了支援绥远抗日，正太铁路工人每人捐献一日工资，正太员工救国会筹集1000元寄给归绥驻军。绥远省主席傅作义复电感谢正太铁路工人的支援。复电致谢说："此次绥东告警，举国关怀。连日迭接各方函电，或为物质之输送，或作精神之援助，备切勉励，感愧莫如。顾念捍边御侮，分所当然，乃荷嘱，望之殷，益凛职责之重，兹承贵局汇大洋1000元，悉出爱国热忱，用以鼓励士气，谨当拜领，义不容辞。唯有奉扬仁风，切加激策，庶期三军振奋，效命疆场，本此血诚，亦即仰答爱国同仁所厚赐也。除通饬前方各部队一体知照外，特先制具收据一纸。随函送请惠察。至将来详细分配办法，一俟规定就绪，再行登报，声明用途，俾贻大信。专此鸣谢，顺颂。筹祺。附收据一纸。傅作义拜启。"（见1936年12月14日《正太日刊》第1122号）

正是在唱响抗日歌曲的热潮感召下，在正太铁路沿线，从城市到农村、从工厂到街道，从学校到军营，抗日歌声此起彼伏，促进了广大民众的革命觉醒。正太铁路的共产党员、工人、职员、学生纷纷走上街头高唱抗日歌曲，宣传抗日主

---

① 中共石家庄市委党史研究室．朱琏诊所：陶希晋同志一家在石家庄的革命活动．北京：研究出版社，2014：133－134.

张，慰问前方抗战将士，他们成为抗日救亡运动的宣传员、先锋队和主力军，是一支不可或缺的重要抗日力量。赵子岳在组织和参与这些活动中，与中共石家庄地下党组织取得了联系，并于1936年12月经陶鲁笳介绍加入中国共产党①。

---

① 石家庄市政协文史资料委员会，石家庄铁路分局路史编辑办公室．正太铁路史料集（内部发行），1992：180．

第四十二回　兴起抗日救国运动
周公讲演响誉石门

　　1937年7月7日，北平郊区宛平县卢沟桥突然响起了枪炮声，侵华日军悍然发动了蓄谋已久的七七事变。卢沟桥的炮声一响，从此，全国性的抗日战争全面展开。

　　早在1936年绥远抗战发生后不久，正太铁路的抗日救国运动就已激荡兴起，正太铁路的进步职工、学生和其他各界进步青年、妇女组织了各种群众性的团体，利用读书会、歌咏团、话剧团以及国术团、跑步团、自行车队等各种形式对广大群众开展抗日救国的宣传活动。

　　为了团结各界人士，最广泛地发动群众起来抗日，建立起公开的抗日救国组织，党于1936年2月派马次青出面，发起组织成立冀中各县救国联合会。马次青邀请了石家庄市内和周围各县赞成抗日救国的一些进步人士，在石家庄市召开了冀中各县救国联合会筹备会议，通过了通电草稿。事后，正式通电稿由陶希晋、马次青进行了复印和散发（通电稿上加盖了陶希晋亲手刻制的"冀中各县救国联合会筹备会"的图章）。这次会议后，党还派马次青与北平学联取得了联系。后来虽然由于国民党反动派的恐怖政策和加紧迫害，冀中各县救国联合会没有能够取得组织成功，但是通过这次活动，对发动广大群众起来抗日救国及反对国民党的不抵抗政策仍然起到了一定的作用。

　　1960年7月31日，时任北京市大兴区黄村镇人民公社村主任的马次青接受访问时回忆说："七七事变前后，还有这么一些组织，通过公开合法的形式，进行着秘密与公开相结合的活动。如，太极拳培训班：我们用40元请了一位教师，我们这些人带头学拳，以此联系团结了一部分力量；京剧团：是同人会中交通大学的进步学生搞的，通过唱戏、跳舞、打台球等活动，进行一些工作；中华教育音乐

◎ 马次青接受采访的文字记录

促进会石家庄分会：我是会长，主要是宣传抗日，参加的人员主要是中、小学校教员，"一二·九"运动以后改为歌咏团，由工务处工程师（交大学生）负责；东北同乡会：由梁谦、刘裕孚二人负责。"

1936年冬，中共石家庄市委发动各界人民组织成立了公开的抗日救国组织——"石家庄各界慰劳前方将士联合会"。朱琏当选为常务委员，负责医药、卫生和妇女工作。随后，朱琏又组织成立了"石家庄妇女抗日救国会"，朱琏当选为主席，这是石家庄第一个妇女救国组织。①

① 中共石家庄市委党史研究室. 朱琏诊所：陶希晋同志一家在石家庄的革命活动. 北京：研究出版社，2014：31－32.

在各种抗日救亡组织中，还成立了募捐队。朱琏积极组织成立妇女募捐队。有女工募捐队，专募工人区域；有阔太太、小姐组成的募捐队，专募中上层各界人士；还成立了花界募捐队，由全市妓女组成，专募嫖客和商界。一个群众性的募捐活动很快在全市开展起来。通过这项活动，不仅募了大量钱和物资，支援了前方，鼓舞了前方将士抗日的信心和决心，而且更加深入广泛地宣传了党的抗日救国政策，使党的全面抗战主张深入人心，党的组织也由此扩大了。七七事变后，随着群众抗日救国热情的高涨，"石家庄各界慰劳前方将士联合会"改为"石家庄各界抗日救国会"，陶希晋、朱琏、马次青、施恒清、刘裕孚等当选为常务委员。

7月底，李默庵任军长的国民党第十四军来到石家庄。李默庵认为"抗日是政府的事""国还没亡，救什么国呢"，因此，他强令将石门各界抗日救国会改为石门各界抗敌后援会，并改组该会。除只留下朱琏担任常委外，其余的共产党员都被排除在外，且安插上了国民党的人。他还勒令解散各行各业的抗日救国会组织。在这种情况下，中共直中特委和石家庄市委为了维护已经形成的石家庄抗日救国统一战线，决定冷静从事，沉着处置。以妇女当先锋，发动各界群众进行争取抗日救国权利的斗争。根据市委的决定，朱琏首先带领石家庄各界妇女，开展了要求恢复石门妇女抗日救国会的请愿斗争。1937年8月的一天，几百名由女工、工人家属、市民、店员、资本家太太和小姐组成的队伍，在朱琏带领下，高呼抗日口号直奔李默庵军部，一字横排在军部大门口，高呼"我们不当亡国奴！""恢复妇女抗日救国会"等口号。妇女们的爱国行动得到了国民党士兵的同情。在妇女们的强烈要求下，李默庵让请愿妇女派代表谈判。朱琏作为代表和李默庵及其参谋长进行了谈判。她申诉了妇女们要求抗日救国的理由，提出了恢复妇女抗日救国会的要求。李默庵迫于压力，答应了妇女们的要求。朱琏接着又提出了召开恢复妇女抗日救国会的大会，并要求军队派士兵保护会场。当晚，全市妇女在劝业场召开大会，朱琏在会上宣布石门各界妇女抗日救国会正式恢复。会后，朱琏带领妇女举行了游行示威大宣传。要求恢复妇女抗日救国会的斗争取得胜利后，石家庄的工人、青年、学生等也纷纷请愿，提出："妇女能救国，我们为什么不能救国！"李默庵被问得无言可答，只好应允其他抗日救国会均可恢复。

9月上旬，日军飞机常来石轰炸，石家庄的正太铁路工人抗日活动更加活跃。朱琏和陶希晋的妹妹陶竞华抬着一个轻便的担架，穿街走巷，救助被炸的市民。当时，偌大一个国民党统治多年的河北省中等城市石家庄，几天来跑遍全城的，也就是这样一副担架①。陶希晋作为石家庄市委书记、抗日救国会负责人，和马次青、施恒清等人组织正太铁路工人募捐，组织抗日歌咏团、话剧团到街头宣传党的全面抗战和民族统一战线政策。正太铁路工人家属也动员起来了，她们组成洗衣组、缝纫组、救护队，为前方战士服务②。

各抗日救国会恢复了，但是石家庄各界抗敌后援会的权力仍然被李默庵把持着，各界人民的抗日救国活动受到限制。因此，为了争得真正的抗日权利，市委又领导各界人民利用纪念九一八事变6周年的机会，进行恢复石家庄各界人民抗日救国会的斗争。9月18日，石家庄各界在升平剧院召开纪念大会。各界群众和平津流亡学生参加了大会。石家庄反动当局的头目也登上了主席台。他们在讲话中极力贩卖国民党"一个政党，一个领袖，一个政府"的谬论，鼓吹片面抗战，并说"抗日是政府的事，群众要服从政府领导"。这个讲话，激起了与会群众的强烈不满。朱琏作为大会执行主席也讲了话，陈述了石家庄各界妇女在抗日救国运动中的作用，揭露了"石门各界抗敌后援会"包办抗战，限制群众抗日的事实。正太铁路职员、共产党员马次青也上台控诉了日本帝国主义侵略我国领土和国民党片面抗战，限制人民抗日，诬蔑群众抗日的罪行。会场上群情激愤，大家高呼"打倒日本帝国主义""打倒包而不办的后援会""立即恢复石门各界抗日救国会"等口号。这时，国民党十五军的一些军官和蓄意进行捣乱的流氓乱喊"共产党捣乱"，台上的石门公安局长匕玉岭也站起来，大声斥责马次青是捣乱分子，台下的一些军人跟着起哄乱叫："把他扯下来！"台上一个军官一把把马次青推下台，并叫喊着："散会！散会！"台上台下乱作一团。在一片混乱声中，穿着一身笔挺西装的陶希晋飞快地冲上主席台，抓住那个军官的衣领，厉声质问道：

① 中共石家庄市委党史研究室．朱琏诊所：陶希晋同志一家在石家庄的革命活动．北京：研究出版社，2014：99．

② 中共石家庄市委党史研究室．中国共产党石家庄历史：第1卷，（1921—1949）．北京：中共党史出版社，2016：195．

铁流激荡

◎ 日军占领期间的正太铁路娘子关段线路

"国民党中央和蒋委员长都讲抗日，你们为什么不抗日？只有那些汉奸才不抗日。日寇都打到石家庄来了，你们还不让民众抗日，难道你们甘当亡国奴吗？"这些国民党军官被问得瞠目结舌。会场上顿时沸腾起来，口号声连成一片。反动当局的几个头目，在群众的强大压力下，当场答应恢复石门各界抗日救国会。会后，石家庄各界群众举行了声势浩大的纪念九一八事变6周年游行示威大宣传。游行队伍在石门公安局门口高呼口号，高唱《工农兵学商，一齐来救亡》《抗日已到最后关头》等救亡歌曲。

---

① 1925年，经北洋政府临时执政批准，设立石门市，取名之因是将石家庄、休门两村各取一字，名副其实；当时，石门与石家庄在称谓上并用。

　　1937年8月22日至25日，党中央在陕北洛川召开了政治局扩大会议，会议确定党的工作重心应放在战区和敌后。

　　会后不久，周恩来受党中央的委托，以中共中央代表的身份，就坚持华北抗战、协同作战等问题，于9月12日从太原出发，亲赴崞县、代县以及河北省的保定等地同国民党军队的各级将领阎锡山、徐永昌等进行谈判。

　　1937年9月中旬，周恩来等在陶希晋的陪同下来到石门①。与陶希晋一起陪同周恩来等来石的还有王奉瑞。王奉瑞，东北人，留日学生，他和张学良比较熟悉。当时他是特别党员，即不过组织生活，只发生个别联系，在市委的领导下做秘密工作。他的公开身份是正太铁路管理局的车务处长，由他陪同乘车比较方便。

　　周恩来等人是乘坐正太铁路管理局的火车来到石门的。他们坐的是一等车厢，晚上从太原出发，夜里到达石门。当时由于战争的破坏，平汉路的火车比较少，为了等去保定的火车，周恩来等在石家庄停留了两三天。

　　陪同周恩来来石的，还有4个人，他们是：

　　八路军副总指挥彭德怀，为了解决协同作战等问题，以八路军代表的名义陪同周恩来到各地同国民党军队将领进行谈判。

　　续范亭，山西崞县人，早年参加同盟会，西安事变以后，响应中国共产党的号召，回到山西，任国民党第二战区民族革命战争战地总动员委员会主任委员、第二战区保安司令。

　　南汉宸，山西赵城人，中共党员，长期从事党的秘密工作和统战工作，西安事变以后任国民党第二战区民族革命战争战地总动员委员会组织部部长兼宣传部部长。

　　边章五，河北束鹿(今河北省辛集市)人，保定军官学校毕业，1931年任国民革命军第十六路军参谋长时参加宁都起义。1932年加入中国共产党，当时在中共中央军委工作。

　　因为续范亭、南汉宸、边章五和阎锡山、徐永昌等人都是老朋友，有他们陪同，既便于谈判，又可以保证沿途的安全。

　　周恩来等来到石家庄以后，由石家庄市委安排住在正太铁路管理局2号门内王奉瑞的家里。

铁流激荡

法国资本家在修建正太铁路时，在石家庄买了一块土地，三面用围墙围住，一面是正太铁路火车站，当地人管这块地方叫"洋城"。在这个特殊的地界内，有正太铁路石家庄总机厂以及法国人和华人高级职员的住宅。这是个石家庄的地方势力达不到的地方，相当于一个小租界。在法国人将铁路移交给中国以后，仍然保持了这种状态。王奉瑞是正太铁路管理局的车务处长，他自己住着一幢洋房，家里经常有客人出入，住在这里不易引人注意，也比较安全，而且距离车站近，上下火车也方便。

中共石家庄市委以石门各界抗日救国会名义在劝业场影院（解放后更名为"解放电影院"）召开了欢迎周恩来的群众大会。阎锡山派到石家庄的一个炮兵司令参加了大会，并坐在了主席台上。为了营造声势和氛围，会场门前贴出了"今天请抗日将领周恩来、彭德怀将军演讲，欢迎各界人士踊跃参加"的海报。会议共开了两个多小时。参加会议的人员，除石家庄市委、直中特委领导人和一部分地下党员以外，主要是总机厂工人、学生和部分市民，其中绝大部分是倾向革命的爱国青年，共有四五百人。为了保证周恩来等人的安全，使会议顺利进行，中共石家庄市委指派正太铁路扶轮学校代课教员陶鲁笳参与会场保卫工作，并组织总机厂的30余名工人纠察队员在现场执勤。

当身穿灰色制服的周恩来和一身黄色戎装的彭德怀走上讲台时，受到了与会者的热烈鼓掌欢迎。会议由石门各界抗日救国会负责人朱琏主持，她首先请周恩来讲演。周恩来以通俗的语言，深入浅出地宣传了洛川会议精神和我党抗日救国的主张。在一个多小时的讲演中，他首先分析了当时的国内和国际形势，指出，在国际上，我们要联合英、美、法、苏，组成广泛的国际反法西斯战线，揭露日本侵略者的罪行，争取友邦对日本采取制裁措施；在国内，我们要停止内战，枪口一致对外，团结一切抗日的力量，实行全民族的抗战，反对妥协求和，反对投降主义，坚持华北抗战，坚持和巩固抗日民族统一战线；要坚持我党的全面抗战路线，反对片面抗战路线，反对（国民党）包办抗日；要开放民运，宣传民运，组织民众和武装民众，要向民众作广泛深入的抗日宣传，依靠民众进行抗战。他还说，你们这里靠近前线，要教育民众树立打败日本侵略者的信心，要和友军搞好团结，做好支前工作。在讲到军队和人民群众的关系时，他强调，军队如鱼，老百姓如水，鱼儿离不开水，军队离不开老百姓，只有充分发动民众，军队才有依靠，只有发动全民族坚持抗战，才能赶走日本帝国主义，我们才能不当亡国奴，最后胜利必定是我们中国的！

在周恩来讲演以后，接着由彭德怀讲演，他讲的内容与周恩来讲演的内容大致相同。在周恩来和彭德怀讲演以后，石门抗日救国会的负责人马次青讲话，并现场指挥大家唱起了抗日救亡歌曲，会议开了有三四个小时后在雄壮、嘹亮的歌声中结束。当年在场的赵德尊在1985年5月28日回忆起了当时的场景："周恩来、彭德怀发表演说，会场鸦雀无声，一千多人的会场，坐在最后边的人也能听清楚。"

周恩来一行在石家庄停留期间，除参加了群众大会以外，彭德怀、续范亭、南汉宸、边章五等人还抽出时间来到了"朱琏诊所"，这里是当时的石家庄中共地下党市委机关。他们询问了市委机关开展党的工作情况，翻阅了已经出版的几期《北光》杂志，看望了工作人员，并代表周恩来同志向他们表示亲切慰问。彭德怀等嘱咐市委工作人员，要认真贯彻落实洛川会议的精神，坚持抗日民族统一战线，和友军搞好团结，调动各方面的力量，做好群众工作，凝聚起团结一致抵抗日寇的强大力量。

看望市委工作人员之后，周恩来一行乘坐平汉铁路火车前往保定。当时的保定已经是抗战的前线，日军的飞机经常过去侦察、轰炸，战争形势异常危险紧张，国民党要员纷纷南逃。为了敦促国民党军队坚持抗战，周恩来等不顾个人安危，在炮火声中赴保定同徐永昌（国民党军委办公室主任，七七事变以后到保定督战）谈判，这种大无畏的无产阶级革命精神，对于国民党军队中的爱国将领是个很大的鼓舞。

在同徐永昌等人谈判以后，周恩来等又从保定回到石家庄，经过几个小时的休息以后，从石家庄坐火车回到太原，然后经忻口回到八路军总部。

第四十三回　正太同蒲联合运兵
百名工人西上太行

　　抗日战争全面爆发后，山西成为抗击日本侵略者进犯的前沿阵地。1937年7月29日、30日，日军在侵占北平、天津后，分兵沿平绥铁路向西、沿平汉铁路向南，取夹击之势进攻山西，意图夺取山西，控制华北，策应华中，威胁西北，扬言"一个月拿下山西全省，三个月灭亡全中国"。

　　面对日军的强大攻势，阎锡山调兵遣将拟在大同地区与日军会战，但由于日军主力从河北蔚县方向直插广灵、灵丘，抄击晋绥军后方，阎锡山被迫放弃大同会战。9月9日，日军占领阳高；9月12日，日军攻占天镇；9月13日，日军占领大同。

　　山西局势危在旦夕。在日军步步紧逼的情形下，阎锡山同意八路军赴山西。于是，八路军第一一五、第一二〇、第一二九师三大主力从陕西出发，东渡黄河，来到山西。接着，他们从侯马分批乘坐火车，星夜兼程，奔赴山西抗日前线。

　　这也是八路军史上首次大规模地利用铁路输送部队。

　　当时，日军为阻拦八路军北上，对同蒲铁路进行了连续轰炸。

　　同蒲铁路是一条刚刚修建起来的铁路，一切设备尚在完善之中。此时战争爆发，为应对日军轰炸，当局在铁路沿线匆匆修建了机车隐蔽洞、车辆隐蔽沟和防空壕，对车站和桥梁也进行了伪装，并封存了太原所有商用铁路材料，以备抢修使用，修筑大小桥梁便线，保证随时通车。

　　在这样的情形下，有着一腔爱国之情的铁路工人也全都迅速行动了起来。为了保证军运，正太铁路与同蒲铁路的客货车辆第一时间相互过轨，沿同蒲铁路向北、沿正太铁路向东，运输渡河而过的八路军部队以及军用物资到达抗日前线。正太铁路此时共有大小机车68台，除井陉煤矿租用2台外，为协助军运，起初调出5台机车和数百辆货车过轨到同蒲铁路,到了10月19日,41台大型机车、65辆客车、684辆货车全部过轨到同蒲铁路(遗留下的25台机车均为小型机车)。

为保证军运畅通,同蒲和正太两路局在太原合组调度所,采取统一调度制,发挥两路运输最大作用。

军运伊始,两路工人运往正太铁路的抗日将士军列,由太谷站直接驶向娘子关和石家庄一带,后由于敌人轰炸,交通出现拥堵,遂立即在太原、榆次、太谷三站,全部与正太铁路接轨,使两路机车得以直接通行,且保证敌人炸断其中一条,另外两条皆可通行;炸断其中两条,另外一条尚可使用。同时,铁路工人在忻县等站抢修水井,用于军运期间的机车加水。

军运期间,铁路工人还冒着日机的轰炸,昼夜不停地守在铁道线旁,随时抢修被炸断的铁路,将八路军将士运送到目的地。其间,当一名叫王成明的守车工人被日机轰炸牺牲后,许多工友含着热泪,争着要去替他完成剩下的任务。

在铁路工人昼夜不停的运送下,北上抗日部队在规定的时间内陆续到达太原,并向北开赴抗日前线。很快,八路军出师抗战的消息,像长了翅膀一样在三晋大地上传开了。当广大老百姓看到共产党领导的八路军,也就是当年的红军,渡过黄河来到山西,打击入侵的日军时,都无比振奋。八路军所到之处,百姓表示了极大的欢迎。八路军将士每到一站,也都会集中到车厢门口,向前来慰问的群众高呼抗日口号,激发了广大人民群众的抗日热情。

当一列列满载着八路军的火车风驰电掣驶入太原站时,闻讯而来的市民也自发赶到车站,他们高呼"拥护八路军北上抗日""把日本鬼子赶出中国"等口号,并挤上前将香烟、肥皂、毛巾等物品争相塞到即将奔赴抗战前线的八路军和铁路工人手中。人群中,流落在太原的东北流亡学生站在列车旁,动情地唱起了《松花江上》,歌声悲壮激昂,激荡出了军民团结起来、顽强抗战的勇气和决心。

决死纵队也列队来到太原站欢迎八路军,他们和八路军将士同唱抗日战歌,歌声响彻车站内外。火车继续向前线进发时,许多决死纵队队员跑上车,同八路军将士握手、拥抱。此刻,车站上空到处弥漫着同仇敌忾的气氛,直到开车的铃声响起,列车启动,人们才依依惜别。

◎ 1949年5月24日，《山西日报》刊登的
《正太同蒲两路员工完成紧急军运任务》的新闻报道

　　日军于9月13日占领大同后，一部分由大同窜至东韩岭，又由东韩岭窜至宁武、原平一带，并随即对北同蒲铁路各车站进行轰炸。在此情况下，北同蒲铁路工人将所有铁路器材抢运至太原，机车、车辆无一遗留，全部用于军运之中。

　　东渡黄河相继到达前线的八路军将士，9月25日与日军在平型关展开了较量，取得了胜利。这是自卢沟桥事变以来，中国军队的第一次大胜利，不仅震惊了中外，而且沉重地打击了日军的嚣张气焰，迟滞了敌人的进攻，支援了平汉、正太等铁路沿线友军的作战，极大地鼓舞了中国人民的士气。之后，八路军又配合国民党军队进行了忻口战役，取得了雁门关设伏和夜袭阳明堡大捷，打破了日军不可战胜的神话，挫败了日军"一个月拿下山西全省，三个月灭亡全中国"的嚣张气焰，更增添了全国军民抗战必胜的信心。

　　随着八路军在平型关、雁门关、阳明堡取得三战三捷，一场伟大的抗日战争在山西大地上开始了，而在这场伟大的战争中，正太、同蒲铁路工人始终驾驶着列车，跟随在抗日部队的身旁。

1937年七七事变后，正太铁路工人游击队转战在阳泉、榆次、太谷一带的铁路线上，给日伪军以沉重打击，为抗日战争的胜利做出了重要的贡献。

1937年9月下旬，日本侵略军逼近石家庄，飞机连日狂轰滥炸，国民党军队节节败退，正太铁路局随之西撤阳泉。正太铁路石家庄机厂工人和路局广大职员纷纷要求拿起武器，参加抗日战争。石家庄市委书记陶希晋报请省委同意之后，由陶希晋、朱琏、马次青、田珍、施恒清等负责，把志愿参加抗战的100多名正太铁路员工组织起来，建立了一支正太铁路工人游击队。经中共石家庄市委决定，所有石家庄的共产党员和党的积极分子都同职工群众一起西撤，到山西寿阳、阳泉听候党组织分配工作。

陶希晋、朱琏等经过五六天的长途跋涉，于10月初的一天傍晚到达阳泉。在铁家巷24号与八路军一二九师在此接应的同志联系上之后，由一名战士带领陶希晋、马次青步行到南郊的一二九师驻地——平定的义东沟村三义庙（今阳泉市城区境内义井社区）。陶希晋、马次青来到师部，受到师政委张浩（即林育英）的热情接待。陶希晋首先汇报了正太铁路工人游击队的组成情况，并提出需要军事领导干部和枪支弹药等问题。张浩表示同意，并立即写了一封信给"牺盟会"①的薄一波，要求他安排120支步枪和部分弹药，用来武装正太铁路工人游击队。

第二天上午，由刘伯承、张浩选派的张广才（原红四方面军的一位师长）和杨树根两位老红军来到了陶希晋的住地——阳泉铁路工人居住区，正式为刚刚组建的正太铁路工人游击队开展军训。正太铁路工人游击队由陶希晋任书记，马次青任队长。这支游击队在正太员工中，主要人员有陶希晋、马次青、朱琏（女）、陆凤翔、吴作民、田珍、施恒清、糜镛、徐真（女）、李志方、裴慕韬（女）、陶竞华（女）、陈舜英、罗渭、杨锡禄、陈长凤、贾景佑等120多人，还有一部

---

① 牺盟会是山西当权者阎锡山批准成立的以组织动员民众参加抗日救亡运动为宗旨的群众抗日团体，全称叫"山西牺牲救国同盟会"，实际领导权掌握在薄一波等共产党员手中。

◎ 正太铁路工人游击队部分成员合影，前排右一为陶希晋、右四为朱琏，后排右二为秦基伟、右三为糜镛、右四为赖际发

分是阳泉本地的铁路工人。在为期10天的军训中，张广才、杨树根对他们进行了队列、射击、刺杀、投弹、爆破、土工作业等军事基础项目培训，为他们讲述了游击战术。军训期间，一二九师政委张浩在百忙中还来为他们作了形势报告。短暂的军训结束时，刚好马次青等人到"牺盟会"领取的120支步枪和一部分弹药也由几头毛驴驮回来了，这支正太铁路工人游击队放下工具，拿起武器，开始意气风发、斗志昂扬地战斗在太行山上①。

前线娘子关失守的消息传到阳泉，正在阳泉郊外山沟里集训的陶希晋、朱琏他们听了都非常气愤，即与马次青商量，决定主动出击，配合八路军主力作战，随后深入敌占区，冒着日军飞机的轮番轰炸和大军压境的危险，将一批火车头、车辆和武器从正太路前方运到了南同蒲路后方。据1941年4月杨钰所著的《晋冀豫区的工人运动》所载，当时，这件事轰动了全国，受到交通部的奖励。当时的

① 阳泉市城区工会志编纂委员会. 阳泉市城区工会志. 太原：山西人民出版社，2012：74—75.

国民党南京政府曾以委员长的名义发给奖金10万元①。

不久，八路军一二九师师长刘伯承亲自接见了正太铁路工人代表，欢迎他们参加八路军。他对陶希晋说，我们八路军中，主要是革命的农民，缺乏产业工人做骨干，欢迎正太工人来参军，并发动更多的工人兄弟们来参军，使军队成分搞得更符合党对军队的要求。随后，以石家庄机厂工人田珍为首的20多名正太铁路工人报名参了军。刘伯承任命朱琏担任一二九师卫生部副部长兼野战医院院长；委派施恒清到一二九师供给部担任总务股长。其他人有的直接参加旅部、团部的工作；有的从事政府工作、地方党的工作、工运工作；有的去办工厂，如田珍、杨锡禄等都为根据地创办兵工厂、修械所，杨锡禄任修械所所长。

田珍，河北琉璃河镇人，生于1903年。1917年，他小小年纪就离开家乡，随其兄田玉到磁县六河沟矿厂学徒，后到京汉铁路做工，1923年又到正太铁路石家庄总机厂当钳工，在历次的革命斗争中他都勇敢地冲在最前列，1935年加入中国共产党，曾任机厂党支部组织委员和中共石家庄市委委员等职务。当时，他根据党的决定，带领一部分技术工人到辽县建立一二九师第一个兵工厂，并担任该厂政治委员。办工厂没有机器，他就派其侄子田蕴华和另外一名干部，带一支小分队到磁县六河沟矿厂，找田蕴华的父亲田玉帮助搞些必要设备。他只用了十几天的时间，就将磁县矿厂3000多名工人发动起来，将该厂设备用人抬肩扛、马车拉，翻过十八盘等山道，运到了辽县。兵工厂很快造出了子弹、手榴弹，供给一二九师，支援前方抗日，受到了刘伯承师长的表扬。在筹建辽县兵工厂和紧张的生产过程中，田珍由于食物中毒，不幸于1939年5月2日去世，年仅36岁，公葬于太行山的丈八村附近。田珍去世前，因为身体原因不能工作而心情十分焦急，他见人就情绪激动地讲要革命、要抗日，后来只能把他的窗户挂上窗帘，不让他和别人见面②。次年，陶希晋在《中国工人》第8期上发表了纪念田珍的文章。

平型关大捷后，八路军总司令部由晋北经过寿阳到达正太铁路以南的宜城村。

---

① 石家庄市总工会工运史研究组. 石家庄工人运动史（1902—1949）. 北京：工人出版社，1985：179.

② 1960年7月23日时任天津车轮厂厂长杨锡禄接受访问时回忆。

铁流激荡

◎ 施恒清

这时，中共中央北方局指派陶希晋为中共晋中特委书记，王孝慈、王书良为委员，组成晋中特委。晋中特委以和顺县石拐镇为基地开辟抗日根据地。所有正太沿线和同蒲铁路北段各游击队，包括平定游击队、正太游击队、榆次游击队、寿阳游击队以及昔阳的教导团等指定归晋中特委统一领导，以后在八路军一二九师的指导下，统编为晋中游击纵队，成为开辟晋中根据地的一支骨干力量，为中国人民抗日战争的胜利立下了不朽功勋。

石家庄正太铁路部分工人西上太行山后，由组建游击队而后分散到太行山的各县做党、政、军工作，许多人成为当时的省委、地委、县委的领导骨干。

当时，晋中特委领导还多次到榆次、太谷、寿阳、祁县、平定、武乡、辽县、榆社、昔阳等县发动群众，开展工作，建立了晋中抗日根据地，这些县的县委及县属抗日游击队，主要由正太铁路和石家庄机厂的铁路工人作为骨干力量。其中：罗智、糜镛、杨奉林等，参加了榆次县委和太谷县委以及县武装的领导工作；陆凤翔、陶竞华参加了武乡县委工作；吴作民、陶鲁笛、刘裕孚、陈舜英、贾庭修、赵子岳等参加了省委机关工作；马次青、赵国强组织了同蒲铁路工人游击队，后赵国强担任晋东南工会领导工作；朱琏带领20余名铁路职工家属参加了一二九师卫生部和后勤部工作；贾景佐等十多人参加晋中牺盟会胜利报社和晋中独立支队后勤部、政治部工作；施恒清后任晋东工委书记兼正太铁路沿线工会主席，由于他体弱多病，组织上曾让他到延安疗养，他发扬不怕吃苦、不怕牺牲的革命精神，仍然坚持在抗日第一线，1941年夏，时年49岁的施恒清病故于太行区和顺县。

第四十四回 "抗日工会"扒断钢轨 破路支援百团大战

1937年10月11日，日寇侵占石家庄以后，疯狂地向西逼近，由于国民党的不抵抗，使得日寇很快就占领了正太铁路，并在沿线各站设置了警务段的驻在所，各站的站长、各工务道班的工头都换成了日本人。

日寇把铁路工人当作俘虏一样看待，任意侮辱打骂，特别是工务道班上的工人就更受气，被虐称为"苦力"。工人们上工后，日本工头就牵着东洋大狼狗，手拿皮鞭子，气势汹汹站在一旁，大声吆喝着："快快地干活儿，慢慢地'三比给'①!"工人们恨透了日本鬼子，经常用日本人听不懂的中国话骂他们。

1938年1月，为了进一步加强党对正太铁路工人抗日斗争的组织和领导，中共井陉县委建立了一支由铁路工人参加的"敌工工作队"，由陶希晋身边一名姓高的警卫员领导，搜集日军运输情报等工作；11月，井陉县委又派张鸿顺、张洪来、魏士珍等分段领导正太铁路的抗日工作，组织各站工会、发展党员，发动工人配合八路军向日军进行斗争。

这一年的秋天，晋东南区党委成立了正太铁路沿线总工会，由施恒清任主任，智华日和王贵熙兼任委员，智华日同时担任井陉县委副书记。这个总工会的主要任务是在铁路工人中秘密组织地下工会，在正太沿线工人中开展抗日活动，搜集日军军运情报，提供工具破坏铁路运输，配合八路军对日作战。地下工会的日常活动区域在大郭村至阳泉之间的铁路线上，不久之后，正太铁路各车站和铁路沿线的铁路工人都先后组织了地下抗日工会，通过工会的抗日活动，建立发展党的组织。

---

① 三比给：日语打的意思。

铁流激荡

　　正太线的南张村车站，有一个叫范有忠的道班工人，这个人长得高大精壮，膀大腰粗，一看就知道浑身有着用不完的力气，有着天不怕地不怕的胆量。因为他性格刚强，宁折不弯，慷慨义气，工人们都管他叫"范头"。他每当见到日本工头打骂、欺负中国工人的时候，总是一股怒火冲上心头，恨不得跟鬼子拼了。

　　南张村车站工务道班的工头是一个叫田太郎的日本鬼子，他在道班房的门前插上了一面日本膏药旗，强迫工人每天上班前先给膏药旗敬礼。一天，一个工人虽然也向膏药旗敬了礼，但只是点了一下头，没有弯腰，田太郎看到后，手中挥动着皮鞭，劈头盖脸地狠狠抽打这个工人。范有忠在一旁实在看不下去，冲了过去，夺下了皮鞭。田太郎见状，一把薅住范有忠的脖领子，挥拳就打，但是他怎么可能是范有忠的对手，肚子上很快就被踹了一脚，"嗯"地闷哼了一声，摔倒在地，这个家伙还不认输，从地上爬起来又朝范有忠扑去，这时，道班里的20多个小伙子一拥而上把他拦住了。田太郎一看这阵势，吓得也不敢再动手了。自那以后，这个日本工头就把范有忠视作了眼中钉，处处找碴儿刁难。

　　有一天，范有忠在线路上巡道时，拾到了一张总工会散发的传单。回到道班房里，见屋里没有日本人，就从口袋里掏出传单对工友们说："好消息，共产党的传单撒到咱们铁道线上啦！"大家围过来一看，传单上写着："团结起来，打倒日本鬼子！""共产党是人民的大救星！"正在这时，田太郎突然闯进屋来。范有忠急忙把传单塞进口袋。田太郎见一群工人围着范有忠又说又笑，不问缘由，上来就给了范有忠一耳光，还连声大骂"八嘎呀路"。范有忠哪能容忍鬼子这般欺凌，飞起一脚，将田太郎踢倒在地，扑上去一顿痛打，打得田太郎哇哇怪叫，顺嘴流血。范有忠出了这口心头之气，当即告别众工友，离开南张村车站，投奔解放区去了。当时，井陉县委机关设在北经村，智华日接待了他，吸收他为正太铁路沿线总工会的第一个会员①。

　　根据晋东南区党委的指示，施恒清、智华日、王贵熙等骨干经常深入正太铁路沿线工人中间，宣传党的抗日战略思想和抗日战争的方针政策，向工人们讲述

---

① 石家庄市政协文史资料委员会，石家庄铁路分局路史编辑办公室．正太铁路史料集（内部发行），
　　1992：110—111．

边区军民打击日本侵略者的感人故事，积极动员铁路沿线工人参加抗日活动。工人们耳闻目睹日军的残暴罪行，心中不禁燃起了愤怒的烈火，加入总工会的人数逐渐增加，正太铁路沿线总工会也被工人们习惯地称为"抗日工会"。

为了粉碎日本侵略者利用铁路掠夺山西煤炭，实行长期军事占领的罪恶计划，破坏日军的战略物资运输，扒钢轨是最直接、最管用、最有效的措施之一。因为道班工人能够提供扒钢轨的工具，传授技术，抗日工会于是把铁路道班工人列入发展的主要对象。范有忠是正太铁路的老工人，对沿线工人都很熟悉，抗日工会安排范有忠化装成小商贩，挑上货郎担，备有火柴、烟卷、糖果、针头线脑，到沿线各站邻近村庄去叫卖，以此来联络工人。那时候，车站工人没有家属宿舍，都在附近村中租房住，范有忠进村接触工人很方便。一天傍晚，他在上安村碰上了老工人王顺，王顺热情地把他拉到家里，吃了顿热乎饭，打问他怎么脱离铁路，干起了卖货郎？范有忠就把痛打田太郎，投奔抗日工会的经过一一道过后，又介绍了共产党、八路军处处为老百姓办事，要发展铁路工人参加抗日工会。王顺在1922年的正太铁路工人大罢工中就是纠察队员之一，现在对日本侵略者更是恨得咬牙切齿，听范有忠这么一说，如同黑暗中看到了曙光，非常高兴。此后，范有忠经常到王顺的家里彻夜长谈，商议怎样联络工人加入抗日工会的事宜。

王顺后来又发展了刘三小、张保瑞、谷双虎等8名生活最苦、最恨日本鬼子的道班工人，他们晚间经常集聚到王顺家，听范有忠讲抗日形势和打鬼子的故事。一来二去，这几名工人的抗日积极性日益高涨，就有人要求去当八路军，参加抗日。范有忠耐心地说，扛枪上前线是抗日，参加工会，破坏敌人运输，也是抗日。他还给大家布置了具体任务：了解各车站驻有多少鬼子兵？多少枪？每天通过几列兵车？是武器弹药车，还是粮草车？同时，要大家随时准备配合八路军破坏铁道。于是，这8个人就编成了一个工会小组，并选举王顺为组长。范有忠的工作很出色，很快打开了局面，他通过站站串联，利用滚雪球的方法，半年以后，东起大郭村，西至阳泉，沿站都成立了抗日工会。

为了加强组织领导，井陉县委派张洪顺、张洪来、魏士珍到正太铁路沿线分段组织联系，在党的领导下，发动正太铁路工人配合八路军，开展了无数次秘密的、大规模的破路活动。上安车站的道班工人，多次将他们使用的工具集中起来交给八路军用来破路，他们回到车站就报告日本工头，说是工具被八路军抢去了；其他车站的道班工人也零星、不间断地开展一些小型的破路行动。由于抗日工会经常组织扒钢轨、割电线、锯电杆，闹得日军晕头转向、疲于奔命、狼狈不堪，以致正太铁路三天两头不能通车，给了日寇极大的牵制和打击。

当时，在正太铁路周边地区，广为流传着一首《破路歌》（男女二重唱）：

破路不分男和女，抗日不分军和民。
铁路挖成山和海，砍倒电杆当木柴。
交通就是敌人的命，破坏交通困敌人。
我们打游击多方便，鬼子的火车不能行。
齐心合力一起干，坚持平原游击战。
鬼子越打越失败，我们的胜利在眼前。

除了破路活动以外，正太铁路的"抗日工会"还有一个重要任务，就是利用铁路掩护党的同志来回往返。

魏士珍于1960年4月30日接受石家庄市党史编辑人员访问时，回忆了这方面的情况，他说："我们到各地去工作，一般都是在铁道上走，穿上工人们的服装，拿上工人们常用的工具，就可以很安全地来回走。1939年的一天，游击队的指导员刘锡带着枪前往石家庄，就是坐火车头去的。只是后来，大概是在1940年的一次穿过敌人封锁线时，范有忠同志不幸牺牲了（1959年8月6日，北京市建筑工程局局长张洪顺接受石家庄市委党史征编室人员访问时回忆，范有忠在由路北向路南穿过敌人封锁线时，牺牲在王庄）。我们在下去工作时，常住在一些可靠的铁路工人家里，在上安的道班工人王顺家里住过多次，还在头泉一个叫二妮子的以及王福锁等工人家里住过，当时，工人们对我们都很热情，不仅给我们做饭吃，冬天还给我们找暖和的屋子住，我们吃完饭都要给他们付饭费，冬天也尽量不住人家的烧火屋，而是到不生火的冷屋里去住，由于我们给工人们留下了很好的印象，于是大家伙儿参与破路的积极性十分高涨。"

自1939年以来，日军在华北地区大力推行以"铁路为柱，公路为链，碉堡

◎ 八路军行进在正太铁路芦家庄站大桥上

为锁"的"囚笼政策"，在5000公里的铁路线和30000公里的公路间设置了3000个据点和10000个碉堡，并以铁路、公路为支柱，对抗日根据地进行频繁"扫荡"，企图割断太行、晋察冀等根据地的联系。这些碉堡、据点、公路、铁路对八路军构成了极大的威胁，直接导致华北抗日根据地物资匮乏。

在华北交通线中，连接平汉、同蒲两条铁路的正太铁路占据着十分重要的地位。它既是在山西的日本第一军的主要供应线，也是掠夺华北资源的一个重要运输线，日本人在山西和河北开采煤炭资源之后，就通过这条铁路运输到日本。同时，它还是封锁八路军两大军区——晋察冀军区和晋冀鲁豫军区之间的一条封锁线。日军在铁路沿线城镇、车站、桥梁、隧道附近，挖有封锁沟，筑有坚固防御炮楼，铁甲车和哨兵来回巡查，在铁路两侧10至15公里地区，还设有外围据点。

为了打破日军的封锁，1940年7月22日，八路军总司令朱德、副总司令彭德怀、副总参谋长左权下达《战役预备命令》，规定以不少于22个团的兵力大举破袭正太铁路，要求"彻底破坏正太铁路若干要隘，消灭部分敌人，拔除沿线若干据点，较长时间切断正太线交通，打击敌人的囚笼政策"。同时要求在同蒲、平汉、津浦、北宁、石德等铁路以及华北一些主要公路沿线，也部署适当兵力，展开广泛的破击，以配合正太铁路的破袭战。同年8月8日，朱德、彭德怀、左权下达《战役行动命令》。八路军总部决定发动交通破袭战，重点破袭正太铁路和同蒲铁路北段，给日本华北方面军以有力打击。8月20日，八路军的进攻战役首先在正太铁路发起，因此称为"正太路破袭战"。

战役发起后，八路军广大指战员和抗日根据地民众、正太铁路沿线铁路工人参加破袭战的积极性非常高。八路军各部投入了大量兵力，晋察冀军区39个团、第129师（含决死队第1、第3纵队等）46个团、第120师（含决死队第2、第4纵队等）20个团，共105个团20余万人参加作战。得知实际参战兵力达到105个团时，左权兴奋地说："好！这是百团大战。"彭德怀说："不管一百多少个团，干脆就把这次战役叫作百团大战好了！"由此，"正太路破袭战"又发展成为著名的"百团大战"。

正太铁路沿线的铁路工人，在各级抗日工会的组织下，积极参与到破袭行动中，一次又一次地切断日寇的运输线，有力地支持了百团大战。他们和八路军战士一起找到那些焊接口有缝隙的钢轨，先卸螺栓，再把整条钢轨都拆卸下来。拆钢轨时，用撬棍撬、地雷炸、点火烧，想尽了各种办法。卸下来的钢轨拉到后方的兵工厂炼钢，制造枪支和迫击炮，枕木就地烧毁。挖起的钢轨实在没法运走的，就用枕木点着熊熊大火把钢轨烧红折弯，让敌人不能再继续使用。当时由于工具严重缺乏，拆除电线时就用石头将电线砸断运回后方。仅8月20日至9月上旬的20多天里，正太铁路沿线到处都是被点燃的枕木，火光冲天，烟雾弥漫。

根据党的指示，正太铁路各站点的抗日工会，要进一步加强联系，互相传递情报。于是，各站点的抗日工会想办法都在铁道线上增加了巡道工人，这样一来，通过这些巡道工人，使得阳泉以东的各站点抗日工会连在了一起。

8月25日，南张村车站巡道工刘虎子正向井陉车站方向走去，行至中途碰上了一名井陉巡道工，递给他一包香烟，说了声："情报，快传！"刘虎子二话没说，扭头返回道班，交给了工长郝维刚。郝维刚不等下班就离开车站，找范有忠去了。原来情报上写着：由西开来一列军车，现到娘子关，按运行计划，今夜9点30分经过张村，赶快组织破坏。范有忠和郝维刚商定破路计划后，骑自行车到北陉村向县委做了报告。县委接到这条信息后，立刻做了部署，命令伙房提前开饭，傍晚时分。由智华日率领40多名武工队员，携带武器、炸药和破路工具迅速出发。队员们顶着蒙蒙细雨，沿着崎岖的山间小道，翻山越岭，隐蔽前进。为了不让敌伪军发现，他们不走村庄和大道，绕过炮楼，悄悄地穿行在乱草丛中和庄稼地里。经过3个小时急行军，在南张村车站以西4公里处，跟郝维刚等人会合。大家潜伏在铁道旁的壕沟里，观察动静，等待时机。不大一会儿，从远处射来一道刺眼灯光，一辆装甲车从石家庄方向沿铁道开过来，停在距武工队员隐蔽处不足百米的地方，接着嗒嗒嗒一阵机枪向两旁扫射，子弹擦着队员们的头皮飞过，打得身后的高粱叶子哗哗直响。智华日知道这是鬼子盲目打枪，侦察火力，告诉大家："不要怕，要沉住气。"果然，不大一会儿，装甲车隆隆西行。趁此机会，智华日一挥手："上！"大家冲上了铁道，在一个隧道前停下。这一段地势复杂，铁路从此东出山洞，又是一条20‰坡度的大下坡，北临流水滔滔的绵河，南靠陡峭的悬崖绝壁。举灯的智华日一声令下，破路开始了。大伙儿按照分工，拧螺丝，起道钉，拆夹板，三下五除二就将两节铁轨的道钉和夹板全拆了下来。当天夜里，日本军车行至此处，只听"轰"的一声，火车头颠覆，后面的十几节车厢也一节一节全部翻下山沟，日本鬼子死的死，伤的伤，山沟里一片鬼哭狼嚎，日寇光是抢修线路就用了3天时间，有效地阻止了敌人利用正太铁路增援和补给的行动①。

百团大战开始后，由于沿线地下抗日工会的活动，正太铁路上事故频发。日本人为了保证交通线的安全，在沿线增派了军队，并且下了一道命令：各道班工人一律吃住在车站，晚上不准回家。日本工头也加强了对工人的监视，晚上不断去道班房清点人数，每个工人在出去干活儿前还要搜身、检查。这样一来，确实给破路行动带来很大的困难，因为那时党和工会的干部都是利用夜晚到工人家中去开展工作，破坏铁路也是利用夜晚进行的。可是，工人们很快发现日本人怕死，白天只在车站待着，不敢到线路工地上去。抗日工会就抓住这个特点，把活动时间安排在白天，把地点转移到工地。有什么任务需要布置或开个会，就由巡道工传递消息，然后大家到线路途中的山沟里集合。

---

① 石家庄市政协文史资料委员会，石家庄铁路分局路史编辑办公室. 正太铁路史料集（内部发行），1992：112－113.

◎ 八路军在正太铁路东段开展大破袭

1940年9月18日，党组织派来领导娘子关至上安段抗日工会的张洪顺在上安车站以西的山沟里召开了会议，准备在19日晚上对铁路进行一次大破坏，阻止日军利用铁路进行的军事运输，配合百团大战第二阶段的攻坚战。由于日本鬼子已对道班工人产生怀疑，因此，党组织安排工人把工具搞出来，由八路军执行破路任务。19日早晨，巡道工张宝瑞扛着道尺从外面慌慌张张回来，向日本工头报告："刚才巡道发现33公里地段道钉被拔掉，夹板也不见了。"日本工头急忙派王顺带领工人去抢修，王顺等工人装了一轧道车工具，向33公里外驶去。到工地后，王顺把撬棍、螺丝扳手等20多件工具塞进事先约定好的道边麦秸垛里，又躺在山坡上睡了一觉，才慢悠悠地返回车站。这天深夜，八路军破路队利用这批工具，在正太线40公里处拔掉道钉，卸下夹板，造成了日本军运列车颠覆的大事故。

3个半月的百团大战中，华北地区共破路948公里，桥梁213座，车站37处，隧道11座，钢轨217440根，枕木1549177根，电线杆109002根，解放了铁路职工2055名、修路民夫678人。百团大战结束后，正太铁路3个多月没有通车。

日本《华北方面军作战记录》记载：（八路军）总司令朱德部署的所谓百团大战，向我交通线与生产基地实施奇袭。在袭击正太线及北同蒲线警备部队的同时，破坏铁路、桥梁及通信设施。奇袭完全出乎我军预料，损失甚大，恢复需要相当时间与大量资财。

第四十五回　张子亮探悉敌情报
擒日军中将旅团长

　　"正太铁路沿线总工会"（抗日工会）成立后，积极组织各车站工人破坏敌人交通运输，配合当地抗日军民有力地打击了日本侵略军。其中，最值得称道的是，寿阳车站张子亮及时送出情报，八路军伏击列车，活捉了日本天皇的外甥、日军中将混成旅旅团长铃木川三郎。

　　寿阳车站扳道夫张子亮的儿子被日本宪兵队抓走，押送日本当劳工，生死不明，老张头对日本鬼子恨之入骨，他于是第一批参加了抗日工会，利用自己的工作之便，把日军每天通过铁路运送的军队、装备情报，送到联络站，转送出去。1945年1月中旬，忽然铁道沿线增加了许多岗哨，铁甲车往日巡回两次，这几天，昼夜不停地开过来开过去，炮楼里的伪军也经常出来盘查行人。这一反常现象，引起老张头的注意，他利用休班到车站运转室里去探听消息，果然从调度电话传达命令中听到，1月17日夜间，有一列军用特许车，太原的"大太君"坐车去北京参加华北军事会议，命令各车站检查信号、道岔、线路，保证安全。这可是个重要情报，老张头赶快跑到站外告诉杂货铺赵掌柜（地下联络站工作人员）。当天傍晚，这份情报便转送到太行第二军分区首长陶鲁笳的手里。分区党委连夜研究，决定派分区侦察队去拦截列车，抓获敌酋。为了保证速战速决，从主力部队挑选一个加强排配合行动。率领这支部队的是侦察队长、太行区赫赫有名的杀敌英雄赵亨德。部队经过一昼夜急行军，赶到了离寿阳车站五里路的一条山谷里。赵亨德和一名侦察员化装潜入寿阳车站，在站东闸口扳道房里跟老张头接上了头。老张头在正太路上做工30多年，对沿线地形了如指掌，他对赵队长说，伏击地点最好选在寿阳车站与芹泉车站之间145公里处，这里离敌人炮楼远，地形开阔，便于行动。说到这儿，老张头指指铁道北边一道山岭说："你们把部队隐蔽在山

◎ 日军占领时期正（石）太铁路上行进的窄轨火车

岭后边，夜间注意看我的信号，绿色灯上下摆动，便赶快下山。"双方商定以后，赵队长匆匆离开车站。这时老张头又到道班房找着巡道夫刘天保，把夜间行动计划告诉他，叫他提供破坏铁道的撬棍、扳手等工具。刘天保也是抗日工会的会员，很高兴地答应下来。

这天夜间，正巧老张头值班，他守候在电话机旁，焦急地等待信息。午夜时分，电话突然响起，传来调度命令，军用特许车已从太原发出，再有2个小时经过寿阳，老张头高举信号灯朝东北方向上下摆动，赵队长发现后，一声命令，众战士如下山猛虎，直扑铁道线，巡道夫刘天保早在此处等候，配合战士卸开螺丝，抽掉夹板，拔出道钉，用棍把钢轨拨成八字形。一切准备妥当，部队退出一箭之地，趴在雪地里，静候猎物出现。

午夜时分，轰隆隆的响声由远而近，列车驶入伏击地带，只听"轰"的一声，火车头冲出轨道，翻滚进路旁沟壕里，一节车厢也掉进沟里。伏在雪地里的战士们一跃而起，冲往车厢，但垂死的敌人疯狂挣扎，几挺轻机枪从车窗口射出一片火网，战士们冲了几次都没有冲上去。要是敌人援兵赶来，擒敌计划就会落空，在这万分危急时刻，赵队长果断喊道："炸药包上！"话音刚落，一个高个儿战士抱起炸药包猛冲上去。可是没跑多远，忽然倒下，大伙儿正在担心，一眨眼，这个战士又跃起身来，像猎豹一样，闪过火网，扑向车厢。只听轰隆一声巨响，狂叫的机枪立刻变成了哑巴。战士们在硝烟的掩护下，迅速冲向前去，把一包包炸药从车窗口塞进去，霎时，车内的日军连同车顶一起飞上了半空。

赵队长率领众战士登车搜查，只见日本兵横七竖八地倒在车厢里。大家打亮手电细心观看，忽然发现两个死人身下，压着一个穿便衣的活人。赵队长俯身搬动尸体。猛然，从旁边死尸堆里跳出一个凶恶的日本兵，向赵队长挥刀砍来。赵队长一闪，左臂中了一刀，在这紧急关头，一位战士眼疾手快，"砰"的一枪结束了这个日本兵的性命。

那个穿便衣的活人被揪起来了，赵队长忍着刀伤的剧痛，用手电照了照，这家伙50来岁，两撮浓黑的仁丹胡子向上翘着，身裹一件貂皮大衣，神情沮丧。此人就是日本天皇的外甥、中将混成旅旅团长——铃木川三郎。

这次战斗共俘虏日军高级要员8人，打死打伤敌官兵60多人，缴获敌人重要文件8000多份，还有大批军用物资。在太行二分区召开的庆功大会上。寿阳车站扳道夫张子亮受到军区首长的高度赞扬。老张头虽然没去参加庆功会，但心里很高兴，他觉得自己做了件一个真正的中国人应做的事。

赵亨德和正太铁路工人痛击日寇的英雄事迹，曾被编成晋剧，在山西、河北一带广为流传。1986年，赵亨德的英雄事迹还改编成了国内一部抗战题材的电影《密令截击》。

第四十六回　焦许昌织就情报网　筹物资送往解放区

　　1940年开始，日寇集中了大量兵力，向冀中、晋察冀各根据地进行了残酷的"扫荡"。当时，我敌工内线工作还很薄弱，掌握不清敌情，处于被动地位。为了及时粉碎敌人的"扫荡"，1940年2、3月间，冀察晋第四军分区司令部侦察股在平山新寨建立中心情报站，下设石门、获鹿、井陉、平山、正定等情报站，其中的石门情报站，站长为李万，胡振家、焦许昌（后调平山中心站，常驻孟岭村）、孟祥兆为副站长①。

　　当时，日寇开展"扫荡"，主要依靠铁路调动兵力，因此，石门情报站的工作重点就放在铁路上。

　　石门情报站副站长焦许昌，曾在北同蒲机务段当过车床工人，懂技术。日军侵占山西后，他在晋西北参加了八路军。1940年初，晋察冀第四军分区侦察股派焦许昌、潘树森、邢剑云等3名共产党地下工作人员来到石家庄，其中：焦许昌任谍报队长，任务是侦察敌情，建立党的地下组织；潘树森任情报组长，他在市区内以自由职业为掩护，利用人地较熟的优势，在市内开辟了4个联络点，发展了十余名地下情报人员。焦许昌原籍石家庄郊区八家庄，以在外经商为名回到家里。他通过在石门铁路工厂（正太铁路石家庄总机厂被日本侵占时期的厂名）上班的表弟张振堂，认识了一个在日本段长那里很吃香的日本司机，并给他送了两篮子鸡蛋，这个司机就高高兴兴地领着焦许昌到段长那里，经过简单的考试，就在这年的4月份正式打入了石家庄机务段，当了一名装修工。为了取得敌人信任，

---

① 中共石家庄市委党史征编室. 在特殊战线上：石家庄党的地下斗争史料之三（1937—1947）（内部发行）. 1989: 37.

焦许昌经常给日本工长牙丝达家里送鸡蛋、瓜果之类的礼物，牙丝达对他很客气，为以后开展工作创造了条件。

焦许昌在机务段的主要任务是：长期隐蔽，取得敌人信任，窃取军运情报，慎重发展力量。根据当时的形势，上级不允许搞破坏、偷盗或发动工人开展斗争，有一次，他给军分区买了两盒油墨，还受到了批评。

在机务段站稳脚跟后，焦许昌逐渐摸清了段里共有多少火车头、各类车头的型号以及它们的牵引能力等。在上级的帮助下，他在石家庄的正太铁路各站段发展了一批地下情报人员，主要有石家庄车站行李房的潘春来与侯臣子（此二人系装卸夫）、机务段的装卸夫潘荣珍、铁路工厂的张振堂、机务段的煤台工潘怀义、铁路医院的孙月林等，逐渐编织起了一张牢靠、紧密的情报网，情报站也相继获得了许多有价值的重要情报。比如，潘春来在车站上从火车的"货牌""飞子"上，就可以知道装的什么货，发往什么地方，然后再和焦许昌掌握的机车出库时间一碰，便能知道某月某日，什么时间，敌人运往什么地方几列几车武器、粮草，从而准确地掌握了敌人的兵力调配、兵种动向等重要情报。焦许昌还在行政公署、警察署、西兵营、飞机场等要害部门发展了地下情报人员。这样一来，我方情报人员不但能够清楚地掌握敌人的军事运输情况，就连经济、政治、工事建筑、敌长官姓名以及兴趣爱好都搜集得一清二楚，并及时汇报给军分区，这些准确、可靠的情报对巩固根据地、打击日寇起到了重要作用。

当时，日寇0209部队司令部驻在石门铁路工厂8号门北面的红楼里，日寇的高级将领有田中少将和田导参谋。日寇召开军事会议大多时候是在司令部旁边的树林里，摆上桌椅，铺着白桌布，周围戒备森严。日寇的许多重要军事部署，都是在这个树林里密谋策划的。对于这个重要场所，焦许昌煞费了不少苦心，总是没有机会打入进去。后来，他听说就在那片树林里头，设有机务段的一个锅炉房，只要在锅炉房里干活儿，就能真切地看清树林里的一举一动。于是，焦许昌托了牙丝达的关系，被安排到了锅炉房上班。1940年9月下旬的一天，车站侯臣子送来情报说从东南西北四个方向来了十几趟高级专列，他还从卸下来的行李中捡到一个日记本，上面写的都是些看不懂的日文。焦许昌连夜派人把日记本送往军分区机关。第二天，焦许昌在树林中又观察到，田中少将在树林中召开了一次高级军官会议。接着，潘春来又赶来汇报说，他看到日寇从火车上运来了一批驴驮子（偏僻山区里搭在驴背上运送货物的常用交通工具）。综合几方面情报分析，焦许昌他们断定敌人将要对根据地采取军事行动了。军分区接到这一重要情报后，迅速提前进行了部署防备。一周之后，日军出动了一个师团的兵力向灵寿、阜平、平山一带的根据地"进剿"。由于军分区事先早有周密的防备措施，使得日军扑了一个空，在根据地内屡屡遭受伏击，日寇的军事行动最后以失败告终。焦许昌受到了军分区的通令嘉奖①。

1941年秋，由于交通员王大红被捕，敌人在对他施以酷刑审问时，暴露了焦许昌。当时焦许昌正在家中养病，日本宪兵队、伪警察局、铁路警务段等20多人，携带武器，乘车赶赴八家庄抓捕他。碰巧焦许昌没有在家，我地下交通员潘老马得知消息后，紧急通知了焦许昌，经多人掩护才免遭抓捕。因焦许昌暴露，只能撤出市内回到司令部，但仍领导石门情报站的工作②。

1943年，在石门情报站的领导下，派遣进入铁路系统的孙有文，依靠和发动正太铁路工人，在工人中发展情报人员几十名，分布在铁路上的各个环节。他们有的是火车司机，有的是随车检修工，有的是搬运工。敌人在铁路上军队的调动，军用物资的运输、储存以及军政要员的行踪，一般都脱不开他们的眼睛。邵占元、陈景瑞等人就曾几次把日伪军调动的情报准确及时地送出。

石门情报站成员岳林以铁路医院护士作为公开身份，秘密从事情报侦察工作，当她拿到情报之后就交给代号为"森"的同志，这位"森同志"就是解放后与岳林结为夫妻的潘树森。当石门情报站获得某些重要情报需要及时送出城时，即使日本人对城门的出入人员搜查十分严细，但是岳林有铁路医院护士的身份做掩护，进出城门就便利了很多。

抗战期间，正太铁路工人一方面破坏铁路，切断敌人的交通线，一方面还利

---

① 根据1960年11月30日刘宪洪、刘连福访问石家庄地方铁路局副局长焦许昌的记录整理。

② 中共石家庄市委党史征编室. 在特殊战线上：石家庄党的地下斗争史料之三（1937—1947）（内部发行）. 1989：40.

◎ 焦许昌

◎ 岳林

◎ 潘树森

用各种机会，在敌占区搜集各种战略物资，然后想方设法送到根据地，支援那用各里的抗战。日军对解放区实行严密的封锁，一针、一线、一粒盐都不许外运。这时，晋察冀军区急需一部电话机，于是，敌工部派陈鸿运到新安村车站，找到通讯工区的杜成来，由他来想办法解决。杜成来家住在东长寿村，是个游击区，他经常和八路军接触，搜集过情报，散发过传单。陈鸿运和杜成来见面后，以会乡亲的名义，两人坐在车站外的小茶馆里，研究出了一个行动计划，便各自分头去执行了。有一天的晚22点左右，新安村站的日本站长松田突然发现东长寿车站的电话打不通了，此时，一列装满军用物资的列车停靠在新安村站，由于通讯联系中断也不能开往东长寿站了。松田急忙叫通讯工区迅速派工人抢修，这天恰巧正是杜成来值班，他假装害怕，说是晚上东长寿站附近常有八路军出没不敢去，直到日本站长下了死命令，谁不去枪毙谁，他这才故作不情愿地跑回工区扛起早已准备好的一大捆电线和一部电话机沿着铁路向东长寿站奔去。此刻，陈鸿运和另一名武工队员在那里早已等候多时了，陈鸿运两人从杜成来手中接过电话机，又举起手枪向天空中虚放了几枪，然后三人就都快速转身隐没在了夜色之中……

第二天深夜，杜成来跛着脚，一瘸一拐地回到了车站，他谎称在路上被八路军抓住了，自己连人和电线、电话机都被八路军扣下了，等到夜里看守放松了警惕，才趁机逃了回来。经过这一番无懈可击的说辞，杜成来巧妙地应付了日本鬼子的盘问，既完成了任务又没有暴露自己。不久，日本人鬼子对杜成来产生了怀疑,他于是就借故脱离了铁路,直到解放后,才又转入铁路工作①。

1944年春,太行区党委成立太行区石门城市工作委员会,采取以近郊农村为基地和跳板,发展家住农村和与农村有亲朋关系的产业工人入党,利用其合法身份在市内开展工作②。

一些家住郊区农村、痛恨日寇暴行的石门铁路工厂工人,很快便和石门城委会取得了联系。从此,他们成为我党可以充分依靠的积极分子和活动在敌人内部的抗日尖兵。

据石家庄西良厢村的吴桂荣回忆:1939年秋天的一个夜晚,同村的远房亲戚赵新太把吴桂荣叫到家里,认识了一个叫张占义的人。张占义是太行区派到农村发展党员的干部,正在通过赵新太介绍一些家住农村、在城内工作、出身好又政治可靠的工人作为我党的发展对象。于是,吴桂荣成为最早与党发生联系的正太铁路工人。以后,吴桂荣又介绍同村的进步工友吴生益、吴发群与张占义取得了联系。1944年10月,在吴桂荣家的北屋,由钱二民主持,举行了简单的入党仪式,吴桂荣、吴生益、吴发群三人正式加入了中国共产党③。

吴发群在后来回忆这段革命经历时说:我从小家中贫穷,为了糊口,14岁时,经吴生益介绍到大兴纱厂当徒工,每天工作12个小时,还要挨打受气。那个时候,日本鬼子在占领区也是实行配给制,铁路上的粮食标准比纱厂高,于是,在1942年8月1日经吴桂荣介绍,又转到石门铁路工厂的养成所(养成所是日语中的用法,即中文意思中的培训学校)当学员。养成所里有个日本头头叫池田,此人一脸凶相,坏透了,冬天早晨罚我光膀子跑步,用冷水洗澡。他手持一根铁打的"文明棍",发起脾气来,不分头,不论脑,乱打一气,打得我们是一个个头破血流,我从小就恨透了日本鬼子。大概是1944年秋天的一个夜晚,我刚吃过晚饭,吴桂荣的婶子来我家说:"发群,你到后街新太家去一趟,有人找你。"就在这天晚上,我就正式和八路军发生了联系。起初,一个李同志叫我了解厂内生

---

① 根据1961年1月4日刘宪洪访问时任天水电务段食堂管理员杜成来的手稿记录整理。

② 中共石家庄市委党史研究室. 中国共产党石家庄历史:第1卷,(1921—1949). 北京:中共党史出版社,2016:348.

③ 根据1961年1月4日刘宪洪访问时任西北设计院设计工厂厂长吴桂荣的手稿记录整理。

◎ 日寇占领期间，石门铁路工厂的学习生

产、工人生活等一般情况。从山上（指太行山）下来的同志经常对我进行抗日爱国教育，我逐渐认识到要想彻底翻身，必须依靠共产党。这样，又过了几个月，我才知道吴桂荣早就和党联系上了。当时，党派到村里来的干部，都在桂荣家里落脚。吴生益和党接触，更晚一点儿，是通过我和桂荣介绍的，一开始时，他在大兴纱厂做工，以后为了工作方便，才转到铁路上来工作，我们三人形成了一个战斗小组。当时，钱二民说，三个党员，应该选个小组长啊！就由我当组长，实际上党组织派人下来布置工作、召集会议等活动，都由吴桂荣负责①。

　　为了配合八路军消灭敌人，吴桂荣等人利用各种机会，对日本侵略军的石门首脑机关——石门市公署，进行了反复侦察，并把侦察的情况绘制成详细地图，及时送给了根据地。当时，城委会经常交给吴桂荣他们一些《新华日报》、革命小册子等宣传品，吴桂荣等人有时早晨天不亮就骑自行车上班，趁道上没人，沿途散发，有时在工厂里利用上厕所的时间，瞅准机会，就顺手放到树旁、草丛里、

---

① 根据1961年刘宪洪访问时任兰州建筑段党总支副书记吴发群的手稿记录整理。

车底下。吴桂荣还利用干活儿休息的时间，借机向工友们宣讲抗日救国的道理，以及共产党、八路军消灭日本鬼子的好消息，大家都很爱听①。日寇占领期间，铁路工人们的生活都很艰难，日本鬼子对当地居民实行了配给制，配给的主食是一种"毛毛面"，没有人能吃出它是什么东西磨出来的，这种东西非常难咽不算，吃了后还大便困难。就是这种东西，也配给得很少，难以充饥，劳动却很繁重，于是工人们就跟日本人磨洋工，监工来了就干点儿，走了就歇着。同时由于物资紧缺，工人们就从铁路各站段把一些机器零件及碎铜之类的东西，偷偷夹带到外面卖掉以补贴家用，维持生活。吴桂荣等中共地下党员就利用这一点，广泛团结工人，破坏生产。吴生益在翻砂厂和工人们经常把砂箱损坏，制造了大批废品，延误了工期。吴发群和吴桂荣在机车房干活儿时，不是在轴箱里撒把沙子，就是插根秫秸秧，造成燃轴，延迟交车②。

当时，根据地铜的需求很大，党组织要求吴发群等人设法在城里找些铜料。一天，吴生益去彭村找人，途中看到在东三教村旁的铁道线上停着一趟列车，吴生益顿时心中一阵高兴，连找人的事也忘了。急忙跑回来找吴发群一合计，决定把这列列车上的铜轴瓦卸掉，这样既破坏了敌人的运输计划，又能为解放区弄到铜料，一举两得。两个人于是便分头行事，吴生益找到一个熟悉的厂警，利用这个关系，他们晚上八点半左右从厂里捎带出了拆轴瓦用的千斤顶；吴发群则去联络了刘增子、李金保、刘福群等几个工人，凌晨1点左右来到大兴纱厂东墙根下集合，利用夜色作掩护，机智地躲过日本人的巡逻，他们用了约两个小时，便把列车上所有轴箱里的铜轴瓦卸了下来，用排子车拉到彭村的一个工友家隐藏起来，不久就送往根据地了。后来，这列为日军抢修黄河大桥运送物资的火车，开出石家庄不远，就颠覆了，这些物资未能及时运到黄河大桥，延误了敌人的战机。

---

① ② 根据1961年1月4日刘宪洪访问时任西北设计院设计工厂厂长吴桂荣的手稿记录整理。

第四十七回 同仇敌忾自发斗寇
正太站点烽烟四起

抗战十四年期间，中国共产党为了领导敌后沦陷区铁路工人的斗争，多是通过工会来组织和团结广大工人群众。正太铁路秘密设有地下工会，领导组织铁路工人同仇敌忾、以牙还牙，利用各种机会进行小规模的斗争，对日寇进行有力打击。

山西太原、阳泉地区的正太铁路工人身在日寇淫威统治下，被强制劳动，不仅在日常生活上所用的粮、棉、油、盐、火柴等都实行配给制，生活十分艰难，而且还没有言论自由和人身自由。铁路上设有警务段，到处是便衣特务。看到工人稍不顺眼，便抓去压杠子、灌凉水、坐电椅、洋狗咬、刺刀捅。还有不少工人被抓走送到日本去当劳工。工人们虽然在如此危险恶劣的环境中工作生活，但是，他们在党组织的领导下，依然针锋相对地和敌人进行了不屈不挠的顽强抗争。

1938年5月，正太铁路榆次站地下党员配合游击队，曾3次里应外合袭击日军车站仓库，杀死鬼子14人，缴获大批布匹等物资。

1939年，正太铁路工人有一次曾以3分钟的时间，迅速毁坏1段线路，翻倒敌机车1辆，车厢20节，死伤敌伪军和汉奸数十人。

1940年，正太铁路机务工人反对日寇工长打骂，举行了暴动；阳泉车站工人不甘忍受日本鬼子的欺侮包围了车站。8月20日，南张村道班巡道工刘虎子接到井陉道班巡道工的情报，当夜9点30分通过南张村1列日寇军车。铁路工人和八路军破路队将这段路的夹板、道钉全部卸下来，使这列军车在20‰左右坡道的山洞口处脱轨，火车头和几节车厢滚入绵河中。8月20日至9月10日，共产党员施恒清把阳泉至大郭各站抗日工会连成线，并通过巡道工工作的方便条件，加强了站与站间的联系，互通情报，组织破路活动。

铁流激荡

　　1941年11月，北同蒲长畛养路工区工人反对日本鬼子工长克扣工资，罢工4天，迫使日本鬼子全数发给了工资和面粉。

　　1942年6月，正太铁路原平车站8名工人，在中共地下党员岳茂林的领导下，利用乘车之便，经常给八路军运物资。1943年10月，由于配合八路军、游击队袭击车站，致使党组织暴露，有2名同志被捕，其他人员撤出铁路后，又重新组织起了一个武装斗争小组，继续活动在原平一带。从1943年到1944年，这个小组破坏铁路和桥梁达50次之多，并配合八路军3次攻入原平站，有力打击了日军。

　　1944年秋，在党的领导下，正太铁路娘子关站的工人康治安组织车站工人配合八路军、游击队攻克娘子关的大碉堡，打死、打伤、俘虏一个班的日本鬼子，缴获一批武器弹药和通信器材。康治安后来被日寇抓捕杀害。此外，还有蒲州养路工区工人集体砸死鬼子工长小田三郎，大同机务段徐志强等20名工人痛打汉奸王英芝，原平机务工人岳有堂利用调虎离山计打死鬼子谷口等小型抗日事件。

　　正太铁路被日本侵略者占领后，石门铁路工厂的一部分工人西上太行山参加了打击日本侵略者的游击队。还有一些工人纷纷离开工厂，回家种地去了，这也是当时铁路工人的一种自发抗日行动。共产党员李永顺离开工厂回家后，没有了收入，日子很艰难。他的妻子带着儿媳妇白天给人家洗衣服，晚上补袜子、纳鞋底。一到冬天，手泡在凉水里，西北风一刮，裂得血口子像娃娃嘴。那时，日本鬼子配给的杂合面，又苦又硌牙，吃进肚里，拉血条子。

　　日本侵略军向厂里派了170多名日本官兵。他们对工人任意打骂污辱，在厂子里设有警务段、驻在所，随便找个借口，便将工人抓去压杠子、灌凉水、坐老虎凳、坐电椅、往鼻孔里灌辣椒水，折磨得死去活来。日军经常把不听话的工人抓到南兵营（日本人称之为"石门劳工教习所"）折磨，甚至直接送到日本去当劳工。他们还经常把看不顺眼的工人绑在厂门口的大树上，皮鞭抽、洋狗咬。一次，有个工人家属在厂外捡煤核，她身边垃圾堆上有几块电石，被日本人看见了，硬说是她偷的工厂的。于是，日本兵把这个家属绑在厂门口的白杨树上，将电石塞进她怀里，然后浇上凉水，顿时，电石遇水燃烧，把这个家属活活烧死了。

　　日寇的暴行更加激起了工人们强烈的愤慨和无比怒火，留在厂里的工人没有屈服于日本帝国主义的法西斯统治，他们在中国共产党的领导下，在敌人的心脏

◎ 樊玉岐　　　　　　　◎ 吴生益　　　　　　　◎ 魏贯

里进行了艰苦卓绝、不屈不挠的斗争。董其年等进步工人主动团结广大工人群众，积极开展抗日活动。为了反对日本人随意增加工时，工人们特别是夜班工人经常采用怠工的形式，和日本工头进行周旋。晚上，只要工头去睡觉，工人们也跟着睡觉。工人们轮流值班，盯着工头，只要工头睡觉的屋内灯一亮，值班的工人就赶紧报信，大家再起来干活儿。工人们还利用工作之便，书写标语、散发传单，搜集和递送情报，破坏敌人运输车辆，积极配合八路军武工队开展武装斗争。

　　由于石门铁路工厂的工人为抗日战争做出了积极贡献，1945年初，中共太行区石门城委会选派工厂的魏贯、樊玉岐作为石门沦陷区工人代表，到根据地参加了晋冀鲁豫边区参议会。魏贯、樊玉岐途经元氏、和顺等县，到达涉县下文村，参加了会议。会议期间，他们参观了当地工厂，并帮助工厂解决了一些技术难题。魏贯、樊玉岐回到石家庄后，由于已经暴露身份，不能再进厂工作，便回到老家农村继续从事党的地下工作。1945年5月，有3个伪军进村索要财物，魏贯、樊玉岐及时报告给了武工队，并配合武工队将他们活捉，保护了农民群众的财产安全。

　　到1945年，石门铁路工厂的工人先后加入中国共产党的有：董其年、吴发群、吴桂荣、吴生益、魏贯、樊玉岐、魏春祥、封丑子、封武丑、封凤和、封成来、白黑友。他们是正太铁路工人队伍中，继建党初期和第二次国内革命战争时期入党的党员之后的第三代共产党员。

第四十八回　陈梅生南兵营脱险
机场搭救近千群众

七七事变爆发后，正太铁路工人纷纷拿起枪杆子，西进太行山区，参加抗日战争。1938年初春，石家庄首任市委书记、原正太铁路石家庄总机厂工人陈梅生因躲避敌人追捕，与党失去联系数年之后，在正定十里铺通过孙振东与石家庄的党组织接上了关系。

重新回到了党组织怀抱的陈梅生心里又有了主心骨，他更加舍生忘死、不遗余力地为党工作，想方设法为抗击日寇做贡献。我党高级将领徐向前一行从山西奔黄埔的途中曾在陈梅生家中落脚，陈梅生慷慨大方地将家中的3套马车连车带马全部卖掉，所得钱款分文不留，全部送给徐向前作为赶路的盘缠。陈梅生不仅自己投身革命，还毅然决然地把长子送到了八路军，上前线，打鬼子。他还多次冒着生命危险，只身一人，披夜色，走山路，抄小道，绕过敌人的重重封锁，把四处筹款买来的急救、麻醉等紧缺药品和枪支弹药送到太行山抗日前线。

中华人民共和国成立后，"二七"老工人李永顺曾对孙子李志强说："陈梅生这个人啊，是个大高个，我们那时都叫他'陈大胆儿'，有一次他竟然把一挺机枪藏在了棺材里，在日本人的眼皮子底下过了关，交到了太行山的八路军首长手里，我们是打心眼儿里高看他一眼哩！……"

1943年初冬，由于叛徒出卖，陈梅生被抓进了日本宪兵队，关押在一个只有半人多高、狭小逼仄的木笼子里，陈梅生在这个低矮的囚笼里直不起腰，伸不开腿，站也站不起来，只能倚靠在木笼栏杆上蜷缩着身体坐卧在冰冷的洋灰地面上。

在阴森恐怖的宪兵队里，残暴的日本宪兵每天都对陈梅生过堂刑讯，逼问他是不是共产党、是否给八路军送过药品、知道哪些人是共产党。一天，兽性大发的日本鬼子提着一壶撒了辣椒面的凉水往陈梅生嘴里猛灌，他紧咬着牙关就是不张口，站在旁边的一个日本打手，恶狠狠地冲了上来，抄起火钳子硬生生地敲掉了他满口的牙齿；还有一次，日本宪兵将陈梅生绑在"老虎凳"上受刑，他双腿疼痛难耐，当场气愤地大声斥骂日本鬼子，心狠手辣的打手们又抓起一把锋利尖锐的竹签子，一根一根地钉进了他的手指甲，以致陈梅生痛得数次昏厥过去，当他几次被凉水浇醒，始终都是坚贞不屈，毫不动摇，没有透露党的半点儿秘密。据后来陈梅生的儿子陈健和陈强说起，直到父亲81岁去世前，他的10个手指还弯曲伸不直，就是那次日本鬼子滥施竹签子酷刑糟害下的。

在被关押的11天里，陈梅生将生死置之度外，硬是靠着自己的坚强意志和钢铁之躯扛住了一波又一波残忍酷刑的折磨和摧残，未曾吐露一个字。气急败坏的日寇眼看着没有办法从陈梅生身上获取任何有价值的情报，就把他押送到了石家庄市内的南兵营。

南兵营，曾为石家庄南部的一个兵营。1937年10月，日军侵占石家庄后，在石家庄火车站南部的南兵营（位于现在的石家庄市区裕华东路北侧、平安公园一带）建立了石家庄劳工集中营，是驻石家庄部队第一一○师团司令部所属的"劳工教习所"和敌伪华北劳工协会管辖的"劳工训练所"的总称，南兵营的关押人员中有从抗日根据地抓抢来的青壮年人，还有的是从战场上或"扫荡""清剿"中抓捕的抗日军政人员和基层干部，以及日伪奸特人员认为有"八路军嫌疑"的敌占区群众，日寇对送往南兵营的人员，首先进行欺骗诱降，或施以严刑拷打，进行肉体折磨，以达获取我方军事、政治、经济等情况，进而破坏抗日组织、毁灭抗日根据地的目的。当他们认为被收容人员"政治利用"无效时，或加以杀害，或送往东北和日本去当劳工。

南兵营占地1平方公里，四周是夯土筑起的高墙，墙头上每隔两三米砌有砖垛，砖垛上立着木柱，柱上装有瓷瓶，架设着4道电网，围墙四角3丈多高的岗楼上安装了刺眼的探照灯，昼夜都有日本士兵站岗，来回巡逻。围墙内三五米处有一道深沟，深宽各三四米，直上直下，沟内的土堆在沟外，沟外沿装有电网，沟内侧拉有密密的铁丝网，整个营区岗哨林立，戒备森严，令人不寒而栗、毛骨悚然。

陈梅生进到了集中营里，就被强制换上了褴褛、单薄、绿色的营衣，每天早晨都要被押解到营外的砖厂里，不停地做坯、晾晒、装窑、起火、出砖、码砖……一天下来要搬几万块砖，还要时不时地被凶神恶煞的日军看守毒打。在这个人间地狱里，包括陈梅生在内的战俘劳工们被日本鬼子骂作"支那狗"，过着非人的生活，一天只有早晚两顿饭，吃的是高粱米和烂菜叶，由于吃不饱，有的人就到伙房边的炉灰渣里捡饭粒，有的人则捉住老鼠扒了皮烧着吃。残酷的虐待和摧残使很多劳工得了重病，南兵营每天都往外拉死人。当时人称南兵营为"人间地狱""人进鬼出的阎王殿"。

陈梅生在南兵营里一方面忍受着敌人的残酷折磨，一方面在这种特殊的环境里开展反抗斗争，秘密地教育团结战俘和劳工，暗地里宣传党的抗日路线和政策，并寻找一切机会越狱。

南兵营每天都要升日本国旗，逼着战俘和劳工喊亲日口号，比如"中日亲善、东亚共荣""打倒共产党""消灭八路军"等。为了和敌人做斗争，陈梅生和进步的战俘劳工们将口号喊成了这样：大声喊"打倒"，小声喊"小日本"；或者小声喊"壮大"，大声喊"八路军"。

石家庄的党组织获悉陈梅生被关押在南兵营后，为了帮助他尽快脱离险境，和他的亲属一起多方打听，托关系找到翻译金村想办法营救陈梅生。金村是朝鲜劳动党的党员，日军将其逮捕后，强迫他在南兵营当翻译，他到中国以后比较倾向中国共产党，内心暗中支持抗日。1943年6月14日早上，一个运尸工赶着马车和往常一样又来到集中营里拉尸体，金村和这个具有正义感的运尸工早已提前商量妥当，由运尸工将躺在牢房地上屏住呼吸装死的陈梅生裹到了一卷破草席子里，和其他尸体一起扛到了马车上，并被特意码放在三层尸体堆里的最下层，和其他尸体一起拉到了万人坑（现石家庄市建设南大街西侧，东风西路北侧附近），陈梅生在死人堆里熬到天黑才爬出来赶回家。

陈梅生从南兵营这个"杀人魔窟"成功脱身后，他在老家——花园村，表面上平日里以务农为生，暗中却继续在党的领导下一如既往地从事着地下革命工作……

石家庄刚解放后不久的一天上午，天空晴朗，艳阳高照，一支由上百名老百姓组成的队伍敲锣打鼓、浩浩荡荡地来到了花园村,只见他们一路上列队整齐,井然有序,径直往陈梅生家的方向走去。不一会儿,村民们就看到,这群人兴高采烈地将一块书有"见义勇为"4个金字的木质匾额悬挂在了陈家院门的正上方,这块大匾看起来足足有3米长、1.5米高,金光闪闪,熠熠生辉。

这些人为什么要给陈家送金匾呢?这还要从三年前发生在陈梅生身上的一桩义举说起……

1944年夏,侵占石家庄的日军疯狂"扫荡"了市里的48个村,抓捕了近千名无辜村民和几十名隐蔽在村里的八路军,日寇将这些被掳人员集中关押在了石家庄的大郭村飞机场,准备运往我国东北地区和日本当劳工。

原来,自从日本发动侵华战争后,日本国内的大量男丁都被充军,导致劳动力出现严重匮乏,于是侵华日军就在占领区内大量抓捕青壮年男子送往日本充当廉价劳动力。战后据日本官方的统计数字显示,从1943年3月到1945年5月,共强掳169批、总计38935名中国人到日本充当劳工。

据陈梅生的儿子陈健和陈强兄弟讲述,从我党在日军潜伏的内线那里,陈梅生得知了大郭村飞机场关押的大批群众和八路军将被充当劳工的消息,他心急如焚,赶忙联系了当地的地下党组织,颇费了一番周折,终于成功将他们全部救出。解放后,直到20世纪六七十年代,一些当年获救的群众和八路军还从四面八方找到家中感谢陈梅生的救命之恩,这样的场景,陈家兄弟就曾多次目睹过。而对于大郭村飞机场救人义举的具体细节,陈梅生老人生前却极少向家人讲起,不过村里一些80岁以上的老人还记得那一年48个村的村民给陈家挂金匾这件轰动整个花园村的大事。

第四十九回　黲夜夺枪寿琪丧命
　　　　　　　襲炮楼武工队扬威

　　1945年夏天，石门铁路工厂和大兴纱厂的几名进步工人配合武工队上演了一出黲夜夺枪杀鬼子的好戏。

　　王小倌是大兴纱厂的厂警，为人正直，办事实在，别看他平时少言寡语，其实他早已是一名经验丰富的地下党员了，他与石门铁路工厂的共产党员魏贯平时联系紧密，两人经常暗中在厂里向工人们宣传党的抗日主张，并利用工作之便为武工队搜集情报。他手脚勤快，每星期给日本经理寿琪擦一次枪，上一次油。寿琪也比较信任他，日本人谈论一些问题也常常不避他。

　　夏日里的一个午后，王小倌无意中听到寿琪让几个日本人把一箱子勃朗宁手枪和一些弹药运进了厂。他利用自己厂警的身份，私底下了解了存放枪支和弹药的具体地方后，便找机会离厂通过敌人的哨卡到西良厢村，向武工队政委王其渊做了报告。王小倌告诉王其渊，枪放在寿琪办公室旁边的一个小库房里，房子周围有两个日本军警站岗，厂房东北角围墙上的电网没有通电，可以翻墙进厂。

　　王小倌回厂后，根据王其渊的要求又绘制了进厂夺枪的线路图，交给了武工队。王其渊又再次带领队员进市进行了侦察，回去后详细研究制订了夺枪计划。武工队领导还特意安排铁路工厂工人、共产党员魏贯与樊玉岐提供了几身铁路工人穿的绿色工作服，并让吴生益在厂里悄悄锻打了几把锋利的短刀、匕首。

　　准备工作一切妥当之后的一天早上，武工队队长史增会、政委王其渊带领赵风书、武连根、韩乾书、韩银书、牛金瑞、刘喜财、张二根等9名武工队员乔装成铁路工人进城上班，顺利通过敌人几道哨卡，进入市内。等到夜色漆黑之时，武工队员们来到铁路工厂附近的僻静之处，与吴生益见面，拿到了早已准备好的短刀、匕首。

他们很快来到了西三教村边的护城沟（沟对岸有鬼子的装甲车巡逻）。史队长安排刘喜财、张二根负责在沟边接应，并规定了联系暗号。其他人在史队长、王政委带领下，越过护城沟，从南货场穿光明街，经煤市街钻过炼焦厂地道桥，到大兴纱厂东北角职工宿舍先隐蔽起来。职工宿舍离南兵营不远。此时大约夜里12点时分，敌人开始换岗了，岗哨的说话声都听得清清楚楚。刚巧，天空下起小雨来，武工队员们便用事先拧好的棉布绳攀上五米高的围墙。牛金瑞第一个下去，随即政委、队长他们也相继下来，谁知他们几人在墙根还没站稳脚，突然从树丛后钻出一个日本人来。那家伙抽出大洋刀，双手握得紧紧地，一步一步朝他们凑过来，嘴里还大声骂道："逃跑的干活！死拉死拉的！"并大声叫人"快快的"。原来，这个日本鬼子把这几名武工队员当成想越墙逃跑的工人了。为了麻痹鬼子，王政委示意其他人朝鬼子摊开双手。王政委指指墙外说："我们，那边房子的有。"意思是想就近过墙回家。鬼子见都是空手，也仿佛懂了点儿王政委说的意思，气氛稍缓和了一点儿，举着洋刀向右示意："这边站！"这下机会来了，王其渊向右挪动的同时，果断地飞冲上去，左手一个扑面掌死死地蒙住鬼子的口鼻，右手从后面紧紧地搂住他的腰，脚下再一使绊子，只听"扑通"一声，矮胖的鬼子像面口袋一样摔倒在地，与此同时，牛金瑞和史队长早已把锋利的匕首一左一右地压在了鬼子脖子上，两人一用力，鬼子的脑袋就齐刷刷地割下来了。

此时，院内的2个日本军警听到有动静正想查看发生了什么事，忽然觉得有一只大手捂住了他们的嘴，觉得脖子上一下子冰凉冰凉的，好像有什么液体流了出来，接着眼前一黑便什么也不知道了……

由于武工队的这次行动已惊动了日军，为避免不必要的损失，武工队只好迅速撤离。他们迅速翻过围墙直奔南马路穿道沟街往南而去，到大兴纱厂门东边时，只听大兴纱厂拉响了警报，大家赶紧钻到田地里先藏下来。过了一阵见敌人没追上来，他们便很快赶到西三教的护城沟，打了个暗号，张二根、刘喜财便从沟对面扔过绳子来，接应几名武工队员离开了大沟。

这次行动虽然没有实现夺取勃朗宁手枪的计划，但却宰了个日本鬼子，特别值得高兴的是，后来听说，杀的这个鬼子正是大兴纱厂的日本厂长寿琪。寿琪被杀真是罪有应得，工人们非常高兴。虽然未能搞到枪支，收获也算很大了。

◎ 左起陶希晋、葛瑞波、胡屏翰合影

　　武工队的这次行动，日寇警备司令部十分震惊，大骂当时的大汉奸杜葆田"失职！无用！"。杜葆田一连搞了几天戒严、清查，也只不过是自我壮胆、枉费心机。

　　1945年8月15日，日本宣布无条件投降。

　　此后，在全国的一些重要城市，由中国国民党、中国共产党、美国的代表同时举行三人小组谈判。

　　1946年1月10日，中共代表同国民党代表正式举行停战谈判。石家庄是国共谈判地点之一。

　　由中共代表陶希晋、徐德操、王昭、秦基伟，国民党代表胡屏翰，美（国）方代表葛瑞波等人组成军调处执行部石家庄小组在石家庄谈判。王昭以少将军衔代表晋察冀军区参加石家庄停战调处小组，第一次以八路军的公开身份来到石家庄。《晋察冀日报》刊登了《王昭将军赴石谈判，沿途受到广大群众的欢迎》的报道。王昭此行的任务，一是监督停战生效时间，国共双方军队原地待命；二是修复高邑、元氏到石家庄的铁路；三是协调双方出现的军事冲突等问题。

　　王昭在谈判中，慷慨陈词，有理有据，打击了敌人的嚣张气焰。国民党和美方代表毫无诚意，竟暗自将我方代表团的翻译关押起来，导致谈判破裂。

正太铁路的工人们纷纷自发地到石门旅社看望陶希晋、王昭等同志，坚决支持我党代表团在谈判中的正义斗争。

但是，国民党反动统治集团采取捷足先登的伎俩，任命曾经叛国投敌的汉奸侯如墉为司令，组织所谓"先遣军"，抢先占领石家庄，窃取了抗日战争的胜利果实，并挑起了内战。

国民党反动派占领石家庄后，到处筑碉堡建炮楼设关卡。驻扎在这些碉堡和炮楼上的国民党军人三番五次地窜出来骚扰附近的群众，甚至挨家挨户翻箱倒柜地搜刮粮食，赶猪牵羊，撵鸡捉鸭，老百姓怨声载道，苦不堪言。

为了打击国民党反动派的嚣张气焰，太行区石门城委会武工队决定给东良厢村西北角炮楼里的敌人点儿颜色看看。

东良厢村的这个炮楼，是日军1942年修筑的。炮楼有四层，十米来高，炮楼周围是一圈像蛛网似的铁丝网。铁丝网外面挖有一道六米宽的深沟，沟里蓄满了水。敌人通过放落吊桥，横架在防护沟上，进出炮楼。

武工队领导了解到，共产党员、铁路工厂工人魏春祥的一个堂兄被抓到了炮楼里给敌人做饭，于是由魏春祥和他的这个堂兄多次秘密接触，打听到了炮楼结构和人员及布防的详细情报。

1946年的大年夜，炮楼的枪眼里，晃动着迷离的灯火，传出一阵阵吆五喝六的划拳声，龟缩在里面的敌人也都放松了警惕，只顾着推杯换盏、大吃大喝。武工队专挑此时此刻动手，特意安排魏春祥的堂兄往炮楼里送酒肉，在前面引路，十几名武工队员蹑手蹑脚地尾随其后，悄无声息地穿过吊桥，摸到了炮楼跟前，然后突然冲进炮楼，正在里面声高气粗、喝酒猜拳的几个敌人，冷不丁看到眼前出现了一群手持驳壳枪、横眉怒目的武工队员，顿时吓得酒醒了大半，一个个目瞪口呆、魂飞魄散，在黑亮的枪口下，乖乖举手投降，连连低头告饶，在经过武工队员们一番义正词严的教训之后，这些敌人口口声声向武工队保证，今后再也不敢欺负老百姓了。

武工队这次的行动，不仅狠狠教训了敌人，还顺手缴获了步枪、手榴弹等一批战利品。自此以后，其他炮楼里的敌人也老实了很多。

第五十回 斩断敌路助战有功 夺煤斗争敲打贪敌

1946年7月，蒋介石悍然撕毁停战协定，发起全面内战。在华北战场，根据党中央的指示，晋察冀人民解放军也由被动防御，变为主动进攻。中共中央给晋察冀军区的基本任务是保卫地方，夺取"三路""四城"。"三路"指的是平汉、正太、同蒲三条铁路；"四城"指的是山西的太原、大同，河北的保定、石家庄。

1947年4月至7、8月间，晋察冀野战军对华北敌军连续发起正太、青沧、保北三场战役，三战三捷，标志着华北部队已开始扭转战局，转入了主动进攻阶段。其中的正太战役，发生在太原、石家庄周围及正太铁路沿线。正太铁路工人为配合人民解放军发起的正太战役，再次开展了破坏敌人铁路运输的斗争。

当时，中共太行区党委、冀晋区党委、冀中区党委都单线向石家庄派遣党员和干部，并把铁路作为重点开展工作。冀晋区党委派往市区的105名党员中，有17名潜伏在铁路内部，他们巧妙地依靠群众，带动群众，千方百计地破坏敌人的战略物资和生产设施。如当时打入敌人内部，在平汉护路队二大队开铁甲车的田清泉（1982年任石家庄市总工会主席）是个地下党员，有一次我军在唐河（定县附近）打了敌人的伏击，敌人要他立刻开铁甲车前去增援，他把早就装在油箱里的火花塞接好电源线，利用队长的两个亲信帮助灌油的机会，打火点着了铁甲车的油箱，把车给烧了，使敌人无法利用这辆铁甲车，事后敌队长追查起火原因，因为有他自己亲信卫兵参加灌油，便不了了之。敌人派田清泉回石家庄修理机件，修好后在返回定县的途中，铁甲车在东长寿北边轧响了地雷，田清泉借机将电瓶和发电机砸坏，彻底破坏了这辆铁甲车，使敌人再也不能使用这辆车。他还借着在石家庄修车的机会向铁路工人宣传我军的胜利，揭露国民党的残暴和腐败无能，以此激发工人对国民党的仇恨和建立对共产党的正确认识。工人们都很喜欢听他

◎ 国民党军铁甲车

讲这些事，听起来连活儿都不干了。他还将敌人的布置情况绘成地图，带出去交给城工部，有力地配合了人民解放军作战。

共产党员张守廉和工人陈云庆，奉命扒毁涿县及松林店一带的铁路设施。一天，他们连夜赶到现场，准备破路。忽然发现铁路上一辆铁甲车由北向南开来，便急忙隐蔽在一旁，等敌人的铁甲车开过以后，在解放军的配合下，迅速地炸毁了桥梁，截断了铁甲车的退路，使敌人的铁甲车有去无回。

第二天夜里，他们又接受了拆卸道轨螺栓的任务。当时敌我双方的战斗仍在继续，枪声、炮声不断传来，他们在寒冷的黑夜中紧张战斗，突然一颗炮弹落在离他们二十米远的地方，他们急忙卧倒，炮弹爆炸之后，张守廉问陈云庆："怕不怕？"陈云庆勇敢地回答："不怕！不怕！"爬起身来，他们又开始了紧张的拆卸工作。当时，许多生锈的螺栓使用扳手难以拆卸下来，为了按时完成任务，他们急中生智，用炸药先把道轨炸毁，然后和解放军战士奋力把钢轨翻起来，再将枕木烧掉，胜利完成了破路任务。返回石家庄后，晋察冀边区铁路管理局为他们开了庆功会，并奖给他们一面"斩断敌路，助战有功"的锦旗。

1947年8月4日，正太铁路沿线铁路工人配合人民解放军作战，一夜之间就把榆次至娘子关的铁路全部破坏，解放了段廷、芦家庄、白羊墅等车站，炸毁了许多桥梁，仅芦家庄大桥，敌人修了一个多月才通车。南同蒲侯马站工人王德林带领解放军炸断了侯马大桥，使临汾、运城间的铁路一直到解放时也没有通车。原平站给水所工人岳三福，在武工队的指示下炸毁了原平给水所锅炉。原平站60余名工人，在党的领导下，组织了一支武工队，英勇地战斗在正太铁路与北同蒲铁路沿线。他们扒铁路，打火车，炸桥梁，袭击阎锡山的据点。以后这支队伍一部分改编为正规的人民解放军，一部分加入了晋北解放区的馒头山兵工厂。

1947年9月，京汉、正太两铁路都被我军切断了，被困在石家庄正太铁路管理局里的国民党官老爷们，就在这将要完蛋的时候，还要拼命地剥削工人。

当时每个工人每季度应该领到一吨福利煤，可这时，工务段已过了发煤日期一个月了，工人还没有见到煤，这究竟是怎么回事，大家纷纷来找梁永福，商量对策，梁永福（解放后任全国铁路总工会副主席）是中共地下党员，早在1922年正太铁路工人大罢工时，就曾任阳泉分工会委员，后由我冀中城工部派来打入"黄色工会"搞地下工作。这时的环境虽然很险恶，但梁永福是一个老工会干部了，很有斗争经验，他通过仔细调查，发现这批煤早就运到了，可是被国民党铁路办事处处长孙元克、路局工务处长兼工务段长朱景光和一个会计齐向卿三人合伙克扣了下来，他们用这些煤在车站南边开了一个庆丰煤栈，乘着城市被围困，物资奇缺，烧煤困难之机大发横财。

梁永福掌握了这些情况后，告诉了几个积极分子，通过他们去串联群众，既要把煤夺回来，又不能让国民党反动派找到借口进行镇压，他利用自己在"黄色工会"中工会委员的身份去找朱景光，故意向他透露工人已经知道他与孙元克、齐向卿克扣工人的福利煤，而且纷纷要他来找朱景光解决这个问题。他又问朱景光是否有此事，如果有，是否要他帮忙从中周旋。但朱景光矢口否认，并且扬言说有人煽动工潮，便将严厉镇压。梁永福一听便说，既然没有此事，我就不管了。说完起身告辞。第二天刚一上班，一群群的工人班也不上了，怒气冲冲地闯进段长室，找朱景光要煤烧，朱这时仍说没有煤，工人们当面把庆丰煤栈的事实摆了出来，朱景光恼羞成怒，以开除相威胁，工人们针锋相对地说："你不开除我们也不干了。"正在这时齐向卿从外面挤进来给朱景光解围，他要工人们先回去，3

天后一定给大家分煤。工人们根本不理睬他，把他赶到一边，继续与朱景光论理。在群众的压力下，朱景光不得不点头答应3天后给工人发煤。谁知3天后工人们再去找他要煤时，他竟说从来没有答应过，齐向卿这时也不知躲到哪里去了。梁永福知道他们这是在用不了了之的办法对付工人，就让大家先撤了回来。当天其他单位（包括外站）的人都知道朱景光、孙元克、齐向卿三人不只是克扣了工人的福利煤，而且还吃空额贪污了4亿多元，许多工人都不干活儿了，国民党的特务到处乱窜也找不到有组织活动的迹象。这些内部消息一被公布，就有人说要联名告到南京去，这里面有工人，也有官僚中不属于朱、孙这一派系的人。朱景光闻听这个消息后，再也坐不住了，只好去找梁永福，因为梁在工人中很有威信，让梁出面去跟工人商量。梁永福回来对朱景光说，工人们的条件又增加了，不光要煤还提了另外两个条件，一是开除齐向卿，二是事后不得处罚开除工人。朱景光为了平息这件事，只好在条件书上签字同意了。

工人们在这次斗争中，既夺回了福利煤，又打击了国民党的反动气焰，在斗争的艺术上更进了一步。就这样，在解放前夕，正太铁路工人在地下党的组织下，在敌占区用各种方式打击了敌人。

第五十一回　尖兵兄弟暗探敌情　李永锁被捕遭活埋

国民党反动派统治期间，在中国共产党的领导下，正太铁路沿线城市的党组织一直坚持开展地下斗争和武装斗争。就以石家庄来说，以平汉线、正太线和石德线为界，石家庄西南片由太行区领导，西北片由冀晋区领导，东南片由冀南区领导，东北片由冀中区领导。

当时，在石家庄冀中区秘密开展地下斗争的黎辉（李辉）和李永锁是亲哥俩，作为我党情报人员中的地下尖兵兄弟，他们利用工作身份做掩护，暗中刺探敌情、传送可靠情报，为石家庄的胜利解放做出了不可磨灭的贡献。

李永锁是石家庄机厂（正太铁路石家庄总机厂被国民党统治时期的厂名）一名进步青年工人，1929年出身于石家庄的一个工人家庭，原籍为河北宁晋县庞庄村。七岁时入丁字斜街小学，高小毕业后经同学介绍到机厂当工人，做会计工作，职称是司事。在当时社会上广大青年学生积极参加抗日爱国运动的影响下，李永锁少年时期，哥哥黎辉就开始给他推荐阅读《考验》《大众哲学》等公开出版的进步书刊；后来，又让他看一些根据地秘密出版的《通讯往来》《冀中导报》等。这些进步读物对李永锁启发教育很大，大致在1945年底或1946年初，他开始走上了革命道路。那时，石家庄有个黄海潮球队，李永锁是队员，其他队员也大多是革命进步青年。1946年，李永锁又参加了海潮剧团，剧团是业余性质的，演职员中有不少人是我党的地下工作者。剧团曾因为排演剧本、剧团的领导权与国民党三青团的一个姓张的有过斗争，斗争的结果是，该团是业余剧团，不接受国民党的剧本和领导，对国民党反动派进行了排斥和抵触①。

---

① 根据1960年9月2日范双琴访问石家庄市人委民政局李辉记录整理。

◎ 李永锁

　　李永锁的哥哥黎辉（原名李书义，化名李建时，又名李辉），早年因家境贫苦，靠早嫁的姐姐支持读完初小，后来和好友林青（又名底金斗）一起考入邢台师范学校。日本投降后，国民党第三军在石家庄抓壮丁把他抓去，编在直属炮兵营，因他有文化，被委以上士文书。在国民党军队里，黎辉发现军政人员的腐败堕落和日伪军一个样，穷苦人家照样受苦。尤其是他哥哥积劳成疾，患了肺结核还得上班，弟弟李永锁小小年纪也要到正太铁路的石家庄机厂里去学徒，全家人仍然挣扎在贫困线上。这切身的感受，使黎辉本能地产生了反抗和不满情绪。加上他早在日伪时期就耳闻抗日根据地在中国共产党的领导下，人民生活得到改善，现在的解放区更是他一心向往的地方。1945年底，正在他苦闷徘徊的时候，冀中石门工作委员会在市内搞情报工作的林青找他来了。好友接触，几经谈话，黎辉很受教育。随即经林青的介绍，正式参加了我党领导下的地下组织。

　　黎辉一经走上革命道路，一扫往日的愁眉苦脸，他精神焕发，积极工作，很快就搞到了第三军炮兵营全部情况。随后他发展了盟兄弟武广兴，并利用武的社会关系一起打入了国民党石门市警察局侦缉队。

　　黎辉和他的战友们，凭借当时的特殊身份共同协作，先后搞清了二十多个国民党在市内的流亡县党部、县政府的情况以及三十二师谍报队、石门保安司令部谍报队、法院街4号军统机关、晋冀平津宣导委员办事处石门分组等特务组织的情况。黎辉还按组织规定发展了弟弟李永锁（石家庄机厂司事）、王一夫（第三军

《前锋报》编辑)、刘萍(第三军《前锋报》编辑)等人为我党地下情报工作人员。

李永锁到石家庄机厂上班以后，就主动投身革命工作，归石门工作委员会西部工作团领导，隶属于城工系统，主要任务是发展组织，经李永锁发展的有贾进起(桥西区公所文书、20世纪60年代初在北京市公安局工作)、田玉书(20世纪60年代初在山西大同工作)等人；以后，李永锁又归石东办事处领导，隶属于敌工系统，专门搞情报工作，当时他的主要任务是了解敌人的派遣、军事情报、铁路运输等情况。他将掌握到的情报伪装起来，再通过地下情报网传送到解放区。他先是做情报，后是搞密写，其方法是：有时用白矾水写情报，加水或加热即变色，显露字迹；有时把酱油瓶的木盖掏空装入情报，提着酱油瓶送情报①。

1947年3月下旬，国民党第三军参谋处的上尉参谋、军统特务吕品突然来到黎辉所在的正定车站情报站。他让黎辉把人员集中起来当场宣布："谁认识一个叫李书义的?"连问几声没人答应。又说："李书义是共产党，就在正定车站上，咱们得马上抓捕他!"黎辉一听，心中一惊，但随后他见在场的人谁也不开口，自己心中就有了底，知道虽然出了问题，但自己化名李建时，敌人一时还不清楚李书义就是他。于是就镇定地告诉吕品说："我们在这里没有听说有这个人。你们到正定城内去查查看。"当把敌人支走后，他对在场的人员说："大家知道，初五是我弟弟永锁结婚的日子，希望大家都去!我这个当哥哥的现在得先回家一下，好为弟弟做点儿准备。"当时，特务们早已知道其弟要结婚，有的还送了礼物。现在听说他要先回去一下，谁也不怀疑。而黎辉心中十分清楚，正定火车站上有个路工，从小和自己在一个小学上学，知道他就是李书义。吕品到正定城内查不到李书义，返回车站用不了多久就会问清的。黎辉当机立断，借了特务组长的一辆自行车，火速离开正定赶回市内。进市后，黎辉将发生的事通知武广兴，并要他留在市内注意观察。当天夜里，黎辉由林青的父亲底恩垂领路，回到了东部解放区。

黎辉在藁城县九门村向我冀中十一专署公安处石东办事处的领导汇报了情

---

① 根据1960年9月2日范双琴访问石家庄市人委民政局李辉记录整理。

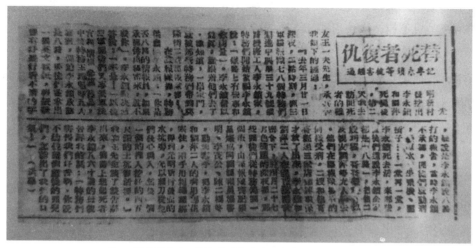

◎ 石家庄解放后，报纸上登载李永锁被害经过的新闻报道

况，随后很快查出，原来是担任我石东办事处交通员的赵新元变节所致。经突击审讯，赵新元供出：军统特务从他手中获得了黎辉这个地下情报组织的全部情况。因赵新元只知地下情报组织负责人叫李书义，却不知化名李建时，所以敌人才未能抓住黎辉。当天，林青让父亲立即返回石市，通知全部人员马上撤出。但已经晚了，敌人发现在第三军直属谍报队的少尉骨干队员竟是个共产党，慌忙电告南京，由南京国防部下令通缉追捕。

王一夫（李永锁的难友）回忆了李永锁被捕及遇难的经过：

3月21日凌晨2时，国民党第三军宪兵队的七八个特务突然闯进中兴里39号李永锁的家里，特务们对李永锁说："铁路上有些事和你说。"李永锁信以为真，就跟着他们去了。谁知道，一出门，李永锁就被带到了宪兵队。黎辉的父亲李万顺、哥哥李荣科、弟弟李永锁、贾进起、王一夫、刘萍、武广兴、杨幸毁以及赶回市里的林青的父亲底恩垂等9人全部被捕。后来，敌人将黎辉的爱人李静玉也逮捕入狱。

在宪兵队里，特务梁鑫逼问李永锁："你是否八路的情报员，如果承认供出秘密来，就不杀你。"李永锁态度坚决地回答："不是！"特务们拿出一份英文报纸，指着报纸缝里几行看不清的字，硬说是李永锁给八路打的报告。李永锁对此予以否认，恼羞成怒的敌人对李永锁动用了灌凉水、压杠子等酷刑，但是李永锁始终坚贞不屈，表现出了工人阶级大无畏的英雄本色。

4月27日夜间，敌人将李永锁和刘萍二人的嘴用棉花塞住，并用粗铁丝捆住双手，将他们押到光明新村（现在的石家庄市铁路十六宿舍）后面水坑旁，以刺刀从两人的后心刺入，然后推入四五尺深的土坑里活埋了。李永锁为了中国革命的胜利献出了年仅18岁的宝贵生命。其他被关押人员则因查不出证据被释放了。

1947年，在石家庄解放后不久，李永锁和刘萍被定为革命烈士，在他们的追悼会上，石家庄市委和石家庄机厂送了挽联。残忍杀害李永锁、刘萍的凶手马庆芳、甘俊岭、刘昌模被公开处决。

当年12月出版的《石家庄日报》刊登了发掘、殓葬李永锁与刘萍烈士遗骸的一篇新闻报道，原文如下：

光明新村后发现埋人坑

挖出被匪三军活埋尸体

民主政府帮助买棺另行安葬

〔新华社本市讯〕本月十一日光明新村后旧正太路基北面大干水坑内，挖出被匪三军谍报队特务活埋的铁路机厂工人李永锁和原前锋报社刘萍等两具尸体，记者闻讯赶往这里，见被害烈士李永锁的哥哥李建时（黎辉）、李荣科和他的父亲以及刘萍生前的老师张纪铭和好友王一夫等二十多人，均在该处，已将土挖四尺多深，这时记者看到两具尸体交躺在一起，沾满泥土，隐约看出一个头向北、脚朝东、脸朝下、背朝上，两手交叉被绳索绑在背上，当挖尸者拨动尸体手指时，就一个一个掉下来，脚心和脚背上已经腐烂与泥土融成一片，死者穿的衣服和布鞋亦已烂成布块，肌肉亦已溃烂和豆腐渣一样；另一个尸体是躺卧在上述尸体的腰部，全身已被泥土埋结实，只显出些头发，双脚夹着前一尸体的小腿，脚上穿着一双带四方钳子的皮鞋，根据这双鞋人们才认出这就是刘萍，上面那个就是李永锁，后来挖掘者慢慢将两个尸体分开，把李永锁的尸体翻过来，尸骨已经腐了，躯壳上依附着腐烂的浮肉，脸部残留着死时七孔渗流出的乌黑血迹。挖掘者又把刘萍的两条弯着的腿慢慢压平，然后装进民主政府帮助购买的两口三寸厚的棺材里，并

◎ 《石家庄日报》刊登的发掘、殓葬李永锁与刘萍烈士遗骸的新闻报道

经过死者家属检验后在尸体上盖上被子和衣装，才入殓，当入殓时，在场的父老兄弟们都愤恨非常，有的说："我们一定要替死者报仇！"当记者向死者家属慰问时，李永锁的哥哥李建时沉痛地告诉我说："这一带的水坑里，活活被三军特务们埋死的老百姓不下二三百，旁的地方就不知多少了！"（洪群）

（原载《石家庄日报》1947年12月11日）

第五十二回　石桥洞俘虏敌司令
核心工事土崩瓦解

　　石家庄又称石门，原是获鹿县的一个小村庄。1900年后，先后修建的京汉铁路、正太铁路、石德铁路在此交会，遂成为重要的交通枢纽，到解放前夕，已逐步发展成为一座新兴城市。它西依太行山、东瞰冀中平原，在军事上具有掩护平津，连接中原，贯通冀晋，对我晋察冀和晋冀鲁豫两大解放区形成分割包围之势的重要作用。因而一向被敌军看作是华北的战略要地之一[①]。

　　经过1947年1月的保南战役和4月的正太战役，特别是1947年10月22日结束的清风店战役，消灭了驻石国民党第三军主力的一半，俘虏了第三军军长罗历戎，为最后解放石家庄创造了有利条件。当时，石家庄市内守军仅有刘英的第三军三十二师和一些地方保安部队，兵力2万多人[②]。

　　1947年11月6日，石家庄战役打响，经过无数次的敌我双方的殊死鏖战，12日晨，石家庄市区大部被我军占领，并包围了正太铁路的大石桥及其两侧的正太饭店和火车站。大石桥原是一座铁路天桥，正太铁路从桥下穿过，因用大块方石砌成，故而得名。国民党第三军进驻石家庄后，军长罗历戎选中这里作指挥所，便将桥孔堵死，四周立起围墙，把它建成了一个能打能藏的巨大堡垒。两侧的正太饭店和火车站也筑有工事，形成屏障。当时守敌仅有第三十二师师部、第九十五团团部和一个整营，连同四处逃回的残兵，有2000余人。

　　晋察冀野战军第四纵队十旅三十团政治委员王海廷，在石家庄解放三十多年后，根据自己的亲身参战经历，撰写了题为《攻克石家庄》的回忆文章，其中对

[①]　中共石家庄市委党史征编室. 解放石家庄，1947. 1985：32.

[②]　中共石家庄市委党史研究室. 中国共产党石家庄历史：第1卷，（1921－1949）. 北京：中共党史出版社，2016：480.

石家庄警备司令、第三十二师师长刘英的被俘和受审经过有着详细、生动的叙述和描写。

王海廷回忆，1947年11月11日夜，他接到一营二连连长刘士杰的电话报告，该连趁着天黑沿北道岔一侧越过铁路，悄悄接近敌人核心工事，在铁路工棚里潜伏警戒，捉住两个俘虏，据俘虏交代，他们知道今晚的口令，在外面的部队要全部撤进核心阵地死守待援；连长和指导员王贺山合计后，准备乘敌人收缩兵力，冒充敌人跟随混进去，摸到大石桥指挥所抓刘英。王海廷和团长、参谋长商议后，同意了二连的战斗计划。

刘连长立即和王指导员带领全连，让曾是第三军军部士兵的一班战士郑从发、张勇发带路，悄悄地摸进敌人核心阵地大石桥，当二连越过壕沟潜伏到敌棚门哨卡附近，见敌人正惊慌失措地从棚门口往核心工事里撤。这时，有一股敌人向栅门走去。刘连长向身后一摆手，二连立即尾随上去。当接近哨卡时，前面敌人忽然停下来吹哨，是一长两短。赵排长忙吹两长一短对答。敌人以为是自己人，又放心大胆地朝前走，二连跟着混进了核心阵地。

刘连长带领战士们到大石桥下潜伏起来。大桥的4个桥孔修筑成4个房间，每间房有1个窗口，3个窗口散出微弱的光，1个窗口放出较亮的光。桥孔下面停放一辆黑色小轿车，两个哨兵守着走来走去。郑从发、张勇发对刘连长低声说："这就是大石桥指挥部。"

那两个敌哨兵刚刚换岗，一只手拿着枪，另一只手正抓子弹袋往身上披挂，两名战士从背后摸过去，突然用枪口抵住哨兵后背，并手捂哨兵嘴，一把压下枪，压低嗓音说："别嚷，嚷就崩了你！"

刘连长问："刘英在哪儿？"

敌哨兵两腿哆嗦着朝光较亮的窗户一指，说："当官的都在右边第二孔房间开会。"话音未落，刘连长即刻指挥战士们按照分工，呼啦一下堵住桥下四间屋的门、窗。一班长刘起带着郑从发、张勇发，端着铁把儿冲锋枪，冲到那间光亮的房间门口，踢开门进去，3支冲锋枪同时对准屋里的敌人。与此同时，机枪班班长王胜凯端着轻机枪捅进窗口，对准屋里的敌人，大声喊："举起手来！不许动，动就打死你们！"

屋内桌上摆着几根洋蜡，在昏暗的烛光下，有十来个身披日式军皮大衣的国民党军官正围坐在桌前开会。这一伙儿穷凶极恶的敌三十二师的"长官首脑"被我们从天而降的"神兵"吓得目瞪口呆，面如土色，一排长赵傲儿进屋，大声问："谁是这里的长官？"

一个国民党军官站起来答："我是参谋长贺定纪。"

赵排长又问："你能负责吗？"话音一落，这群敌军官中，一个粗壮军官手用力往桌上一拍，一支蜡烛熄灭了。

一班长端着冲锋枪，怒喝："把蜡烛点着！"这时，敌新闻室主任周新只好乖乖地点着蜡烛。在这一瞬间，敌师长兼警备司令刘英这个黄埔四期"高才生"、自命不凡的傲慢将军，钻溜到床底下躲起来了。

这时，国民党军官们吓得慌了神，连声告饶："不动，不动！"一个个乖乖地举起了手。

十几个战士走到俘虏跟前，搜缴了敌人的手枪。郑从发、张勇发从床底下拖出刘英，刘英绝对没有想到揪出他的这两个解放军战士曾是他手下的兵。

这时，只见刘英从衣兜里摸出一块图章递给一排副排长李福，皮笑肉不笑地央求："我是刘英，你拿上这个，上边一定大大奖赏你。请把我送到你们解放区去。"

李福问："这是为啥呢？"

刘英支支吾吾地说："我看了传单，知道你们优待俘虏，到那里安全。"

随后，刘英被押到二营临时指挥所——大石桥北边的机厂水塔下审问。

机厂的水塔，是1941年侵华日军占领正太铁路时建造的，水塔为钢筋混凝土圆筒式结构，由塔基、塔身、塔顶三部分组成，总高度38.65米，在当时的石家庄是一座极为少见的地标式高大建筑物，因此被国民党第三军强行征用，作为战略制高点，占据为军事瞭望塔，塔顶上装有数挺轻重机枪，建筑十分牢固。这座水塔见证了解放石家庄那段惊心动魄的战争场面。

平时，瞭望塔内国民党守军的指挥官都要靠"人工电梯"上下水塔，人坐在一个铁筐里，由铁路工人在塔顶用辘轳摇到塔底。有一次，指挥官刚坐进铁筐，让工人从塔顶上往下缒绞绳，这个工人故意双手撒了辘轳把儿，载着人的铁筐失去

◎ 右二为被俘的国民党军第三军三十二师师长、石家庄警备司令刘英

了控制突然下坠，咕噜噜、吱呀呀地快速坠落下去。本来，工人想着这次能把指挥官摔死，不料，眼看铁筐快要撞击到地面时，绞绳意外地被齿轮绊住了，这个指挥官侥幸活命，虽然没有被摔死，也是吓得如惊弓之鸟般丧魂落魄了。这次意外坠塔事件，使得国民党守军本已动摇的军心更加惶惶不可终日了。

11月12日凌晨2时，我尖兵六连奉命夺取水塔，消灭这一制高点。就在此时之前，一营二连刚刚摸进大石桥，在桥洞里俘虏了三十二师师长刘英。

六连战士也正巧捉到了敌九十六团的3个溃兵，详细询问后知道水塔里的守敌是九十六团的第八连，敌人很恐慌。于是连长计上心来，连忙把三班战士李文生找来，李原是九十六团八连的司号员，连长就命令他向敌人喊话，同时，部队又秘密迅速行进到水塔下，将水塔包围起来。这时，李文生就喊道："弟兄们！交枪吧！不要紧！我就是号兵李文生，在正定被解放的，现在很好！"可是敌人不作声，于是李文生又喊："赶快交吧！不交，我们就要炸啦！"水塔下的七班战士也立即配合着喊起话来，这一来，把敌人吓住了，连喊："我们交！我们交！不要炸呀！"这个钢筋水泥的制高点就这样一枪不发拿了下来。水塔就成了二营的临时指挥所。

正在云盘山四纵指挥所指挥的野战军司令员杨得志得知刘英被俘的消息后，非常高兴，急令四纵通知十旅政委傅崇碧，以野司代表的身份，到活捉刘英的前沿部队去，让刘英命令他的部队立即停止反抗，以减少军队伤亡和城区的损失①。

接到命令，十旅政委傅崇碧和参谋长陈信忠，就马上来到了三十团二营指挥所。让战士把刘英等十余个俘虏军官押到水塔内。

傅崇碧面对刘英，严厉地说："刘英，你知道我们让你到这里来做什么吗？"

刘英低首垂臂而立，不吭声。

傅崇碧接着说："我是代表晋察冀人民解放军前线司令员杨得志向你传达命令，命令你下令坚守核心工事的国民党残部停止抵抗，缴械投降，以功补过。"

傅崇碧又用我军俘虏政策开导他："你们军长、副军长在清风店被我军活捉了，你这个师长及保警部队大部被消灭了，你和几个团长被擒。剩下核心工事和范村据点被我军层层围住，再顽抗也无济于事，全部消灭只是早一天、晚一天的事。你已经把成千上万的士兵驱赶上战场，把石家庄二十几万居民投入火海，何必继续让官兵和老百姓白白丧生呢？我们人民解放军以宽大为怀，是说话算话的，只要你叫部队投降，可以立功赎罪。"

刘英缓缓地抬起头，脸色冰冷地说："我是军人，做了俘虏还讲什么？我被俘不能劝弟兄们投降，投降或抵抗是他们的事。"

陈参谋长愤怒地斥责他："你有什么资格说这种话，你是俘虏，是几万官兵和人民的罪人，人民有权惩办你！"

傅崇碧严厉地发出警告："你写不写？不写，就地惩罚你！你不下令投降，我们照样打下来，我们是为你们的广大官兵和石家庄人民着想，给你个悔悟的机会。"

傅崇碧朝身边参谋一甩手，用命令的口吻说："给他纸、笔，叫他写！"那威严的态度，有一股蔑视、压倒敌人，不可违抗的气派。

刘英吓得只好接过纸笔，但他只写了句"如果支持不住时，可以停止抵抗"。

在场的作战科长孙延珍看到后，迅速给傅政委递了个眼神，并摇头示意。

傅政委接过纸条一看，当即怒目逼视，强令其重写正式投降令，刘英这才不得不第二次拿起笔重写。写完后双手哆嗦着递给在场的参谋人员。傅崇碧从参谋

---

① 中共石家庄市委党史征编室．丰碑耸立大石桥：石家庄解放史话（内部发行）．1987：153—154.

手里接过看了看，点了点头，然后递给参谋长等人。

上面写道：我和团长们被俘，你们待援无望，再打必亡。晋察冀人民解放军前线司令要我下令，坚守核心工事及范村据点部队停止抵抗，缴械投降。为吾诸位仁兄及众士兵兄弟安全计，我接受前线司令代表奉劝，并派贺定纪参谋长、周新主任传达我的命令。特致，刘英。

信交给了贺定纪，二连指导员带几个战士把贺、周两名俘虏军官送出我阵地。贺定纪高举那页纸，朝核心工事的正太饭店走去，边走边喊："不要开枪，我是参谋长贺定纪……"

当刘英的劝降令送到正太饭店后，坚守在里面的几个国民党军官仍不肯就范，却要花招引我军上当。

开始，见敌人从窗口伸出一面白旗，在北面攻击的三纵二十三团一营的战士刚一往上冲，敌人的机枪嗒嗒嗒扫射过来，几个战士负伤了。一营指导员崔国彬急令部队等待总攻的命令。

所谓核心工事，是国民党第三军三十二师在石家庄构筑的第三道市区防线，也是最后最坚固的防线，在市中心的主要街道和路口均筑有碉堡群，设置了大量路障。核心是以火车站、大石桥、正太饭店、铁路工厂等高大建筑组成的永久性坚固堡垒，遍挖壕沟，枪眼、伏地堡、暗堡、高堡等星罗棋布，多是钢筋水泥修建而成，里面配有轻重机枪，外面围着电网，层层叠叠，交织成了严密的火力网。

进攻核心工事前，我人民解放军已接连攻下了大郭村飞机场、云盘山等数十个重要据点，国民党守敌除大部被歼外，余部窜入了外市沟，继续负隅顽抗。外市沟是石家庄国民党守军的第一道防线，呈"凸"字形，长约30公里，设有13个卡口，每个卡口修筑有一个近5米高的两层圆形堡垒，沟宽、深各7米，积土向里宽7米，上挖散兵壕，可与卡口堡垒及积土上的地堡形成三道火力网，并有探照灯、信号灯及电网等设备。"凸"字头正对着北边的滹沱河，以备我军进攻时开水闸，把水引入沟内，增强防御强度。外市沟外除地雷、鹿寨①、围墙等障碍外，

---

① 军用障碍物，把树木枝干交叉设置在防御地点，用来阻碍敌人前进。因形如鹿角，故称。

◎ 国民党军修筑的外市沟工事，沟沿上密布着鹿寨和电网

还筑有子母堡（母一子二，以盖沟通大沟），为前哨警戒。另外，外市沟以外诸村庄，大多筑有工事，为外围支撑点。外市沟以内敷设有环市铁路，全长32.5公里，有铁甲车5列，作为活动堡垒，日夜巡逻，可随时支援外市沟战斗。

7日，攻击外市沟的准备工作开始了。我军采取了土工作业迫近敌人，夜间，战士们冒着蒙蒙细雨，匍匐前进，将距离拉开，每人挖一小段同时进行，先前而后，先点后线，先前后再左右，先建立抵抗阵地，再构筑交通壕。土工作业完成后，像"地下城"一样，将敌人的"地下城"包围起来，以碉对碉，以沟对沟，以枪眼对枪眼，将工事一直伸到了敌人的最前沿。

8日下午4时，突然一声天崩地裂的炮声响起，我军对外市沟发起总攻。各部队用内部爆破与外部爆破相结合、爆破与炮火相结合的战法，摧毁和压制了敌人的前沿阵地和侧防火力，在几十分钟内，全线各突破口几乎同时突破了，敌人多年经营的坚固防线，顿时土崩瓦解，守敌大部分被消灭，少部分敌人蜷缩到了内市沟里。

内市沟作为第二道防线，长约18公里，密布尖竹桩、铁丝网、挂雷、鹿寨，沟沿上碉堡林立。10日下午4时，我各炮兵群开始向石家庄的内市沟实施火力急袭；接着，各团属炮兵相继开火，猛烈轰击敌前沿阵地；随着炮火向前延伸，各部队开始了大规模的内部爆破和连续的外部爆破，迅速开辟通路，步兵趁着烟雾

◎ 战士们搭梯冲上外市沟　　　◎ 利用土工作业，改变地形，向敌人迫进

发起冲击。这时的石家庄四周，到处是浓烟滚滚、火光闪耀、瓦砾飞扬，枪炮声、爆炸声、喊杀声，汇成一片震天动地的巨响，激荡在整个战场上空。至当日傍晚6时前后，我军已全部越过内市沟，进入街巷战斗。

激烈的巷战中，战斗的烈焰，映红了楼房、街巷，士气高昂、骁勇善战的我军指战员们越战越勇，势如破竹，相继占领了大石桥、火车站、机厂，核心工事只剩下正太饭店尚未攻克，各路大军像一把铁钳将正太饭店紧紧地包围起来。

12日上午8时，3颗信号弹在空中升起。火车站北面的正太饭店已被从东线攻入市区的我军各部从东、西、南三面包围住。

正太饭店的四周挖有一条宽、深各接近4米的外壕，壕内有围墙，围墙的每一角都筑有钢筋水泥的小堡垒或地堡，楼下有坚固的地下室，地下室的暗道与大石桥相通，楼上的走廊和窗口，都有沙袋堆成掩体。在内市沟被我军摧毁后，敌九十四团团长朱剑征，带领在巷战中受创的1500多人，麇集、固守在这里，全团所有的武器弹药都布置在掩体里，每一个碉堡和地堡都有两挺机枪。特别是在东西南三面，各式武器虎视眈眈，摆成了一个"枪林"。敌军戴着钢盔，脖子上挎着冲锋枪、轻机枪等自动武器，向着战士们反扑着、射击着。敌人仅有的一辆坦克，挂在火车上，于近百米的地段南北扫射，并炮击东路攻击部队。他们用这样激烈的火力，封锁饭店周围的街道和楼房，阻止解放军逼近他们。

◎ 晋察冀军区部队完全占领核心工事正太饭店

　　十一旅下属四连爆破手徐志文、许史玉在火力掩护下，飞快地跑过敌人火力封锁线，把炸药紧紧地抱在怀里，迅速朝着敌人的坦克滚近。在离坦克只有几步远的地方，二人腾身跳起，将导火索冒着白烟的两个炸药包塞到坦克履带板下。"轰！轰！"炸药响了！敌坦克摇摆了两下，断开的履带"哗啦"一声堆在地上，再也爬不动了，火焰立刻在它身上升起来，映红了整个街道。

　　在浓烈的尘烟里，战士们逼着敌人坦克上的炮手向正太饭店开炮30余发，掩护四连战士越过铁路，冲到了敌人的前沿地堡。

　　我三十团一营和二营迅速投入战斗，从北面迂回包围敌人。在冲锋的号角中，战士们冒着横飞的炮弹碎片，用集束手榴弹炸开正太饭店的大门，冲进大楼，其他部队也像汹涌的洪水，朝着正太饭店冲去。战士们从楼下打到楼上，又从楼上打到地下室。一边投弹射击，一边左挑右刺，经过两个小时的激烈战斗，将剩余的守敌1300余人全部生擒，敌九十四团团长朱剑征、副团长梁光义及6个正副营长藏在西北角地下室，都被活捉了。石家庄国民党守军的最后一座"核心工事"溃灭了①。

　　11月12日上午，解放石家庄的战役全部结束。

---

① 中共石家庄市委党史征编室. 解放石家庄, 1947. 1985: 193—194.

第五十三回　秘密交通线在行动
解放太原功不可没

　　1949年4月24日清晨5时，解放军1300门大炮对准太原城发起了总攻，仅用了四个半小时就将太原城一举攻克。鲜为人知的是，太原南站地下党支部建立的一条秘密红色交通线，曾经为太原解放发挥了重要作用。

　　在抗日战争和解放战争时期，山西铁路工人就在党的领导下，与敌人展开了不屈不挠、针锋相对的斗争，在这群工人中，由12名地下党员和地下工作者组成的太原南站地下党支部，为我党建起了一条秘密的红色交通线。

　　抗日战争时期，为了在战场和沦陷区全面开展对日本侵略者的斗争，受晋察冀革命根据地的派遣，共产党员李寿增、高受田和郑念使于1941年冬季潜入太原。为了能够长期埋伏下来，等待作战时机的到来，李寿增和郑念使通过各种关系成为一名铁路工人，在太原南站落了脚。

　　李寿增先是在太原南站当工人，很快便考入了日伪太原铁路学院日语科和车守科学习。七个月后，李寿增毕业分配到太原南站任站务员。1943年，他又调到太原列车段任守车，担任太原—阳泉和太原—介休的货物列车乘务工作。1946年初，李寿增调到石太铁路太原运输段任派班车长，掌管全段客车和货车的全部乘务工作，一直到1949年初。

　　郑念使先是在太原北站列车段庶务室任庶务员，1945年末太原北站列车段与太原列车段合并为太原运输段后，他任运转车长，担当太原—阳泉、太原—介休货物列车的乘务工作。3个人中，高受田起初在太原市某中学任教，后来到山西博物馆工作，他虽不在铁路部门工作，但一直与太原南站的地下党在一起战斗。1946年初，遵照晋察冀北岳区二地委城工部的指示，他们3人正式组成了石太铁路太原南站地下党支部，由李寿增担任书记，化名翟日九。1948年秋冬之季，根据隐蔽精干和发展进步势力、争取中间势力、孤立反共顽固势力的方针政策,他们先后发展铁路职工赵俊宝、石振贵为中共正式党员。

石振贵最初是太原北站列车段庶务室杂役,同年底调到运输段,1946年初调石太铁路太原运输段任服务生,担当太原—阳泉、阳泉—石家庄的客车乘务工作,后来担任运输车长。他利用职务之便,多次掩护我党地下人员的往来。1949年初,李寿增离开太原,石振贵接替他负责党支部及其所领导的地下工作,化名石日九。

1946年至1949年,太原南站地下党支部先后将一些同志发展为地下工作者。

其中,1946年初发展了石太铁路太原运输段的运输车长田极广。田极广当时做太原—阳泉的货物列车乘务工作,后为派班车长,同李寿增共管全段乘务工作。1947年初,发展了石太铁路上湖站警务分所三等警长刘富(后刘富调太原东站工作)。1948年,发展了石太铁路太原运输段运转车长荆咸如和耿兴元,他俩均在太原—阳泉间的客货列车上担任乘务工作。同时,还发展了杜六小、李铀、王世英等3名地下工作者。

经过几年的努力,太原南站地下党支部逐渐形成了一支精悍的、坚强有力的战斗队伍。每个同志都机智勇敢,善于利用自己的合法身份独立作战,这也是太原南站地下党支部在当时极其困难、极其危险的条件下还能够胜利完成对敌斗争任务的重要原因。

太原解放前夕,按照晋察冀北岳区二地委城工部设在太原南站和榆次线对敌斗争委员会的指示,太原南站地下党支部对形势和敌情进行判断,采取多种方式、不间断地和敌人进行不懈的斗争。他们在这一期间的工作,从时间上大体可划分为两个阶段:

第一阶段是1942年至1946年。这一阶段,正处于日军和国民党进行严密封锁的时期。为了粉碎敌人的阴谋,根据上级指示,太原南站地下党组织与敌人进行了针锋相对的斗争,他们利用自身工作的有利条件,为中国共产党建立起了一条太原—阳泉的秘密红色交通线,确保有关革命同志能够顺利往来,必要物资能够顺利传送,以及一些重要信件能够及时传递。这期间,每次的接应任务都是按太原南站情报站的指示或晋察冀北岳区二地委城工部的直接指示进行的。物资方面的运送，也全依靠太原南站的地下党员和地下工作者在列车值乘中隐藏运送。有时由来人护送，有时由他们直接送到阳泉后另有人接应。当时与他们联系的交通员，一位姓郑，一位姓石。

在人员往来方面，多数是在赵俊宝的掩护下乘坐他们所值乘的列车出入太原城。这些任务起初是由李寿增、郑念使和赵俊宝共同完成，不久，郑念使牺牲。经过调整，这项任务由赵俊宝、田极广、荆咸如、耿兴元、石振贵等人完成，有时李寿增也亲自去完成。

这条秘密的红色交通线按照上级党组织"前沿封锁之前交通走廊不能中断"的指示，坚持了近5年，直到太原解放前夕才中断。这期间，经赵俊宝他们掩护、护送的人员和物资不下二三百次，其中不乏一些重要的革命同志，都是通过这条红色交通线往来于太原和阳泉之间。

1947年至1949年是第二个阶段。这一阶段，共产党领导的部队在各个战场上取得了节节胜利，特别是晋中战役之后，太原城被解放军重重包围，太原解放指日可待。为了做好解放前的准备工作，太原南站地下党支部根据上级指示，在这段时间里主要做了侦察敌情、探明城防工事、向解放区输送青年和策反等工作。

上级布置给他们的任务是搞清敌人的5个系统情况，分别是伪政府所属内外八区整合和国民兵团的情况，伪警察总量和所属的特警队、内外八区警察分局的情况，伪绥靖公署二处的情况，晋冀铁路警务处内的军统情况，伪国防部十九组工作队在桥头街福林成二楼的情况。

接受任务后，太原南站地下党支部很快便根据各自的工作优势，对5个系统侦察的任务做了具体分工。其中，第一系统由刘富、石振贵、耿兴元完成，第二、第三、第四系统由刘富独立完成，第五系统由李寿增和刘富完成。

很快，太原南站的地下党员和地下工作者便将这些伪组织的情况，如正副头目姓名、住址，警官、助理员以上人员及特工人员的姓名侦察得清清楚楚，然后由高受田汇总成册，赵俊宝利用出城的机会，于1948年秋天将情报送到榆次前线对敌斗争委员会。

阎锡山在日本投降后就开始了内战的准备，尤其是晋中战役大败之后，阎锡山更是在太原布置重兵、建设机场、大搞防守。在城上城下、城内城外、交通要塞构筑了数以万计的明碉暗堡、坑道和壕沟，试图抵抗到底。1948年秋，武宿机场和新城机场先后被解放军摧毁，飞机不能起降，阎锡山匆匆忙忙在小东门外开始修建新的机场。这时，榆次前线对敌斗争委员会给太原南站地下党支部送来了一张小东门机场的草图，要求太原南站地下党支部派人侦察清楚小东门机场的城防工事。

接到草图后，李寿增和高受田立即开始秘密侦察，他们按照上级要求在草图上标明机场的方位、长宽、结构以及出入通道等，并很快由赵俊宝将情报送出城去。转眼，小东门机场未等修建起来，便被我军摧毁。

1949年初，阎锡山又在圪瞭沟修建机场，太原南站地下党支部再次接到指示，要求尽快搞清楚圪瞭沟机场的动态。石振贵当即找到经常同他做生意的一个阎兵高某，初步探知了一些情况，随即又两次核实了阎军汽车正加紧向机场搬运机器一类物资和汽车通过的数量等情况，并及时将情报传递出去。

为了不引起敌人的注意，太原南站地下党支部开会和传达上级精神的地点，一直设在黑土巷铁路家属区赵俊宝家中，由于周围全是铁路工人，且地点隐蔽，所以在当时太原城内许多地下组织遭到搜查、破坏的时候，太原南站地下党支部一直没有暴露。

在完成侦察敌情和绘制机场城防工事图期间，太原南站地下党支部还陆续向解放区输送青年。1948年秋冬，阎锡山为了保住自己经营多年的家当，把青壮年编入民卫团，送到前线。按照上级指示，太原南站地下党支部扩大对群众的宣传教育和说服工作，动员一大批青年投奔解放区。据后来不完全统计，仅由李寿增、石振贵和赵俊宝送往解放区的石太、同蒲铁路工人就不下100人。

在秘密进行上述工作的同时，太原南站地下党支部为了掌握敌情，瓦解敌人，孤立顽固分子，他们还根据榆次前线对敌斗争委员会"打入敌人心脏，迫使敌人缴械投降"的要求，派人想方设法打入敌营，进行策反。

石太铁路太原运输段曾有一个名叫高步赢的员工，他离开铁路后，成了南京国防部二厅104站296组的一名特务，后升为代理组长。了解到这一情况后，李寿增和赵俊宝就以同事的名义找到高步赢，假称晋中战役前在太谷买了一些小麦没弄回来，想请他帮忙给提供出城的方便。酒足饭饱之后，高步赢从怀里掏出一个

296组的工作证交给赵俊宝，让他拿着工作证去太谷。

有了296组的工作证，赵俊宝出了太原城便直奔榆次解放区，把城内的情况向榆次前线对敌斗争委员会的康永和、赖若愚、裴丽生等领导做了汇报。根据康永和"对高步赢要拉紧，取得信任打到296组里去"的指示，赵俊宝回到太原后，很快和李寿增打入296组，掌握了296组的组织系统和活动，同时还结识了该组织的坑道参谋梁士福和八总队作战参谋刘铁生，从他们那里探得了榆次前线对敌斗争委员会急需的情报——敌人由城内通往城外各要塞的坑道情况，并将情报及时送了出去。

由于赵俊宝持有296组的工作证，可以随时来往于太原和榆次之间，所以在掩护人员、传递情报方面，又开辟了一条新的交通线。①

1948年7月榆次解放后，解放大军将太原团团围住，准备解放这个工业重镇。当时，城内城外的交通完全中断，连火车也无法出城，太原南站的地下党支部成员按照上级要求，就地潜伏下来。

1948年底至1949年初，上级党组织交给太原南站地下党支部的任务中，有一项特殊而艰巨的任务，那就是侦察清楚太原城内的所有城防工事，并绘制成图，送出太原。

当时，阎锡山为了保住太原，不但在太原布置重兵、建设机场，还大搞城防。其中，仅碉堡就修建了5000多座，因此阎锡山也对外宣称太原城固若金汤。

接到上级党组织布置的任务后，太原南站地下党支部的人员迅速分头行动起来。首先，他们利用铁路工人的有利身份，背着铁路乘务用的灯、旗、皮包等工具，佯装上下班的样子，多次跑到太原城的东南西北4个区域，秘密侦察太原城的城防工事。主要对太原城墙内50米、城墙外150米内设的各种不同类型的碉堡，碉堡与城墙间的距离，碉堡与城墙之间的连接通道，碉堡的火力情况，城墙四周的坑道和壕沟的高度、宽度，城墙各侧和城垛之间的距离，城墙上各种形状

① 中国铁路太原局集团有限公司党委宣传部（企业文化部）. 山西铁路革命史话. 太原：山西人民出版社，2021：272-278.

◎　2016年，《山西老年》刊登的《解放太原战役中的
南站地下党支部》的文章

的射击孔等进行了侦察。

两个月后，太原南站地下党支部将太原的城防工事侦察得清清楚楚，并按照
方位，绘制出了东西南北4张城防图。而此时，太原城内的形势越来越紧张，敌
人不仅将整个太原城内的20多万居民全部组织起来，进行军事化管理，还将所有
男女老幼按年龄编为甲乙两支参战部队，其中甲队负责协助部队守城，乙队负责
后勤保障，连7岁的儿童和60岁的老人都编入其中，并规定，除老弱病残外，其
他人一律不得出城。

想到榆次前线对敌斗争委员会正急等这份重要的情报，太原南站地下党支部
的每一个人都万分焦急，经过深思熟虑，地下党员赵俊宝决定让妻子霍桂花扮作
难民，将城防图送出太原。

长期以来，太原南站地下党支部的各种会议和精神传达，都是在赵俊宝家进

行，所以霍桂花的思想也受到了影响，当得知有一份重要情报需要送出去时，她毫不犹豫地答应了。霍桂花将城防图装入4个蜡丸中，塞入自己的体内，然后化装一番，混在难民中，接受城门守卫的层层盘查后，出了太原城。

当时太原的天气乍暖还寒，霍桂花在废弃的战壕中躲避了一夜的流弹后，忍着受伤后身体的疼痛，又饿又冷地朝榆次方向而去。步行一天后，她终于见到了解放军部队，上前说明了自己身负的任务，然后与一名解放军战士共同赶往40里外的榆次前线对敌斗争委员会。

到达榆次前线对敌斗争委员会后，霍桂花的身体已经十分虚弱，当沾着鲜血的城防图从她的体内取出后，立刻被送往解放军太原前线总前委指挥部。

1949年4月24日早上5时，解放军对太原城发动了全面进攻。9时30分，太原城解放。太原南站地下党支部绘制并派人送出去的城防图为攻占太原起到了至关重要的作用。①

---

① 中国铁路太原局集团有限公司党委宣传部（企业文化部）. 山西铁路革命史话. 太原：山西人民出版社，2021：280－282.

第五十四回　人民日报社大转移
抢修铁路保证军运

1947年，随着阳泉和石家庄等地相继解放，晋察冀和晋冀鲁豫两大解放区连成一片。1948年5月，中共中央决定将晋察冀中央局和晋冀鲁豫中央局合并为中共华北局，将晋察冀和晋冀鲁豫两个军区合并为华北军区。

中共华北局成立后，决定将《晋察冀日报》和晋冀鲁豫《人民日报》合并。1948年6月15日，创办了中共华北局机关报——《人民日报》，由中共华北局宣传部副部长张磐石任社长兼总编辑。编辑部驻河北平山县里庄村，报纸印刷厂驻北焦村，经理部驻石家庄南大街 19 号。

《人民日报》选择里庄为创办地，与靠近中共华北局、华北军区和华北人民政府驻地有关。晋察冀和晋冀鲁豫两区政府合并后实行联合办公，驻地王子村。里庄就在王子村以西2里处，东距中共华北局和华北军区驻地烟堡村3里。

当时形势还不稳定，人民解放战争正逐步向全国迅猛发展。东北野战军发起了辽沈战役，蒋介石为挽回败局，督促傅作义军向华北地区进攻。因此，就在《人民日报》刚刚创办不久，傅作义便集结部队，向南进犯石家庄，国民党军的飞机常常到石家庄、平山一带轰炸。有一次，国民党军实施轰炸，烟堡村的华北军区司令部驻地被炸。

敌机的轰炸也给里庄村《人民日报》编辑部和北焦村印刷厂的人员带来很大的惊扰。

8、9月间，国民党空军加强了对冀中平原，尤其是石家庄周边地区的轰炸。敌机的袭扰严重影响了《人民日报》的正常出版，并使后勤供应遇到了很多困难。

据杨沫日记记载:1948年9月13日至17日，国民党军的飞机对石家庄和平山连续轰炸了5天。每当敌机飞临里庄，报社工作人员都要跑出村子躲避。

为了避免更大的损失，经理部决定先把报房和经理部的部分档案、物品等从北焦村向南面的东焦村转移，那里属于丘陵地带，房屋依山而建，一旦空袭，便于向山中疏散。随后《人民日报》编辑部大部分人员也搬到东焦村。

在杨沫日记中对此有较为详细的记载："10月20日，我们报社已随中央局转移到了河北的获鹿县。报社住的村庄名'东焦'。"

然而，到东焦村没有几天，就发生了傅作义南进袭击的骑兵逼近望都的紧急情况，为避开敌人兵锋，防备敌军打到总部门口，驻石家庄的人民日报社奉命向太行山深处转移。在这次大转移中，他们得到了铁路工人的积极配合。

10月下旬，接到人民日报社转移的命令后，总编辑张磐石决定，除在里庄留下一支精悍的编辑队伍，保证《人民日报》的正常出版外，其余人员转移到山西阳泉。当时，他将向阳泉撤退的人马兵分两路：一路由自己率领编辑部、印刷厂成员先到石家庄，与经理部的工作人员会合，然后坐上火车向西去往阳泉；一路由报社秘书长郭渭带领行政后勤人员和妇女孩子们出发，向阳泉转移。

接到通知后，印刷厂的人员把所有机器拆掉掩埋在北焦村西边的田野里。为了避免这些机器被敌人发现、炸毁，他们在地里分散挖了许多个大坑，并在坑中铺上玉米秸，然后将机器一件一件放进去，再盖上一层玉米秸，掩埋伪装好之后与编辑部的同志一起跟着张磐石向阳泉转移。

据跟随张磐石向阳泉转移的人民日报社印刷厂李焕新回忆，他当时的任务是用30头毛驴运送大家向石家庄转移，当他们到达石家庄火车站时已经是半夜，由于行程紧张，在过去的一天时间里，他和大家都没来得及吃一口饭、喝一口水，此时倍感饥饿。就在大家在车站等候上车之际，车站的铁路工人为报社人员每人送来一碗热乎乎的面条。接着，他们100多人在铁路工人的帮助下，全部登上了开往阳泉的火车。

另一路由郭渭带领的后勤人员和妇女孩子们，随后也赶着骡车一路颠簸到了石家庄火车站，可此时车站已经没有火车可以调用了，于是郭渭带着大家乘坐骡车继续向阳泉赶赴。据行进在郭渭队伍中的郝菊鲜回忆，他们先是蹚过一条河，然后经过一个小村庄，在村庄内宿营一夜后，第二天到达一个小车站，并在铁路工人的帮助下，登上了火车，而此趟列车，正是张磐石他们所乘坐的那趟列车，双方就此会合，一起向阳泉转移。次日，天快亮的时候，列车进入山区。这时，国民党军的飞机向行驶中的这列火车俯冲过来，并对着火车进行轰炸。为了躲避空袭和保证大家的人身安全，火车司机快速将这列火车开进前方的娘子关隧道里，保证了一车人的安全。

空袭过后，火车司机把列车开出隧道，冒着可能再次被敌人轰炸的危险，继续向阳泉行驶。由于不断有敌机飞来，列车一路上开开停停，不时躲入隧道。当快要驶入阳泉火车站时，已是半夜。这时，敌人的飞机又来了，对着列车一阵机枪扫射，车上人员在铁路工人的帮助下，迅速下车转移。印刷厂张桂云携带装有报社现金和账本的包袱在敌人的袭击中丢失，阳泉火车站的工人们得知后，多方帮她寻找。

11月1日，华北主力部队及时赶到，向南进袭的傅作义部队后撤，险情解除。在阳泉停留两天后的报社人员，在铁路工人的护送下再次乘火车回到石家庄，返回东焦村的工作岗位。

解放战争时期的铁路工人，虽然工作条件艰苦，身陷重围，但他们依然坚持斗争，不仅勇敢地抗击敌人，还曾为人民日报社人员的转移提供了有力的支持①。

太原解放后，铁路工人掩饰不住内心的喜悦，呼啦一下全都跑回了单位。大家围着接管组的同志，听他们讲当前的形势和政策。当接管组的同志讲："铁路现在属于咱们自己的了，工人阶级要当家做主了，当前的任务是恢复生产，迅速通车，运送部队南下，支援解放全中国！"工人们的情绪更加高涨起来。太原南站机务段的工人决定连夜修复机车，并向太原南站检车段的工人提出："我们的新机车要拉你们的新客车！"检车段的工人一听，马上响应。

据老工人刘永逵回忆，太原解放的时候，许多车辆损坏，而且敌人的炮弹还常常落在检车段的机料库旁，考虑到库里存有汽油，容易引起火灾，他就和大家冒着被炮弹轰炸的危险，白天黑夜轮流守在库房旁，并找来木板，把被炮弹炸开

---

① 中国铁路太原局集团有限公司党委宣传部（企业文化部）．山西铁路革命史话．太原：山西人民出版社，2021：253-256．

的墙壁重新钉起来，避免汽油被炮弹击中烧毁厂房。太原解放当天，他和大家一起跑回单位复工，当机务段的工人提出挑战后，他立刻领头修理424号车。这是一辆三等行李合造车，不但车身已经被炸得不成样子，而且就连底部的制动零件和车门也全都没了，轴瓦坏了七八块。要修复这样的车辆，得有材料，可大伙儿一看，手边连一个螺丝都没有，心中万分着急。于是分头到车场里去找，到战壕里去寻。20多名工人，分成两组展开竞赛，从晚上干到天大亮，将车辆及时修复。同时，该段28名工人还很快完成了一辆编号为1024号货车的改造，而在日本人统治时期，这样的车辆改造，117名工人得用25天才能完成。

当时，太原北站车辆段有一辆1937年8月就要入厂大修的破损车辆，编号TH321037，因走行制动等部件破损，成了报废车辆，但在工人武喜祥、刘贵成、郝润清、徐福、李捷、左虎子、尹丰温的努力下，修复并试运行良好。

无私保护铁路财产和积极恢复铁路运输的动人场面不仅仅出现在机务和检车两个单位，在新生的曙光到来时，许多工人也一样投身设备的保护和抢修中。太原南站有一名叫孔繁瑞的工务工人，太原解放前，他和同事就预料到敌人败退时会火烧工房，于是及早把经纬仪、水准仪、电话等重要器材偷偷转移到了一个安全的地方。解放军攻进城后，阎军败退，果然一把火点燃了工房。火越烧越大，向四周蔓延，看到那些被转移的器材马上就要被熊熊的大火引燃了，孔繁瑞冒着生命危险，钻进火海，二次把这些器材转移到一个更加安全的地方，然后寸步不离，像守护自己的家产一样守护着这些器材。太原解放后，当乘坐第一列火车进城的接管人员一下火车，孔繁瑞就跑过去，将这些器材的藏身之处告诉了接管人员。很快，这些器材便在线路抢修中发挥了用处。

太原解放后没几天，部队即将南下解放全中国。这时，铁路工人又接受了紧急军运任务。当时，由于战火炸毁了电力设备，机车加不上水，眼看就要影响到军运，太原南站机务段一名叫张宝珍的工人，用两天的时间修好了八个月不曾使用过的柴油机，解决了机车的加水问题。机车不够用，机务段一名叫郝千润的锅炉工就四下搜集工具器材，加紧赶修，在大家的帮助下，一天就修好了2台锅炉。电线被炸断了，电务段一名叫刘占英的工人就马上带上人架线。抢修铁路的工人，白天加紧抢修，晚上主动要求加班。漆黑的夜晚，什么也看不清，为了不影响进度以及第二天南下部队乘坐的列车顺利通过，工人们在深夜中轮流举着火把，借着这微弱的亮光，摸黑抢修。铁路通了，机车和车辆修复了，铁路工人昼夜不停地将南征的将士们运往目的地。

正是在一个个铁路工人的努力下，南下部队的运输才得到了保证，太原南站有时一天就开出35趟军列、车辆60多辆。这中间，许多工人连续几天几夜都不休息。为了保护好运往南方的军事物资，他们在瓦砾遍地的废墟上支起棚布，存放物资；办公没有地方，大家就在四面透风的车厢里支起简易的桌椅，调度列车。此时，大家只有一个心愿，那就是支援解放军尽快南下，解放全中国！

据有关资料记载，从太原解放的当日起，铁路工人就投入紧张的军运工作中。截至5月18日，也就是在太原解放的25天时间里，太原南、太原北两个车站就克服重重困难，完成军运190次，运输军事物资46115吨、粮食4725吨①。

---

① 中国铁路太原局集团有限公司党委宣传部（企业文化部）. 山西铁路革命史话. 太原：山西人民出版社，2021：305-308.

第五十五回 护路护厂恢复运输
鼓足干劲开工生产

自1947年至1949年，石家庄、阳泉、太原等正太铁路沿线主要城市相继解放。在这两年的时间里，正太铁路广大工人一方面热火朝天地积极配合中国人民解放军斩敌路，断运输；另一方面又与国民党反动派的反动统治坚决做斗争，他们在中共地下组织的领导下，通过书写标语、散发传单等形式，向人民群众宣传中国共产党的进步政策，揭露国民党当局的反动本质，并进行了多次怠工、请愿以及其他政治的和经济的英勇斗争。

阳泉临解放前，铁路工人组织了纠察队，日夜巡逻，将铁路建筑和机车、车辆等设备都完整地保存下来。太原北机务段有30余名工人不顾个人安危，日夜轮流看守着机车，防止敌人破坏。大同水泵房工人肖国源等3人将水泵等重要机件拆卸埋藏起来，保护了人民的财产不受损失。石家庄解放前夕，中共石门工作委员会在石家庄车站建立了搬运工人党支部，周子华任党支部书记。同时，建立了直属铁路党小组，底勋任组长，他们利用各种有利条件同敌人进行斗争。石家庄机厂的铁路工人张守廉、陈云庆、赵良祝、孙春发、马凤恩、王连生和工务段梁永福等共17人组成了破路队，穿过敌人的封锁线开赴保定以北的敌占区，配合当地的铁路工人破坏敌人的铁路；同时，机厂还组建护厂队24小时执勤，保卫工厂。

1947年4月30日，正太线寿阳、阳泉间为人民解放军切断，驻阳泉阎系部队恐慌逃窜之际，阎锡山命令原日军第四混成旅所组成的保安五大队死守位于境内可以俯瞰阳泉的狮脑山，企图负隅顽抗，人民解放军给予了坚决彻底消灭。在解放阳泉的战斗中，境内铁路工人不仅依靠人力和相当落后的工具，用肩挑、车推等方法，将粮食、被服等送上前线，而且组成运输队、担架队等担负战地勤务，全力支援前线，有效保证了人民军队的节节胜利。

铁流激荡

◎ 石家庄机厂护厂队站岗执勤

　　5月2日，正太铁路阳泉至北合流段解放，阳泉铁路工人在中国共产党的领导下组织了自己的工会，人民政府发给工人10万余斤小米救济粮，并组织工人进行生产自救。

　　11月14日下午5时，石家庄的1100多名铁路工人登记要求复工。当众多的市民纷纷从敌人的仓库里搬运粮食拿回家时，而机厂的铁路工人们却身上穿着被油污沾染的黑色工作服守护在一节节绿色外皮的机车旁，他们对解放军战士说："弄到几袋白面远赶不上一个机车的损坏。"然而，就在解放军没有攻入石家庄前，他们还在心里盼着解放军的炮弹快点儿把这些机车全都炸毁了，绝对不能留给国民党反动派；但是当石家庄解放了，回到了人民的怀抱后，他们却马上就变了，变得对每一辆机车就像爱护自己的眼睛一样。

　　石家庄解放初期，石家庄市区周边的京汉、石德、正太三条铁路因战争破坏处于瘫痪状态。正太铁路工人的主要任务就是抢修铁路，支援解放大军南下。1947年11月17日，晋察冀边区铁路局在石家庄成立，刘建章任局长，黎亮任副局长，栗再温任政委。晋察冀边区铁路管理局着手组织恢复正太、石德、京汉等

322

◎ 1949年上半年，石家庄机厂的职工家属与抢修娘子关大桥，支援解放战争的职工合影

已解放地区的铁路。石家庄机厂的铁路工人组织了桥梁工程队，分赴正太铁路、石德铁路，修复桥梁。田蕴华、石计成等20多名工人，为了抢修桥梁，不畏严寒，跳进冰冷的河水中操作，以惊人的速度修复了井陉境内的微水大桥、阳泉境内的娘子关大桥，使正太铁路交通迅速恢复，有力地支援了前线。石家庄机厂领班梁永福出任抢修工程队副队长，他率领工人夜以继日工作，完成了抢修石德路和京汉路北段任务，荣立二等功。

1949年4月24日凌晨，太原解放战役即将打响，马喜顺、布华轩、赵学万等3名火车司机执行将第一列人民列车开进太原城的命令。总攻战役打响后，200多名铁路工人手持铁锹、洋镐，在炮火中随时抢修被敌人炸毁的线路，用血肉之躯保证这趟有着特殊意义的列车一直跟随着解放大军前行。值得一提的是，他们在出发前，谁也没有告诉家人自己要去哪里，何时回来，一是因为保守秘密，二是因为他们全都做好了牺牲在战场上的准备。正如一位亲历者所说，这群铁路工人虽然不是持枪的战士，但和战士一样在流血牺牲。

太原城门被攻破后，铁路工人迎着还没有散去的硝烟，第一时间将这列代表着党、代表着人民的列车开进了太原城，受到民众的欢迎。

接着，铁路工人来不及休息片刻，便开始为城内运送粮食，新成立的太原市政府用这些粮食开办粥厂，赈济市民，使挣扎在死亡线上的近4万名贫苦百姓得到救助。

同时，获得新生的铁路工人迅速复工，运送解放大军南下，解放全中国。截至1949年5月18日，太原南、太原北两个车站就在废墟之上的帐篷中，调度指挥军事运输190次，运输军用物资46115吨、粮食4725吨。

6月7日，奉中国人民革命军事委员会铁道部命令，太原铁路管理局正式成立。次日，成立大会在太原海子边状元桥举行。太原铁路管理局成立后，铁路工人团结得像钢铁一样，掀起了抢修铁路、机车、车辆，恢复运输的新热潮。7月1日，太原北站机务段工人昼夜加班，抢修出一台机车，以此庆祝党的28岁生日①。

1947年，随着人民解放军全国性反攻，大中城市陆续得到解放，战线不断拉长，铁路运输问题越来越突出了。石家庄作为正太铁路管理机构所在城市，一定要确保正太铁路迅速恢复生产，保证铁路运输大动脉的畅通无阻。

市委书记毛铎十分重视党员队伍建设，他亲自到石家庄机厂蹲点儿，抓好发展党员工作，壮大党的队伍，加强党的建设。为了一个支部、一个党组织的建立，他经常深入群众，传播党的方针政策，了解情况，解决疑难问题。经过他和市委有关部门的努力，很快在工厂建立了党委、党总支、党支部。石家庄机厂为了管理好企业，组织好生产，由13人组成了工厂管理委员会，并于1947年11月召开了第一次会议，研究了企业的生产和管理问题。

1947年12月10日，石家庄市人民政府为了解决职工的生活困难，给职工发放救济大米17885斤；12月31日，又发放救济大米15973斤。职工们吃到了政府发给的救济粮，更加深刻地感受到党的温暖和政府的关怀，纷纷要求早日开工生产。12月12日，厂内开始直流发电。12月23日，全厂正式开工。

---

① 中国铁路太原局集团有限公司党委宣传部（企业文化部）.山西铁路革命史话.太原：山西人民出版社，2021:15.

◎ 解放后的中共石家庄市委书记毛铎（左）与工人亲切交谈

石家庄机厂开工以后，为了使部分职工放下思想包袱，轻装上阵搞生产，1948年1月上旬，在全厂开展了"挖蒋根"活动。石家庄解放前夕，国民党反动派为了离间我党和广大工人的关系，在工厂大肆发展反动组织。据吴桂荣回忆，当时，厂里出现了不少中统、军统等形形色色的特务分子，时任厂长刘春和以及寇景武、郭绍仪、魏振荣等人，极力宣传共产党"共产共妻"，采取威逼、利诱等手段，强迫工人加入国民党①。

在"挖蒋根"的活动中，党组织号召参加过国民党的工人要自动登记。只要登记了，就与其他工人一视同仁，一样对待，一样相信，一样依靠。党的政策一亮明，被国民党反动派强迫加入国民党的工人，纷纷要求登记，进行登记的有470人，登记后由工厂发给了登记证。脱离了国民党的工人们终于摆脱了思想上的束缚和身份上的枷锁，干劲儿比以前更足了。

石家庄机厂恢复生产以后，一部分职工分赴外地破路、修桥，留在厂里的大部分职工，也积极地为支援前线做贡献。当时，由于国民党反动派的破坏，机车车辆严重不足，远远不能适应国内解放战争铁路运输的军事需要。铁路回到人民

---

① 根据1961年1月4日刘宪洪访问时任西北设计院设计工厂厂长吴桂荣的手稿记录整理。

◎ 工人们利用废品拼凑修车

◎ 石家庄机厂修复死车支援前线

手里以后，一时还缺乏制作新火车头的技术能力。为了支援前线，在党的领导下，广大铁路职工喊出了"解放军打到哪里，铁路就修到哪里，火车就开到哪里"的响亮口号，克服种种困难，在严重缺乏原材料的情况下，千方百计搜集旧料，积极检修不能开动的火车头，修复报废车，使一辆辆"死车"又起死回生，重新奔跑在铁道线上。1948年，当第一台太原号机车被修复时，全厂广大职工怀着胜利的喜悦，欢送"死车复活"出厂，并与正太铁路沿线的各厂段一起举行了隆重的联欢和交接仪式。此外，工厂职工还用旧料、废钢铁锻打各种筑路所需配件，及时支援修路、筑路工作，保证了通往前线的铁道线路安全畅通。

◎ 石家庄机厂庆祝太原号机车出厂典礼合影

第五十六回　如火如荼支援前线
激情迸发当家做主

　　1948年春，中共中央组织部部长彭真从东北给石家庄机厂写来了慰问信，亲切问候当年在一起战斗过的"二七"老工人。不久，彭真便来到石家庄，看望"二七"老工人及其家属，还陪同朱德、任弼时、聂荣臻视察了工厂。视察时，朱德总司令感慨地说："这个厂是华北地区解放最早的一个大厂，我们一定要把这个厂办好，使这个具有光荣革命传统的老厂做出新贡献！"

　　中央首长们的亲切关怀和殷切期望，使工厂广大职工深受鼓舞，倍感振奋，深感肩上责任重大。他们的工作热情更加高涨，开足马力加紧生产，以优异的工作成绩大力支援前线。从1947年12月到1948年5月，工厂共检修机车18辆，货车80辆，客车4辆，轻型客车9辆，内燃轨道车13辆，载重汽车1辆，制造和加工枕木4900根、鱼尾板等配件128252件。1948年7月，工厂修理机车6辆，客车1辆，货车29辆；9月份增加到检修机车6辆，客车3辆，货车31辆。

　　1948年8、9月间，国民党反动派为了挽救其灭亡的命运，经常派飞机轰炸石家庄。中共石家庄市委号召全市广大职工开展"保护工厂，保护机器，恢复生产，支援前线"的增产节约竞赛运动。机厂的铁路职工热情似火地积极投入了这一运动中，他们发扬不怕牺牲的精神，保护工厂、保护机器、保护机车车辆。

　　8月22日和23日，敌机连续向机厂投掷8颗炸弹，工人赵贵生、翟玉林不幸被炸死。9月13日，敌机又来轰炸石家庄，防空警报响起后，机厂装修所工人孟秀林为了使国家财产不受损失，冷静沉着地把机车隐蔽好。这时敌机已在头顶盘旋，孟秀林不顾个人安危，又把每台机车的锅炉检查了一遍。当他发现一台机车锅炉的水已烧干时，急忙给锅炉注上水，防止了锅炉损坏，保护了工厂的财产。敌机轰炸后，机厂的职工们不怕危险，义无反顾，主动进厂清理炸弹，填平战壕，

◎ 石家庄机厂铁路工人修好缴获的装甲列车支援全国解放

修补围墙，修复机器。

10月，国民党军妄图偷袭石家庄。为了避免或减少损失，石家庄市委和市政府将各国营、公营厂矿的机器设备、物资档案、技术人员和大多数中等学校的学生疏散转移到获鹿、赞皇山区和衡水附近的铁路沿线农村。据大兴纱厂、炼焦厂、机厂、电灯公司、电话局、裕民实业公司等6个单位统计，共运走机器物资1894吨。正太铁路员工高度紧张地工作，一周内的搬运量达1.1万吨，并突破了日运量3000吨的纪录。其中的机厂铁路职工仅用了3天时间，就将全厂70%的机器设备拆除，装满32辆货车，分别运往衡水及太行山。当解放军彻底粉碎敌人偷袭石家庄的阴谋后，工厂职工又迅速将机器设备运回工厂。为了尽快开工生产，原计划要用两周的时间将所有设备安装起来，经过广大职工的努力，只用4天时间就全部安装完毕，到第5天全厂就正式开工生产了。开工以后，为了夺回备战造成的损失，从11月15日到12月底，全厂职工开展了增产补损竞赛。广大职工用一个半月的时间，就完成了三个多月的产量，除弥补了备战造成的损失外，还多增产了价值428000斤小米的产量。

1948年11月，晋察冀边区铁路工会筹委会成立，由张吉祥、梁永福、田蕴

329

◎ 石家庄机厂工人修整被敌机炸坏的厂房

◎ 1948年11月，石家庄机厂响应晋察冀边区铁路管理局号召，边备战边生产，全年修复机客货车454辆。这是工人们装修机车时的情景

华等13人组成筹委会。石家庄市委书记毛铎亲自参加了铁路工会筹委会，在成立大会上，他指出："现在解放了，工人阶级当家做了主人，石家庄的人民，特别是铁路工人，应做支前的坚强后盾，迅速恢复铁路运输，保证各种战备物资源源不断运往前线，打倒蒋介石，解放全中国！"石家庄机厂积极响应晋察冀边区铁路管理局关于"一齐动员起来，完成十万吨煤抢运工作"的号召，工人们边备战边生产，1948年全年修复客货车454辆。

随着石家庄、太原、阳泉等正太铁路沿线城市的相继解放，石家庄机厂广大铁路职工发扬火车头精神，怀着极大的工作热情，积极主动开展生产竞赛，千方百计提前完成生产任务，以实际行动支援解放全中国。

当时由于器材的短缺，给铁路的恢复运行带来了很大困难。特别是受战争的影响，许多铁路桥梁被破坏，修复铁桥一时又来不及。为了尽快实现通车，就只能先用枕木垛起来搭筑桥墩，再架起简便的临时铁桥。做桥墩需要扒锯子（又名扒钉、扒锯钉，是一种钉头有两个尖刺的U形铁质固定件）将枕木坚固地连接起来。

1948年8月13日，石家庄机厂接到了锻打96000件扒锯子的任务。

为了争时间、抢速度，修配所工人首先向全厂职工发出了开展打扒锯子竞赛的倡议。制炉所、车辆所、再制品所等单位的工人也纷纷响应。

工人们冒着酷暑和敌机轰炸，开展了轰轰烈烈的劳动竞赛。在一个大雨滂沱工作日，石家庄市委书记毛铎来到了生产现场，他和蔼可亲地与工人们交流谈心，还热情地把一个个香甜的红苹果送到了工人们的手里。党组织的温暖，领导的关怀，更加激励了广大职工的生产积极性、主动性、创造性，修配所工人由每盘烘炉每小时锻打35件提高到98件，制炉所达到了89件，车辆所达到了82件，再制品所达到了76件，劳动竞赛的生产任务比计划提前了8天完成。

1949年5月11日至6月底，石家庄铁路系统开展了轰轰烈烈的"红五月生产竞赛"运动，机厂的工人们铆足了干劲，仅仅用了51天的时间就完成了2个月的生产任务，生产水平由竞赛前平均月检修机车5辆、客车5辆、货车37辆，提高到月检修机车7辆、客车5辆、货车45辆，共增加收入折合1044365斤小米。由于全厂广大职工的努力，这一时期较好地完成了各项生产任务，受到了铁道部和石家庄市委的嘉奖和表扬，工厂并于当年7月起更名为石家庄铁路工厂。在此期间，石家庄车辆段技术工人魏连珍有感而发，创作了多幕话剧《不是蝉》，讲述了解放初期石家庄铁路工人发扬"二七"革命斗争的优良传统，促先进、帮后进，齐心协力进行劳动竞赛的故事，在全国引发了争看《不是蝉》、争做"白师傅"的热潮，被誉为"第一个革命的反映工人生活与斗争的成功剧作"。

1949年10月1日，中华人民共和国宣告成立，开创了工人阶级和劳动人民当家做主的新纪元。正太铁路广大职工积极投身新中国的建设热潮，焕发出了前所未有的劳动热情和创造激情，在恢复和发展国民经济、巩固新生人民政权、建立社会主义基本制度、大力发展我国铁路交通运输事业中，创造了光辉的业绩，做出了卓越贡献。

在党的领导下，正太铁路职工群众以主人翁的姿态参政议政、参与企业管理。

石家庄刚一解放，经党组织分配工作，原铁路工人陈梅生就担任了石家庄警备司令部工作队队长；1949年9月12日，华北人民政府主席董必武，主席薄一波、蓝公武、杨秀峰签署任命状，陈梅生被任命为石家庄市人民政府委员（见333页图1）；1951年4月27日，中央人民政府政务院总理周恩来签署任命通知书，

◎ 石家庄首届人民代表大会当选政府委员合影。前排右六为毛铎、前排右七为宋公玉、中排右三为计根生、后排右三为陈梅生

任命陈梅生为石家庄市人民政府委员（见333页图2）；1952年8月23日，河北省人民政府主席杨秀峰、副主席薛迅签署任命通知书，任命陈梅生为石家庄市劳动局局长（见333页图3）；1952年12月19日，中央人民政府政务院总理周恩来签署任命通知书，任命陈梅生为石家庄市人民政府委员（见333页图4）。之后，陈梅生还相继担任了石家庄市总工会生产科科长、石家庄市第四区政府区长、河北省第三工人疗养院党支部书记等职。

原正太铁路总工会通信员李永顺，于1949年五一节期间到北京开会，和梁永福代表华北地区职工向毛主席献旗；同年8月，他参加了石家庄市首届人民代表大会，并在会上发言，石家庄市首届人民代表大会会刊原文刊登了李永顺的发言：今年五一，华北职工代表在天津开会，我参加了。完了，去北平开会，见到毛主席。毛主席看我这么大年纪，说："老同志！"我见了毛主席就像见了天，高兴

◎ 图1/1949年(中华民国三十八年)9月12日，华北人民政府主席董必武，副主席薄一波、蓝公武、杨秀峰签署任命状，任命陈梅生为石家庄市人民政府委员

◎ 图2/1951年4月27日，中央人民政府政务院总理周恩来签署任命通知书，任命陈梅生为石家庄市人民政府委员

◎ 图3/1952年8月23日，河北省人民政府主席杨秀峰、副主席薛迅签署任命通知书，任命陈梅生为石家庄市劳动局局长

◎ 图4/1952年12月19日，中央人民政府政务院总理周恩来签署任命通知书，任命陈梅生为石家庄市人民政府委员

得不得了。毛主席很魁梧，真是四面八方的威风；朱总司令个子也很高，面色都很好。我跟毛主席走上礼堂，一共拉了四次手。我老李自中华民国十一年参加革命，搞了二十多年啦，今天才看到毛主席——毛泽东，我乐得心眼里不知怎样好了！（眼中充满感激之泪，全场报以热烈鼓掌）1952年5月1日，李永顺又到北京参加了五一节观礼，并列席全国先进生产者代表大会，受到毛主席、周总理等中央领导人亲切接见。1952年10月，李永顺任石家庄铁路管理局工会副主席。

◎ 石家庄市首届人民代表大会会刊

◎ 发给李永顺的《石家庄市首届人民
代表大会代表题名录》

◎ 发给李永顺的
1952年五一节
观礼证

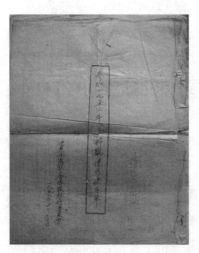

◎ 中华全国总工会劳模招待委员会发给
李永顺的《参加1952年五一节观礼劳
模名单》

◎ "二七"老工人李永顺（右）、梁永福（左）在北京故
宫留影

◎ 田蕴华

◎ 穆瑞茂

在党的领导下，正太铁路的广大职工焕发了极大生产干劲，积极投身增产节约运动，不断创造新的生产纪录，他们中间涌现出了多位享誉全国的劳动模范。

石家庄铁路工厂机车所主任田蕴华，带领工人投身劳动竞赛，广泛开展合理化建议，多次超额完成机车修复任务。1950年9月，田蕴华荣获全国劳动模范称号，到北京出席了群英会。以田蕴华事迹为素材的连环画《可敬爱的人》出版后，在全国铁路职工中产生了积极影响，《人民日报》以《生产中的常胜将军　记石家庄铁路工厂模范党员田蕴华》为题，对他的先进事迹进行了宣传报道。

石家庄铁路工厂的穆瑞茂，从车床的夹具、刀具入手，大胆进行工装改进，既大幅增加了单（日）产量，又显著提高了工作效率。他还对班组内的工友主动热心、毫无保留地进行传、帮、带，班组职工的技术水平、技能素质整体得到了提升，所在班组被命名为"穆瑞茂小组"。穆瑞茂1948年荣获华北人民政府劳动模范称号，1951年被评为铁道部劳动模范。1952年12月9日，"穆瑞茂小组"被河北省评为"推广先进经验的先锋"模范小组后，向全市各工厂的劳模班组和职工提出了友谊竞赛，石家庄市总工会号召全市职工向"穆瑞茂小组"应战，大力推动了这一群众性竞赛活动的蓬勃开展。

石家庄铁路工厂工程师樊荣福创造出"原木最大取材法""丁字形取材法""坡楞取材法"等先进取材法，成为全国著名的原木最大取材法的创造者，1956年、1959年两次获得全国铁路先进生产者称号，1956年获得全国先进生产者称

◎ 樊荣福

◎ 樊荣福荣获的1956年全国
先进生产者奖章

◎ 利用"坡楞取材法"对原木进行取材

◎ 樊荣福荣获的全国铁路
先进生产者奖章

◎ 樊荣福荣获的光荣的铁
路工作者奖章

◎ 樊荣福荣获的石家庄市
劳动模范奖章

号，1959年获得河北省先进生产者称号，1955年、1957年、1958年、1959年连续四次获得石家庄市先进生产者称号。樊荣福的经验当时在全国推广后，使木材出材率由52%提高到90%以上，超过了英国水平。铁道部邀请樊荣福到全国各大铁路工厂表演推广他的取材法，电影制片厂还为他拍摄了电影纪录片，他的事迹被收录于《中国职工劳模大词典》。

◎ 王新年

◎ 王新年在操作车床加工车轮

　　石家庄铁路工厂的旋床工王新年先后发明改进18种车床刀具，创造了"不停车工作法"，使工效提高3倍，以"革新能手""刀具大王"的美称而闻名于全国，并曾经以13分钟车一个冷钢轮的成绩，刷新了全国纪录。王新年两次获得全国先进生产者荣誉称号，受到毛泽东、刘少奇、朱德、周恩来等老一辈党和国家领导人的亲切接见。

　　岁月有痕，历史不会忘记。参加过正太铁路工人大罢工、正太铁路同情"二七"大罢工、抗日战争、解放战争等革命斗争的正太铁路工人，被党和政府光荣授予了"二七"老工人的尊称，他们是这条铁路上"最可爱的人"。在正太铁路曾经发生过的那一幕幕播撒火种、传播真理、开展工运，为了中华民族的独立和解放事业，抛头颅、洒热血；为了新中国的强盛，兢兢业业、竭诚奉献的激荡画面，已成为镌刻在这条铁路上的不朽记忆，永远被后人铭记和崇敬！

◎ 20世纪50年代初，正太铁路"二七"老工人应彭真同志邀请到北京参观游览，图为大家返回石家庄后的合影。前排左一为邢文才、前排左二为张大中、前排左四为计根生，第三排左一为梁长起、第三排左二为崔庆瑞、第三排左四为解占魁、第三排左五为李永顺，第四排左一为赵玉祥、左四为孙云鹏、第五排为陈梅生

◎ 20世纪50年代初，正太铁路"二七"老工人应彭真同志邀请到北京参观游览，图为大家在北京天安门广场合影。前排左四为李永顺、前排左六为计根生、前排左七为孙云鹏、前排左八为高登五、后排左五为崔庆瑞、后排右三为张大中

后 记

著书不为丹铅误，中有风雷老将心。在2023年的盛夏之时，这部三十余万字的《铁流激荡——正太铁路革命斗争史话》终于脱稿了。

作为繁忙工作之余的一个额外收获，几年来，每日的晨昏及节假日的时间，大多是在查阅史料、构思文章中度过的，在家中边用餐边写作成为生活的常态。除了做好本职工作以外的时间和精力，我都献给了这部书稿。

我的好友、书法家刘维华先生为本书题写了书名，封面用图选用了河北省美术家协会水彩画艺术委员会副主任马健曾先生的作品，篆刻家陈鸿卫先生为本书封底治印。

河北省人民政府参事室原党组书记、主任，河北省文史研究馆名誉馆长，河北省决策咨询文化研究会理事长詹文宏；中国史学会副会长、河北师范大学党委书记戴建兵；全国基层党建网党建智库专家委员会委员、石家庄解放纪念馆顾问何中立等三位同志欣然为本书作序。

石家庄市政协常委、河北省中共党史人物研究会副会长王律同志为本书题诗赐墨。

中国铁道博物馆正阳门展馆副馆长周伟，中国铁道出版社有限公司编辑田银香，中国铁路北京局集团有限公司石家庄铁路办事处赵海旺、宋利红；河北省中共党史人物研究会秘书长武春霞、河北开放大学教授李惠民；石家庄市政协正县级干部刘军社，石家庄市委党史研究室副主任刘顺江，石家庄市档案馆档案保管科科长徐陈卫、征集开发科科长肖海军、市志编纂科科长彭连忠，石家庄日报社孙英明等同志在编写体例、史料考证、资料运用等学术层面给予了热情的指导和帮助；著名收藏家牛双跃老师提供了珍藏的老照片；石家庄锦古影像博物馆馆长王熙老师提供了馆藏实物照片。

石家庄市首任市委书记陈梅生之子陈建、陈强，正太铁路总工会委员长王凤书的曾孙王勇、外孙李长瑜，张昆弟烈士的后人张碧波，高克谦烈士的后人高毅涛，正太铁路总工会秘书李德存的嫡孙李彤彦，正太铁路总工会工作人员李永顺的嫡孙李志强，正太铁路总工会纠察队组长崔庆瑞的嫡孙崔向东、亲属崔兰锁，正太铁路"二七"老工人孙景铭外孙、石门情报站领导潘树森之子潘卫忠，石家庄市首届人民代表大会代表、市人民政府委员会政府委员宋公玉之女宋秀梅，铁道部劳动模范穆瑞茂之子穆建刚，全国先进生产者樊荣福之子樊怀玉、樊整风、樊怀记和长孙樊华杰，全国先进生产者王新年之子王建武，保定留法勤工俭学运动研究会胡志民等同好，他们有的提供文献资料和照片、奖章图片等实物，有的提供历史事件或当事人资料线索，有的忆述先辈的革命经历和英雄事迹，其中：陈梅生、王凤书、张昆弟、宋公玉、樊荣福的后代亲属感念先辈、慷慨解囊，与作者共同承担了本书的出版费用，为弘扬正太铁路红色文化贡献了绵薄之力。

石家庄市桥西区原政协委员、文史资料研究员张聚锋老师将多年来搜集的有关正太铁路的文史书籍赠予我借鉴、研考，使我受益匪浅。

在本书撰写过程中，为了保证准确性和可信度，利用了大量历史文献资料，书中关于一些历史时期、历史事件、历史人物等内容的表述和称谓，主要以2016年6月再版的《中国共产党石家庄历史》（第一卷）作为依据。

另外，书中原文引用了一些著作和其他研究成果中的部分内容，并标注了出处和来源，这里谨对有关作者、专家、学者表示衷心的感谢。

我已退休的老领导，中车石家庄车辆有限公司原党委宣传部（企业文化部）副部长、高级政工师钱庆芳同志对书中部分内容进行了修改和润色。值此书稿付梓出版之际，再次对我的领导、同事、朋友们，对为本书做出贡献者表示诚挚的谢意！

由于本人学识水平及所掌握的史料所限，如书中出现差误及疏漏之处，尚祈读者和方家斧正。

刘志宏

2023年7月于石家庄